科学家精神研究

Research on the Spirit
of Chinese Scientists

汪长明 著

上海交通大学出版社
SHANGHAI JIAO TONG UNIVERSITY PRESS

内容提要

科学家精神既是科学家创造性劳动在价值观驱动下"精神内化"的产物,也是科学精神中国化的产物,经受了从西学东渐到民族复兴一百多年时空流变的历史检验,体现了中国科学家和科技工作者"把论文写在祖国大地上"的崇高科学理想与价值追求,折射出他们深沉的家国情怀和使命担当。本书作为科学家精神理论研究专著,是作者近年来聚焦本领域研究的阶段性总结与体系化成果。全书超越传统的案例叙事模式,从科学家精神话语体系、物质载体、人格化身、价值实现、实践转化五个方面,对科学家精神理论框架进行系统性建构,旨在为弘扬科学家精神、建设科技强国进行力所能及的学术赋能。本书思想性与可读性兼顾,不失为科技工作者、科研管理者、大中小学教师和青年学子的有益读物。

图书在版编目(CIP)数据

科学家精神研究/汪长明著. —上海:上海交通
大学出版社,2024.10—ISBN 978 - 7 - 313 - 31558 - 8

Ⅰ. G641

中国国家版本馆 CIP 数据核字第 2024KQ9161 号

科学家精神研究
KEXUEJIA JINGSHEN YANJIU

著　者：汪长明
出版发行：上海交通大学出版社　　　　　　　地　　址：上海市番禺路 951 号
邮政编码：200030　　　　　　　　　　　　　电　　话：021 - 64071208
印　　制：上海盛通时代印刷有限公司　　　　经　　销：全国新华书店
开　　本：710mm×1000mm　1/16　　　　　印　　张：18.75
字　　数：284 千字
版　　次：2024 年 10 月第 1 版　　　　　　　印　　次：2024 年 10 月第 1 次印刷
书　　号：ISBN 978 - 7 - 313 - 31558 - 8
定　　价：68.00 元

推荐词

　　科技强国建设离不开科学家精神支撑，推进中国式现代化需要大力弘扬科学家精神。本书不仅从理论上对科学家精神进行了全景式深入探讨和多维度学理阐释，而且提出了面向学生和干部培育科学家精神的思路和方法，理论导向鲜明，现实指向明确，具有很高的学术价值和传播价值，是一本科学家精神研究的"好书"，值得一读。

　　章百家　原中共中央党史研究室（今中共中央党史和文献研究院）副主任
　　　　　　中国中共党史人物研究会常务副会长
　　　　　　2024 年 9 月 16 日·中央党史和文献研究院

序 一

　　2019年,中共中央办公厅、国务院办公厅印发《关于进一步弘扬科学家精神加强学风和作风建设的意见》(以下简称《意见》)。这是加快建设科技强国,实现高水平科技自立自强新的历史时期,凝聚党和国家对科技工作高度重视,对广大科学家和科技工作者殷切期待与深切关怀的一份重要的指导性文件。2024年是《意见》印发五周年,五年来,全社会掀起了深入研究科学家精神、大力弘扬科学家精神、广泛传播科学家精神的热潮,形成了弘扬科学家精神与科技事业高质量发展相互支撑、"同频共振"喜人景象,着实令人欣慰。

　　习近平总书记在科学家座谈会上指出:"科学成就离不开精神支撑。科学家精神是科技工作者在长期科学实践中积累的宝贵精神财富。"回想当年,以钱学森为代表的老一辈科学家,在毛泽东、周恩来、聂荣臻等共和国缔造者坚强领导下,充分发挥集中力量办大事的社会主义制度优势,大力发扬"爱国、创新、求实、奉献、协同、育人"精神,坚持自力更生、自主创新,在艰难困苦的条件下"玉汝于成",开创了以"两弹一星"为标志的中国航天伟业,铸就了共和国科技事业发展史上一座座巍峨的丰碑。吃水不忘挖井人,如今我国科技事业在以习近平总书记为核心的党中央坚强领导下,取得了举世瞩目的历史性成就,发生了翻天覆地的历史性巨变。科技事业是党之大计、国之大者,离不开家国情怀、开拓创新,更离不开承前启后、薪火相传。今天,我们饮水思源、不忘初心,尤其不能忘记以钱学森为代表的老一辈航天科技工作者为国家科技事业发展做出的杰出贡献,不能忘记他们将论文写在祖国大地上,"许身国威壮山河"的崇高精神品质。他们是科学家精神的创造者、传承者、践行者,代表了一个时代中国科学家的精神风貌。

　　科技梦助力强国梦。广大科学家是国家科技事业发展的中坚力量,是践行科学家精神的"主力部队",在推动国家科技事业发展、建设科技强国、实现中华民族伟大复兴的中国梦进程中扮演着重要角色。为此,《意见》明确提出,要通过"自觉践行、大力弘扬新时代科学家精神","加强作风和学风建设,营造风清气正的科研环境","加快转变政府职能,构建良好科研生态","加强宣传,营造尊重人才、尊崇创新的舆论氛围","强化组织保障"等实实在在的举措,"在全社会形成尊重知识、崇尚创新、尊重人才、热爱科学、献身科学的浓厚氛围,为建设世界科技强国汇聚磅礴力量"。加强科学家精神研究,为《意见》落实落地提供了有力的学术支撑,是弘扬科学家精神的应有之义和重要一环。因此,我认为,汪长明同志的这本《科学家精神研究》学术专著,是他本人久久为功、甘坐冷板凳的结果,体现了一位有情怀的严肃学者"十年如一日"的专注与坚守和"十年磨一剑"的耐心与韧劲,值得称道。

　　本书作为研究科学家精神的学术专著,我认为具有如下特点:

　　一是体系完备,具有系统性。本书结构设计上具有完整逻辑框架,涉及科学家精神理论话语体系构建、作为科学家精神主要承载地的科学家纪念馆"场馆育人"(以基本陈列和馆藏科学档案形式开展社会教育)、处于国际战略科技人才方阵"高位区间"的战略科学家与战略科技人才价值实现与机制保障、面向高等教育人才培养的科学家精神培根铸魂功能发挥,以及科学家精神的实践转化。应该说,本书结构设计费了作者一番心思,涉及科学家精神研究的关键领域和主要维度。

　　二是内容厚重,具有丰富性。本书无疑是作者基于工作职责与学术热情,在本职岗位上锲而不舍、长期沉淀的结果。我从与作者有限的交流中得知,本书研究的起点最早可追溯到他入职钱学森图书馆之初即钱学森图书馆筹建期间,从事钱学森精神研究的早期产出。作者认为,钱学森是践行科学家精神的杰出代表,以"爱国、创新、求真、奉献"为核心表达的钱学森精神,是科学家精神在个体层面的重要诠释。我个人认为,这也是钱学森被誉为"科技界的一面旗帜"在学术上的另一种呈现。

　　三是观点鲜明,具有原创性。作者关于科学家精神三重逻辑的系统性论述、科学家纪念馆基本陈列设计形态转化、发挥战略科学家引领作用的机制保障、科学家精神融入高校党建思政的功能及其路径、科学家精神融入新时期干部教育、作者绘制的科学家精神知识图谱与逻辑框架等等，我认为具有自成一派的原创性。原创性是学术的生命所在和价值所在，诚如钱学森所言，"我们不能人云亦云，这不是科学精神。科学精神最重要的就是创新"，"如果不创新，我们将成为无能之辈"。所有这些特点或者说本书所具有的学术优势，集中体现了作者在日常研究工作中的创新精神、敏锐意识和学术自觉。

我注意到，作者基于自身工作需要和研究方向，在本书中对钱学森研究多有涉猎。借此机会，说点题外话，1977 至 1989 年间，钱学森曾 9 次到中央党校作报告。我当时尚且年轻，还未到中央党校工作，但这些报告 2015 年经上海交通大学出版社出版后(书名：《钱学森在中央党校的报告》)，我曾在闲暇之余反复阅读，并从他的学术思想和战略远见中深受教益。我记得，1996年 2 月 26 日，钱学森在给中国人民大学钱学敏的信中写道："我近日得韩庆祥(现在中共中央党校)写的《马克思人学思想研究》，翻阅后深感我们把'人学'作为行为科学的哲学概括，作为行为科学上升到马克思主义哲学的桥架，是正确的。也可以说是对马克思主义的发展与深化做一点贡献。"虽然我跟钱学森没有学术通信、工作晤谈等直接交往，但笔墨有声，我想这也是我们之间的一次"思想邂逅"。钱学森是科学巨擘，也是我的前辈。正因此，我愿意为本书出版写几句话。这既是对作者汪长明的一种勉励，也是对钱学森这位享誉海内外的杰出科学家发自内心的致敬。

作者汪长明副研究馆员身处人民科学家钱学森纪念地——上海交通大学钱学森图书馆，以学术为"主责主业"，一直从事钱学森研究和科学家精神研究。得知这本凝聚他多年学术心智和研究积累的倾力之作即将出版，我想向他长期保持热情洋溢的学术姿态，坚持"板凳坐得十年冷"的学术精神，表示由衷期许与赞赏。大而言之，我认为，只有在科学家精神研究上深耕细作，让科学家生平叙事有血有肉，才能让科学家精神在传播上不落空谈，让科学家精神叙事有声有色。这也是本书的学术价值和社会价值所在。

本书理论与实践并重，思想性与可读性兼备，是一本质量很高、导向鲜明、学术含量与价值含量俱佳的好作品。我为作者在学术上取得的成绩感到欣慰，也由衷希望他在讲好钱学森故事、讲好中国科学家故事、弘扬和传播科学家精神方面继续不懈耕耘、接续发力。同时，我希望并相信，《科学家精神研究》出版后，在深入学习贯彻党的二十届三中全会精神，进一步全面深化改革、推进中国式现代化进程中，能够产生良好的社会反响，成为科技工作者、科研管理者、政工干部、大中小学思政课教师和青年学子的有益读物。

是为序。

韩庆祥　中央党校原副教育长兼哲学部主任，一级教授
中共中央政治局第十一次集体学习主讲专家
2024 年 9 月 6 日·中共中央党校

序 二

　　获悉上海交通大学钱学森图书馆汪长明副研究馆员的新著《科学家精神研究》出版，我作为曾经有幸与人民科学家钱学森保持多年学术交往（1978—2005），深得钱学森思想启迪、精神感染和学术教诲的一名科研工作者，受邀作序，既是一种荣幸，能够通过本书进一步走进中国科学家的精神世界；也是一种回忆，本书带给我的是一位退休多年的"科技老兵"对中国科学家身上崇高精神品质的由衷致敬。

　　在此，我首先要向汪长明同志多年来在本职岗位上"精雕细琢"、笔耕不辍，以饱满学术热情和良好职业素养，潜心从事钱学森研究和科学家精神研究，并产生了这本厚重的学术成果，表示由衷祝贺。"不经一番寒彻骨，怎得梅花扑鼻香。"作为学术同仁，他对研究工作的持久热情以及为此投入的宝贵时间、付出的艰辛劳动，我感同身受。

　　基于个人职业经历与工作经验，我认为，科学家精神的塑造包括内部塑造（内驱）和外部塑造（外驱）两个方面。二者对于科研管理过程中的思想政治工作而言，其重要性不言而喻。如何发挥社会主义集中力量办大事的制度优势，团结带领广大科技工作者"心往一处想，力往一处使"，不断取得具有"中国基因"、彰显"中国智慧"、体现"中国特色"的重大原始创新成果；如何充分激发他们的家国情怀与科技创新潜能，在本职岗位上谱写科技创新人生华章；如何组织重大科研项目攻关，凝聚他们的精神力量和科学智慧，攻克关键核心技术难关，实现高水平科技自立自强；如何弘扬科学家精神催生新质生产力，推动新质生产力加快发展；如何最大限度地发挥科学家精神的公共价值，实现科学家精神横向拓展（引领示范）和纵向延伸（时代传承），激发全民族创新创造活力，让以"爱国、创新、求实、奉献、协同、育人"为核心内涵的科学家精神成为全社会共同价值，是摆在每一位科研管理者乃至全社会面前的重要课题。对这一课题的求解是国家的热切期盼和时代的迫切召唤，也是每一位从事科学家精神研究的学者的当然责任。本书部分章节涉及对这些问题的研究和阐释，颇有见地，我读后深以为然。

我本人长期从事运筹学和系统工程研究，深切感受到系统工程和系统思维在党中央治国理政中的重要作用。党的二十大报告提出，"必须坚持系统观念"，不断提高包括系统思维在内的七种思维能力，"为前瞻性思考、全局性谋划、整体性推进党和国家各项事业提供科学思想方法"。本质上，科学家精神是科学家和科技工作者坚持系统思维开展科学研究的精神产物。在进一步全面深化改革、推进中国式现代化的历史新征程上，弘扬科学家精神是一项涉及社会诸多行业和领域，关乎科教兴国战略、人才强国战略和创新驱动发展战略的系统工程。我注意到，《科学家精神研究》这本书中，很多内容涉及系统工程、系统思维的论述。例如，在第五章，作者提出，系统思维（系统的科学观）是科学素养重要组成部分。养成学生的系统思维，要引导他们正确认识"科学—人—社会"三者之间的互动关系，教育他们用科学研究成果更好服务社会。在第八章，作者提出，科学家精神融入大学生思想政治教育，将科学家精神的"红色基因"植入当代大学生心灵土壤，是新时期一项关涉推动高等教育高质量发展的系统工程；必须依靠国家主导，坚持系统思维，通过资源整合、全局谋划，形成国家战略科技力量，推动大科学工程实施，才能确保实现国家战略目标。在第十章，作者提出，思政课教学中，要深入挖掘战略科学家、科技主帅等领袖型科学家以系统思维统领大科学工程研制的重点案例，引导在校大学生养成向科学明星、科技主帅看齐、以系统思维分析问题并解决问题的能力，形成系统化的知识体系，将崇尚科学、崇敬科学家的良好科学文化和社会风气的种子播撒在大学校园里。我想，这些论述或论断体现了作者在日常研究工作中的学术自觉和政治敏锐性，也凝聚着他本人多年沉淀、厚积薄发的学术创见，是从事科学家精神研究应有的方法论。

《科学家精神研究》不失为一部研究科学家精神的精品力作。我认为，本书具有如下三个特点：一是有高度。本书论述紧密围绕党和国家关于科技工作的政策文件、习近平文化思想、中国共产党人精神谱系、中央人才工作会议精神、新时期文化建设与思想政治教育有关制度等不同维度展开,与弘扬科学家精神的时代要求,以及科学家精神服务科技强国建设的时代主题及其政治功能高度契合。二是有深度。本书对科学家精神的话语体系、思想政治教育功能、传播载体、典型示范等等,从理论上进行深刻阐释,一方面体现了很强的思想性和学理性,另一方面体现了很强的针对性和实践性。三是有广度。本书设五篇十二章,既有理论层面的话语建构,又有实践层面的方法探索;既有科学家精神研究的一般话语,又有科学家精神传播的个案揭示;既有科学家精神本体研究,又有科学家精神延伸研究(如科学家精神与思想政治教育、干部教育关联研究),等等。因此,我认为,这是一本质量上乘、在科学家精神研究方面具有一定代表性的学术专著。

惟愿本书出版后能够引发值得期待的理论共鸣与积极响应。

是为序。

顾基发　中国系统工程学会原理事长
国际欧亚科学院(IEAS)院士
国际系统研究联合会(IFSR)原主席
2024 年 8 月 31 日·北京

前　言

从事科学家精神研究并形成这本《科学家精神:理论与实践》学术著作,是笔者近年来基于需求驱动(弘扬科学家精神的社会氛围)、价值驱动(弘扬科学家精神的现实意义)、兴趣驱动(个人学术兴趣与研究热情)、任务驱动(基于职业要求的个人研究方向选择)多元交汇并实现自我内化的产物。本书历数载而付梓、越特殊(个案阐释)而一般(群体归纳),权当笔者作为全国首批科学家精神教育基地——上海交通大学钱学森图书馆一员,从职业本分视角对所从事研究工作的系统思考与阶段性总结。

现就研究背景、科学家精神核心内涵、本书框架设计等有关问题进行说明。

一、研究初衷与背景

2019 年 6 月,中共中央办公厅、国务院办公厅印发《关于进一步弘扬科学家精神加强作风和学风建设的意见》(以下简称《意见》)。这是一份在中国科技事业发展史上具有标志性意义的纲领文件,为科学家精神进入中国共产党人精神谱系做了政治层面的预热和"取乎其上"的制度准备。《意见》首次提出以"爱国、创新、求实、奉献、协同、育人"为核心内涵的科学家精神,并就新时期进一步弘扬科学家精神进行了"制度导航"。随后,弘扬科学家精神成为科技界乃至全社会践行社会主义核心价值观、深入推进社会主义精神文明建设的主旋律。科学家纪念地作为科学家精神教育基地,应树立主体意识和使命意识,自觉将科学家精神纳入本馆社会教育体系,为弘扬科学家精神提供学术支撑,面向公众把科学家精神"讲深、讲透、讲活"。此为其一,是支撑本书的研究"大基础"、社会"大环境"和学术"大背景"。本书于《意见》印发五周年之际出版,部分意义上具有献礼性质。

其二,2022 年 1 月和 2023 年 6 月,笔者先后出版《科学之帜钱学森》《心怀"国之大者":科学家精神若干思考》两本学术著作。前者主要研究人民科学家钱学森作为"中国科技界的一面旗帜",身上所体现的崇高精神品质,包括"学子风华""丰功伟绩""思想巨臂""高山仰止"四部分;后者主要探讨科学家精神的内涵、价值、实践、传承、纪念与个案六个方面。这两本著作为本书研究工作的开展提供了必要的学术铺垫和重要保障,或者说,这三本著作的出版代表了笔者近年来聚焦科学家精神研究的学术心得。

此外,本书研究工作顺利推进的一个重要前提,是笔者前期承担的三项课题。一是教育部高校思想政治工作创新发展中心(上海交通大学)2021 年度思政创新发展研究课题"科学家精神融入大学生思想政治教育话语体系研究";二是 2023 年上海市教卫党委系统党建研究课题"科学家纪念馆红色资源融入青少年思想政治教育研究";三是 2024 年上海青年工作研究课题"基于上海样本的科学家纪念馆红色文化资源与青少年爱国主义教育研究"。截至目前,前两项课题均已完成全部研究工作并顺利结项(其中前者获"优秀"等次),而本书正是三项课题的研究成果。

二、弘扬科学家精神的理论精髓与核心要义

2024 年是《意见》印发五周年。五年来,弘扬科学家精神与党的方针政策"同频共振",与实施科教兴国战略、人才强国战略、创新驱动发展战略紧密关联,相互渗透,并向广大科学家和科技工作者乃至全社会发出了"总动员令"。关于科学家精神的发展轨迹、理论内涵和实践路径等关涉话语体系的内容,本书多有涉及。为避免赘述之虞,在此,笔者仅就如何理解并阐释科学家精神的本质及其核心内涵,基于个人认识谈三点看法,关涉思想认识、学术研究和舆论宣传聚焦发力,权当抛砖引玉,并真诚希望能与广大读者就此达成某种共识与默契。

其一,要超越文本框架认识科学家精神。《意见》是科学家精神的制度依据,具有"最高权威"和普遍意义,成为理解科学家精神的文本基础。然而,一方面,在《意见》实施与实践尤其是开展科学家精神教育过程中,往往容易以

偏概全,以科学家故事取代"科学家精神叙事"。自《意见》印发以来,社会上对科学家精神存在一般性理解和简单化认识等片面现象。例如,对科学家精神中育人精神的理解往往等同于科学家参加的科学知识传授与科技人才培养教育等具体实践活动,而很少从师承关系、科学教育、科研生态、科学文化等更宽广的视野进行规律性探索与解读。再如,对科学家精神中爱国精神的理解同样简单化为对科学家个体进行案例挖掘与故事转化,而很少揭示其中蕴含的科学家情感取向、身份认同、价值选择等深层动因,从而缺乏更高社会价值的公共话语。另一方面,就科学家精神谈科学家精神,而不是将其置于历史视野和谱系框架下解读科学家精神。"如果你要写春天,你就不能只写春天。"弘扬科学家精神不能坐而论道、空洞说教,要有理论高度、思想深度和内涵广度,这样科学家的精神群像才能更加饱满、高大、生动、鲜活。尤其在其进入中国共产党人精神谱系之后,对科学家精神的解读更需具有党的百年奋斗历程之宏大历史视野,更需从历史流变、谱系演进等大时空视角进行深刻揭示,以"深入"理解做到"浅出"解读,更好实现科学家精神的时代化和大众化。最后,将科学家精神与科学成就割裂、科学家群体属性与个体特质隔离开来,导致对科学家精神的认识存在话语简化、言说抽象和华而不实的口号宣示现象,精神阐释力不够。科学家精神的文本基础包括政治文本、制度文本和学术文本三种主要形态,三者相互支撑,共同建构起科学家精神的文本框架。习近平总书记指出:"科学成就离不开精神支撑。科学家精神是科技工作者在长期科学实践中积累的宝贵精神财富。"这句话是对科学家精神的最高概括,成为理解、研究、传播科学家精神政治文本之总纲。本书基于个人认识,对此进行了比较详尽的解读,在此不再重复叙述。

其二,要超越媒体视角研究科学家精神。"乱花渐欲迷人眼,浅草才能没马蹄。"媒体是社会的良心,是传播科学家精神的"主力部队",承担着对全体公民进行核心价值教育的重要社会责任。《意见》的印发催生了媒体界大力报道科学家感人事迹、大力弘扬科学家崇高精神、大力开展科学家精神教育的舆论热潮和喜人景象,功不可没、值得称道。科学家精神犹如参天大树,"枝"在弘扬、"根"在研究,只有"根深蒂固"才能确保科学家精神这棵大树枝繁叶茂。然而,部分学者或许是为达到抓住眼球、吸引流量的目的,喜欢给传播对象扣高帽子,"战略科学家""人民科学家"甚至"……之父""科学大师"等高大上称谓比比皆是,导致这些具有政治意涵和严格遴选与认定标准的崇高身份失去了应有严肃性和权威性,也有损正规荣誉称号颁授的社会公信力。对此,学术界有责任进行深入研究和严格界定,以免造成科学家精神传播过程中"用力过猛"导致过犹不及甚至适得其反。以钱学森为例,据笔者统计,国内外对其"核心身份"的表述多达 30 余种,众说纷纭、莫衷一是,既有语境需要的考量,也有讨论话题(学科)选择的作用,还有政治因素的干扰,例如西方政治与媒体视角下的钱学森镜像往往基于立场先行,明显带有意识形态偏见。到底该以哪种或哪几种身份定义钱学森,是考验社会各界对其个体形象进行集中概括和精准定位的一大挑战。对这位集政治身份、职业身份、学术身份和领导身份于一身的大科学家(参见新华社 2009 年 11 月 6 日发布的《钱学森同志生平》),笔者认为,在很难以单一身份进行界定和概括他波澜壮阔的一生前提下,以下四重身份算得上社会认可度最高,从而最具代表性的钱学森的"身份符号":享誉海内外的杰出科学家、中国航天事业奠基人、人民科学家、战略科学家。巧合的是,钱学森的这四重身份与他的纪念地钱学森图书馆的四个展厅冥冥之中形成了呼应与契合,分别为:第一展厅——"中国航天事业奠基人",对应同名身份;第二展厅——"科学技术前沿的开拓者",对应"享誉海内外的杰出科学家";第三展厅——"人民科学家风范",对应"人民科学家";第四展厅——"战略科学家的成功之道",对应"战略科学家"。因此,就科学家个体而言,弘扬科学家精神的首要前提是解决科学家身份定位问题,举什么旗(身份界定)、走什么路(工作方法),关乎科学家尤其是已故科学家的历史地位等大是大非问题,不可小觑。

其三,要超越叙事惯性传播科学家精神。首先,科学家精神传播方式方面,如同其他人物类精神尤其是进入中国共产党人精神谱系的人物类精神,科学家精神传播有其内在规律和人物类精神传播的共性规律。然而,不能一味秉持千人一面的程式化传播路径,如过于依赖文本和实物(档案、展品、工作场景等)进行复原式传播,科学家现身说法进行场景迁移(如情景宣讲)等单向传播等传统手段与方法,要注重融媒体技术(跨介质)、沉浸式影像制作与传播(跨时空)等"高技术支撑、高互动体验、高认知反馈"模式对科学家精神传播的重要推动作用。其次,科学家精神传播维度方面,要做到"五位一体",缺一不可:以中央文件(即《意见》)为依据,有章可循,万变不离其宗;以科学(家)档案为物质载体,坚持见物见人见精神基本工作方法论;以科学主体(即科学家)为人格化身,增强情境感染力、话语说服力;以科学活动为实践基础,做到学深悟透,身体力行与身临其境的统一;以媒体话语为传播形式,努力讲好中国科学家故事,努力讲好中国科学故事,这是努力讲好中国故事的基本前提和题中之义。本书正是按照这样的逻辑进行框架设计并布局谋篇的(下文详述)。再次,科学家精神传播载体方面,要构建体系化的科学家精神传播矩阵,打造包括科学家纪念地、国家战略科技力量、科技场馆、具有教育价值和标志性意义的科学基础设施(以依托单位为工作单元)等在内的科学家精神联合体,发挥科学家精神传播的集群效应和辐射效应,为落实立德树人根本任务、培育和践行社会主义核心价值观,为加快建设科技强国、实现高水平科技自立自强赋能助力。最后,科学家精神传播体系方面,要做到融合传播与靶向传播的结合,将科学家精神传播与社会教育(核心价值教育)、学校教育(思想政治教育尤其是"大思政课"建设)、干部教育(尤其是党性教育,以科学家精神增强干部责任感和行动力)等结合起来,实现多维度教育方法上的集成创新、效果上的融合统一。

三、本书框架设计与内容支撑

本书设"理论滋养——科学家精神话语体系""场馆育人——科学家精神物质载体""典型示范——科学家精神人格化身""思政引领——科学家精神价值实现""现实观照——科学家精神实践转化"五个部分。其中第一篇主要研究科学家精神的历史逻辑、理论逻辑和实践逻辑,属于理论研究范畴,旨在建构包括科学家精神历史流变、理论框架、实践路径在内的完整话语体系,并实现从科学家精神到人才精神的边界拓展。第二篇从档案育人视角,探讨科学家纪念馆馆藏社会化服务、科学家纪念馆红色资源教育功能发挥和科学家纪念馆空间育人维度与方法三方面问题。第三篇探讨科学家精神的两大主体——战略科学家和战略科技人才的群体属性、培养路径、价值实现与制度供给等方面问题,为科教兴国战略、人才强国战略和创新驱动发展战略提供学术支撑。第四篇研究科学家精神融入大学生思想政治教育和科学家精神融入高校党建思政两大问题,这是近年来科学家精神研究的热点领域,社会关注度高、学术界研究热度"高烧不退",也是科学家精神教育与落实立德树人根本任务有机统一的一次学术尝试。第五篇呈现科学家精神在个案诠释与干部教育两方面的"落地"样态。前者以钱学森为个案，从以钱学森为主体的科普实践与"神仙会"，以及钱学森作为客体的舞台化呈现两个方面，呈现更加具体、更加鲜活的科学家精神样貌；后者探讨了新时期科学家精神与干部教育嫁接理论上的应然性和实践上的可能性。此外，为便于读者理解作者的编排要旨和内容的整体性，每篇均设有导读，对内容进行集中归纳与逻辑整合，供阅读参考。

习近平总书记在科学家座谈会上的讲话（2020 年 9 月 11 日）中指出："我国科技事业取得的历史性成就，是一代又一代矢志报国的科学家前赴后继、接续奋斗的结果。"他"希望广大科技工作者不忘初心、牢记使命，秉持国家利益和人民利益至上，继承和发扬老一辈科学家胸怀祖国、服务人民的优秀品质，弘扬'两弹一星'精神，主动肩负起历史重任，把自己的科学追求融入建设社会主义现代化国家的伟大事业中去"。这是时代赋予广大科学家和科技工作者的崇高使命，是广大科学家和科技工作者的最高价值所在。因此，大力弘扬科学家精神，对全社会而言，是使命所系、责任所在；对科学家而言，是党的召唤、国之大者。

科学家精神是一座思想的灯塔、精神的富矿，凝聚着广大科学家和科技工作者将科学报国职业理想融入中华民族伟大复兴崇高伟业的澄明心境、价值坚守、杰出贡献和崇高品质，值得全体社会成员瞻望。无论是科学家精神的研究者、传播者，还是科学家精神的阅读者、受教者，都有必要自觉接受来自科学家这支"英雄部队"的崇高精神洗礼与心灵净化。最后，让我们一起走进中国科学家的精神世界，并向所有把论文写在祖国大地上的中国科学家致敬！

目　录

第二篇 场馆育人——科学家精神物质载体

第三篇 典型示范——科学家精神人格化身

第一篇　理论滋养

——科学家精神话语体系

导　　读

2019 年 6 月，中共中央办公厅、国务院办公厅印发《关于进一步弘扬科学家精神加强作风和学风建设的意见》，标志着科学家精神实现了从学术话语向政治话语的转型，科学家精神由此具有"身份标签"和规范属性。笔者研究发现，科学家精神具有完整话语体系，经历了中国化逻辑演绎，是历史发展尤其是党的百年奋斗历程、理论阐释（尤其是以科学精神为基础的学术话语）和实践检验（国家科技事业发展）相互作用的结果。这一部分主要从理论上研究科学家精神的"三重逻辑"，科学精神是科学家精神的逻辑起点和价值原点。

科学家精神属于中国语境下的话语体系和学术体系，是历史逻辑、理论逻辑、实践逻辑交互演绎的中国化表达与时代化呈现。历史逻辑上，科学家精神经历了从科学精神到科学家精神一百余年的时空流变与概念演绎，以及从"一元/二元论"到"七分/八分法"（科学精神）、从"四类五元"到"六位一体"（科学家精神）、从个体表达到群体涌现（中国共产党人精神谱系中的科学家精神）的理论争鸣与内涵嬗变。

理论逻辑上，科学家精神经历了空间维度近代科学的中国化、心理维度科学精神的人格化、时间维度科学家精神的时代化三次理论主题演化，以及从"民族危难、科学救国""民族独立、科技报国""改革开放、科技立国"到"民族复兴、科技强国"的实践主题变迁。新时代科学家精神体现了政治领袖讲话之高度、党和国家制度文本之深度、中国共产党人精神谱系之广度的统一。实践逻辑上，实现科学家精神从政治话语向公共话语的社会化转型需要做到精神宣传、精神研究、精神生产"三位一体"：舆论引导与聚集培育结合以增强成果转化力，个案研究与谱系研究结合以提升理论解释力，科研激励与人文激励相结合以提高精神生产力，为加快建设科技强国汇聚磅礴精神力量，切实服务中国式现代化建设。

此外，这一部分还从做好新时代人才工作、赋能人才强国建设出发，探讨人才精神内嵌的群体属性以及科学家精神在人才精神体系中的定位即"角色身份",旨在实现科学家精神向人才精神的价值转化。人才精神具有时代性，顺应时代发展的逻辑和规律；具有融汇性，体现个体与群体的融汇统一；具有先导性，引领社会发展方向。弘扬以科学家精神为代表的人才精神，要坚持政治引领，做到党管人才与聚才而用相结合；要塑造精神文化，做到舆论引导与聚集培育相结合；要厚植家国情怀，做到典型展示与谱系建构相结合；要强化价值导向，做到精神生产与精神传播相结合。

第一章
从科学精神到科学家精神的话语嬗变

　　作为学术文本形态的科学家精神之最初提出，基于部分学者在概念混沌状态下的错误认知，早期研究几近将科学精神与科学家精神混为一谈。据笔者所知，中国学术界最早提出"科学家精神"的，是《理论月刊》2000年9月发表的《弘扬科学精神》一文。该文指出："科学界的优良传统……都是科学精神（或者说科学家精神）中的人文精神的高度体现"。① 显然，作者既混淆了科学家精神与科学精神，也混淆了科学精神与人文精神，将后者即与科学精神相对应的人文精神视为前者的一部分。而作为政治文本形态的科学家精神，则与中国语境下的国家治理息息相关。其制度动机在于"加强作风和学风建设"，"在全社会营造尊重科学、尊重人才的良好氛围"。② 此论广为人知，无需赘释。

　　2022年10月16日，党的二十大在北京召开。习近平总书记在开幕会报告中共13次提及"科技"、17次提及"人才"，③其中在第五部分分别提及9次、14次。这是历史上首次在党的代表大会报告中设立教育、科技、人才"专章"。由此可见，教育、科技、人才在全面建成社会主义现代化强国新的历史时期，具有突出地位和特殊重要性，也体现了以习近平同志为核心的党中央对实施科教兴国战略、人才强国战略、创新驱动发展战略，以及对新时期科技教育人才工作的高度重视。

---

① 龚育之.弘扬科学精神[J].理论学习,2000(9):5-8.
② 中共中央办公厅国务院办公厅印发《关于进一步弘扬科学家精神加强作风和学风建设的意见》[J].中华人民共和国国务院公报,2019(18):20-24.
③ 习近平.高举中国特色社会主义伟大旗帜 为全面建设社会主义现代化国家而团结奋斗:在中国共产党第二十次全国代表大会上的报告[N].人民日报,2022-10-26(1).

习近平总书记在科学家座谈会上指出："科学成就离不开精神支撑。科学家精神是科技工作者在长期科学实践中积累的宝贵精神财富。"①二十大报告明确提出，"完善科技创新体系"，需要"培育创新文化，弘扬科学家精神，涵养优良学风，营造创新氛围"。② 厘清"科学精神"与"科学家精神"之间的区别与联系，深入研究科学家精神的历史逻辑即科学家精神"因何"问题——形成历程（发生论）、理论逻辑即科学家精神"是何"问题——内涵特征（认识论）、实践逻辑即科学精神"如何"问题——实践路径（方法论），无论对于科学家精神话语体系建构，还是对于加快建设科技强国、实现高水平科技自立自强，均具有重要的学术支撑、精神动员和价值导向功能。

第一节　科学家精神的概念缘起与历史流变

从发生学视角看，科学家精神并非随机提出的一个概念，而是经历了空间维度——近代科学的中国化、心理维度——科学精神的人格化、时间维度——科学家精神的时代化三次历史演化过程。而这三次演化又与近代中国国运沉浮和时代主题变迁息息相关，体现了科学家精神概念演绎与历史发展、要素支撑与国家需求、内涵特质与时代特征相互关照、紧密呼应的显性特质。

一、"科学精神"的概念演绎与内涵扩张

（一）科学精神概念演绎早期探赜

在我国，最早使用"科学精神"一词的是"科学救国"先驱、中国近代科学奠基人之一、"以传播世界最新科学知识为帜志"的任鸿隽（1886—1961）。1916 年，时任中国科学社③社长的任鸿隽在民国时期最有影响力的科学期刊、

---

① 习近平. 在科学家座谈会上的讲话[N]. 人民日报，2020 - 09 - 12(2).

② 习近平. 高举中国特色社会主义伟大旗帜　为全面建设社会主义现代化国家而团结奋斗：在中国共产党第二十次全国代表大会上的报告[N]. 人民日报，2022 - 10 - 26(1).

③ 中国科学社原名科学社，于 1915 年 10 月 25 日在美国康奈尔大学成立，是近代中国历史上第一个民间综合性科学团体，也是中国最早、当时规模最大的现代科学学术团体。主要发起人为任鸿隽、秉志、周仁、胡明复、赵元任、杨杏佛（杨铨）、过探先、章元善、金邦正等 9 人，任鸿隽任首任（转下页）

以"科学救国"为己任的《科学》杂志发表了一篇著名文章——《科学精神论》。任鸿隽在文中以发问形式开宗明义地提出"科学精神者何?"并指出,科学精神就是求真精神——"求真理是已"。在他看来,科学精神是科学发生的源泉:"吾所谓精神,自科学未始之前言之也";他还认为,科学家精神是科学家的"人志":"今夫宇宙之间,凡事业之出于人为者,莫不以人志为之先导。"①任鸿隽被公认为"国内第一个系统论述'科学精神'的人"②,其关于科学精神的论述林林总总③。从此,在中国学术界和科学界,求真务实便成为科技工作的"精神基石",以及科学家精神的核心要素。

1922 年,梁启超在南通发表被誉为"文化交融的美丽结晶"的著名演讲——《科学精神与东西文化》(中国科学社南通年会),批评中国学术界缺乏科学精神。他在演讲中指出:"我们若不拿科学精神去研究,便做那一门子学问也做不成。"他在演讲中还提出自己对科学精神的认识。他认为,科学指的是"有系统之真知识",这句话包括"真知识"和"有系统的真知识"两层含义;而科学精神指的则是"可以教人求得有系统之真知识的方法",这句话指明了科学与科学精神的概念建构与相互关系。④

20 世纪 30 年代,由于几位著名科学人文学者的早期努力,"科学精神"一词在中国大地上已相当流行,实现了从传播到普及的初步愿景,开启了以科学精神引领中国科技事业发展的历史序幕。1935 年,中国化学运动协会提出

（接上页）社长。中国科学社以"联络同志、研究学术,以共图中国科学之发达"为宗旨。1918 年迁回国内,设总社于南京高等师范学校(现南京大学)。至 1949 年,中国科学社拥有社员 3 700 余名,团聚了各门科学(包括社会科学)的代表性人物。1959 年停止活动。中国科学社社刊为创办于 1915 年的《科学》杂志。它的历史贡献主要包括三个方面:一是打通了中国科学走向世界科学共同体的科技体制化壁垒,为中国科学的发展开创了一条崭新的发展道路;二是培养了大批人才,为中国科学事业发展奠定了坚实的人才基础;三是对当时中国科学研究氛围的形成、科学精神的塑造与传播做出了不可估量的贡献。

① 任鸿隽.科学精神论[J].科学,2015(6):13 - 14.
② 胡一峰:他是国内第一个系统论述"科学精神"的人[N].科技日报,2018 - 06 - 15(8).
③ 据笔者掌握的有限资料,除《科学精神论》外,任鸿隽还发表过《说中国无科学之原因》(载于《科学》创刊号,1915 年第 1 期)、《科学与近世文化》(载于《科学》1922 年第 7 期)、《何为科学家》(载于《科学》1919 年第 10 期)、《科学方法演讲——在北京大学理科讲演》(载于《科学》1919 年第 11 期)等文章,著有《科学概论》一书(商务印书馆 1927 年出版),并翻译或译著《科学与科学思想发展史》《现代科学进化史》《现代物理学浅说:大宇宙与小宇宙》《爱因斯坦与相对论》《教育论》等多本著作,在当时产生了很大的社会影响。
④ 梁启超.科学精神与东西文化(1922 年 8 月 20 日在科学社年会上的讲演)[J].科学,1922(9):859 - 862.

三个"科学口号"——"科学的方法""科学的知识""科学的精神",其中指出:要"以科学的精神创造我国未来的生命"。虽然此时社会上对科学精神的表述在概念上尚未统一(有"科学精神"和"科学的精神"等说法),但对其根本内涵的认知基本一致,呈现趋同化现象。

对于传播科学精神、开展科学普及工作,竺可桢做出了重要贡献。而他当时所处的时代(20世纪20至30年代),也掀起了一阵在中国大地上传播科学家精神的学术热潮。30年代,已经学成归国的竺可桢多次在演讲中阐述了他对于"科学精神"的深刻理解。特别是1935年8月,中国科学社、中国地理学会、中国植物学会、中国动物学会、中国化学会、中国工程师学会等六个学术团体在南宁联合召开年会。① 竺可桢在这次年会上做了主旨讲演——《利害与是非》。他在演讲中提出,科学精神是"培养科学的空气"。他认为科学精神包括两个方面:一是无私利性——"只问是非,不计利害",即献身科学;二是只求真理,即追求真理,科学家要"不管个人的利害",而不应"贪于个人的便利,不顾事实如何",而且"若不以是非之心,而以好恶之心来治国家,也不行的"。"有了这种科学的精神,然后才能够有科学的存在。"② 此后,竺可桢把科学精神具体化为"求是(即探求规律)",用他反复提及的一句话讲,就是"排万难冒百死以求真知"③。1941年,他又在《科学之方法与精神》一文中,从科学发生学视角进一步阐述了科学的求真精神。他认为,"探求真理"是"近代科学的目标","科学方法可以随时随地而改换,这科学目标,蕲求真理,也就是科学的精神,是永远不改变的"。④ 由此不难发现,竺可桢对科学精神在内涵揭示方面的主要贡献,在于将科学精神从以"求真"为核心的一元论发展为以"奉献"和"求真"为核心的二元论,发展了科学精神的要素体系。

国外方面,最早关于科学精神的理论研究,是美国科学社会学家罗伯特·金·默顿(Robert K. Merton)于1942年发表的一篇重要论文《论科学与

① 本次年会是中国科学社第二十届(次)年会,又称六学术团体联合年会,据中国科学社《年会记录选编》第275-318页(王良镭、何品编注,上海科学技术出版社2020年12月出版)。
② 竺可桢.利害与是非[J].民主与科学,2010(2):60-61.
③ 此为竺可桢1939年2月4日对浙江大学一年级新生的讲话,参见竺可桢:《求是精神与牺牲精神》,《语文世界(中学生之窗)》2011年第11期,第19页。
④ 竺可桢.科学之方法与精神[J].思想与时代,1941(1):1-3.

民主》。该文主要论述"科学的规范结构"①（The Normative Structure of Science），其中包含对科学精神的探索与研究。作者在第二部分专门论述"科学的精神特质"，并指出，科学的精神特质是指"约束科学家的有情感色调的价值和规范综合体"。作者首先承认，"科学的精神特质并没有被明文规定"。彼时，"科学的精神特质"作为一个全新且尚处争鸣状态的学术概念，要"被明文规定"，显然非一己之力所能成就。默顿对科学精神规范表达的理解，尚处于理论探索阶段，严格说来只是一种描述而非规范意义的概念。幸运的是，他指明了科学精神达致"明文规定"的三个方向与四个要素。三个方向，一是"体现科学家的偏好"，二是"无数讨论科学精神的著述"，三是"他们对违反精神特质表示义愤的道德共识"。四个要素，一是"普遍主义"（universalism），即其所言"真理性诉求"（truth-claims）；二是"公有性"（communism），科学上的重大发现归属于科学共同体，因为它们"都是社会协作的产物"；三是"无私利性"（disinterestedness），包括"对人类利益的无私关怀""无尽的好奇心""求知的热情"，以及"许多其他特殊动机"，这些"特殊动机"与利他主义和利己主义均无关；四是"有条理的怀疑主义"（organized skepticism），默顿认为，它是"方法论"与"制度性"的双重要求，旨在发现"神圣事物与世俗事物之间的不同"。②

　　实际上，中国学者早在 1935 年就开始了对科学精神的系统研究。1935 年 6 月 15 日，近代著名新闻记者、新闻理论家郭步陶（1879—1962）在《复旦学报》发表《研究新闻学须有纯粹的科学精神》一文。他从新闻学研究视角提出："研究新闻学需有纯粹的科学精神……在现在新闻知识十二分贫乏的时候，拿定自己独立不倚的精神，去勤求学理的发明，和经验的增进，总是不至完全失望的。"③

（二）科学精神政治层面要素扩张

　　新中国成立后，学界对科学精神的研究一度冷却，科学精神的学术表达更多地被科学家参与国家科技事业尤其是大科学工程的实践诠释所取代。20 世纪 80 年代，随着"科学的春天"到来，理论界迎来了"思想的春天"，对这一问题又

① MERTON K, ROSENBLATTA, GIERYNT. Social research and the practicing professions [M]. Cambridge: Abt Books, 1984:171-174.
② R K 默顿. 科学社会学[M]. 北京：商务印书馆，2003:375-376.
③ 郭步陶. 研究新闻学须有纯粹的科学精神[J]. 复旦学报，1935(1):364-367.

开始出现零零星星的研究。1996年2月,全国科普工作会议召开,会议由国家科学技术委员会、中共中央宣传部和中国科学技术协会(以下简称中国科协)共同主办,是当时中国科技界的一次盛会。时任中国科学院院长的周光召在会上发表讲话①,对科学精神进行了系统阐述。他认为,科学精神包括科学态度、科学方法、追求真理(求真)、进取创新(创新)、掌握科学规律、改造主观世界、认识客观世界等七个方面。② 周光召关于科学精神的"七要素论"包括思想层(态度、方法)、行为层(求真、创新)、目标层(掌握规律)和效果层(改造世界)等不同维度,比较全面客观地反映了科学精神的本质。周光召也被部分学者视为"把'科学精神'引入科普'四科'③政策话语体系的第一人"。④ 从此,科学精神逐渐成为研究的重点领域、关注的热点问题、讨论的焦点话语。

1999年12月9日,江泽民在《致全国科普工作会议的信》⑤中提出:"在全社会大力弘扬科学精神,宣传科学思想,传播科学方法。"此时,科学精神已与科学思想、科学方法一起,被纳入国家公共话语体系,在认识论上离"四科"只有"一步之遥"。该信提出,要"发扬爱国主义精神、求实创新精神、拼搏奉献精神和团结协作精神"⑥。笔者认为,该表述实际上首次提出科学家精神"四大精神子类"或"四大精神形态"(爱国主义、求实创新、拼搏奉献、团结协作)、"五大精神要素"(与科学家精神要素相关联和对照,分别为爱国、创新、求实、奉献、协作/协同),成为科学家精神内涵演绎的根本性体系源头,构建了科学家精神的主体性话语框架。此后,他又提出,要"引导人们树立科学精神"(党的十五大报告),⑦"应形成全国方方面面共同促进科学发展的良好气氛,应在

① 讲话后经整理发表,题为《加强科学普及 弘扬科学精神》,载于《科协论坛》1996年第3期,第18-21页。
② 周光召.加强科学普及 弘扬科学精神[J].科协论坛,1996(3):18-21.
③ "四科"即普及科学知识、弘扬科学精神、传播科学思想、倡导科学方法。"四科"真正进入法治化轨道、纳入国家政策文本,是在2002年6月29日实施的《中华人民共和国科学技术普及法》。其文本表述为:"普及科学技术知识、倡导科学方法、传播科学思想、弘扬科学精神。"
④ 刘立.周光召:把"科学精神"引入科普政策话语体系第一人[EB/OL].(2019-05-21)[2024-07-10].https://mp.weixin.qq.com/s/gGcy1V_7gpMb9b22W1bUhQ.
⑤ 系第二次全国科普工作会议,1999年12月14日至15日在北京召开。
⑥ 江泽民.江泽民致全国科普工作会议的信(1999年12月9日)[M]//中共中央文献研究室.江泽民论有中国特色社会主义(专题摘编).北京:中央文献出版社,2002:269.
⑦ 江泽民.高举邓小平理论伟大旗帜,把建设有中国特色社会主义事业全面推向二十一世纪:在中国共产党第十五次全国代表大会上的报告(1997年9月12日)[J].中华人民共和国国务院公报,2000(21):5-9.

全党全社会大力弘扬科学精神"(1997年两院院士大会)。[①] 笔者认为,该信涵盖《意见》中科学家精神关键要素,成为科学家精神的"母体"。

笔者通过中国知网,以"科学精神"为题名,检索2022年发表在核心期刊和中央级报纸上的主题文章,统计发现,当年相关文献共22篇。从文章研究对象看,我国学者研究关注的重点集中在科学精神的教育与传承(播)、科学精神的历史演进与个案揭示、科学精神与人文精神的相互关系等领域,而对科学精神的内涵与特征、科学精神系统的结构层次、科学精神的社会功能等问题研究较少。研究主体集中为专家学者、媒体记者和大中小学教师。

(三)科学精神学术层面要素争鸣

为响应江泽民总书记关于弘扬科学精神的号召,2001年1月12日,一场高规格学术会议——"科学精神高级研讨会"在北京友谊宾馆举行,会议由中国科普研究所和科学时报社主办。这是我国自然科学界和社会科学界的知名学者第一次对科学精神进行科学的研究。本次会议对科学精神进行了比较系统的讨论,讨论内容既涉及科学精神的研究历史、现状,又涵盖科学精神的本质及弘扬科学精神的现实意义,但对于究竟什么是科学精神,如何正确、全面、系统地理解科学精神,会议并未达成共识。当时的学术界对科学精神的认识出现思想混乱,导致认识模糊、共识缺失。与会专家一致认为,或者说本次会议达成的唯一"共识"是,"科学精神"这个词根本没有一个行业普遍认可的明确定义;作为一个业已形成的概念,没有定义(实然——"是什么"),只能谈"应该"(应然——"该怎样")。正如莎士比亚所言:"一千个读者,就有一千个哈姆雷特。"为推动全社会准确理解科学精神,推进科学精神传播,促进我国科学事业发展,对科学精神系统进行多维探析,既非常必要,也尤为迫切。

国内学者对科学精神要素的划分,主要存在"七分法"和"八分法"两种学术流派。前者以著名科学家、"两弹一星"功勋奖章获得者王大珩[②]为代表,不

---

① 江泽民.在中国科学院第十次、中国工程院第五次院士大会上的讲话(2000年6月5日)[J].中华人民共和国国务院公报,2000(21):6.

② 王大珩(1915—2011),历任原国防科委十五院副院长、中国科学院技术科学部原主任、国防军工科学研究委员会原副主任、中国科学院学部委员(院士),国家"863"计划、中国工程院倡议者之一,1999年荣获"两弹一星"功勋奖章。

妨称之为"王大珩学派";后者以著名科学哲学学者、中国科学院大学教授李醒民①为代表,不妨称之为"李醒民学派"。上述会议之后,王大珩、于光远②两位著名科学家将参会科学家的精彩演讲汇集成《论科学精神》一书。王大珩在书中提出,科学素养包括创新精神、求真求实、试错精神、质疑精神、冒险精神、合作精神和好奇心等七个方面。③ 尤其是其中的好奇心,虽然比较通俗(严格说来并不属于"精神词汇"),但是直击科学研究之要害。习近平总书记多次在不同场合提到"好奇心",点明好奇心之于科学研究和创新人才培养的重要性。仅仅在科学家座谈会上的讲话(2020 年 9 月 11 日)中,习近平总书记就四次说到"好奇心"。其中特别指出,"好奇心是人的天性,对科学兴趣的引导和培养要从娃娃抓起",要"形成一大批具备科学家潜质的青少年群体"。④

2012 年 4 月 20 日,曾参加"科学精神高级研讨会"的李醒民在《民主与科学》杂志发表《什么是科学精神》一文。笔者认为,作者在文中所指的科学精神包括三个层次、八种要素:第一层为科学精神的发生层,核心归纳是追求真理,追求真理是科学精神的逻辑起点;第二层为科学精神的支撑层,核心归纳是实证精神、理性精神;第三层为科学家精神的次生层,核心归纳是怀疑批判、创新冒险、平权多元、纠错臻美、谦逊宽容五种次生精神。这五种次生精神以追求真理为源头,以实证精神和理性精神为依托(支撑),并对实证精神和理性精神起反向强化作用。作者认为,科学精神的这八种要素"反映了科学的革故鼎新、公正平实、开放自律、精益求精的精神气质"⑤。它们既集中体

---

① 李醒民(1945—),曾任中国科学院研究生院研究员、中国科学院《自然辩证法通讯》常务副主编,主要从事"批判学派"和"哲人科学家"研究,现为中国科学院大学《自然辩证法通讯》杂志社退休教授。
② 于光远(1915—2013),经济学家、马克思主义理论家、哲学家,中国科学院学部委员(院士),中国社会科学院原副院长。
③ 王大珩还在他的另一篇文章中提出科学的六大特性:一元性,即自然规律性;诚实性(严格性),即知识活动的核心是认识事物的本质,科学的任务是严格认识事物的本质(掌握真知);严谨性,即遵循正确的科学路线;实践性,科学的本质是求真——探求真理,实践是检验真理的唯一标准;同一性(严密性),不同的学科在理论上存在"相互覆盖",这属于相互补充而非互相矛盾;并行性,科学与技术并行发展,促进了人类思维的科学化。参见王大珩:《漫谈科学精神》,《中国计量》2008 年第 4 期,第 4-6 页。
④ 习近平.在科学家座谈会上的讲话[N].人民日报,2020-09-12(2).
⑤ 李醒民.什么是科学精神[J].民主与科学,2012(2):39-40.

现了科学的精神价值,也提升了作为科学精神主体的人即科学家的生活境界,升华了他们的精神生命,并促进了人的自由发展。因此,科学精神是作为"物"即科学的生命,也是作为"人"即科学家的生命,是物与人精神意义的结合与统一。

二、从科学精神到科学家精神的话语嬗变

(一)《意见》中的科学家精神

科学家精神无论概念提出还是话语体系形成,均发端于《关于进一步弘扬科学家精神加强作风和学风建设的意见》。① 这是一份具有指导性和标志性意义,并为科技界乃至全社会共同遵循的重要文件。《意见》对科学精神内涵、价值及新时代弘扬科学家精神的路径和要求进行了制度性界定和规范化阐述,提出要大力弘扬以"爱国、创新、求实、奉献、协同、育人"为支撑要素的科学家精神。② 这六种精神成为中国科学家的群体属性和共同特质,并被纳入国家公共话语体系,体现了中国科学家思想(家国情怀)与行动(科学实践)的统一、出发点与落脚点的呼应、条件与结果的关联、精神(科学品质)与物质(科学活动)的契合,成为集政治话语、学术话语和媒体话语于一身的热门词汇和焦点话语。

(二)中国共产党人精神谱系中的科学家精神

2021 年 9 月 29 日,中国共产党人精神谱系第一批伟大精神正式发布。这是中国共产党党史上首次以精神群像的形式,构建并面向社会发布中国共产党百年辉煌的动力之源和精神框架。谱系共收录党的百年奋斗历程中凝聚起来的,以建党精神为源头,包括科学家精神在内的 46 种伟大精神。中央媒体用"四个伟大"对其进行集中概括——"伟大创造精神、伟大奋斗精神、伟大团结精神、伟大梦想精神",指出了 46 种精神的本质特征;用一句诗词进行形象化描述——"为有牺牲多壮志,敢教日月换新天",其本质属性是中国共

---

① 中共中央办公厅　国务院办公厅印发《关于进一步弘扬科学家精神加强作风和学风建设的意见》[J]. 中华人民共和国国务院公报,2019(18):20－24.
② 《意见》对科学家精神要素的具体表述为:胸怀祖国、服务人民的爱国精神,勇攀高峰、敢为人先的创新精神,追求真理、严谨治学的求实精神,淡泊名利、潜心研究的奉献精神,集智攻关、团结协作的协同精神,甘为人梯、奖掖后学的育人精神。

产党人一以贯之、生生不息的奋斗精神。笔者注意到,共有五个以人物个体命名的精神词汇收录其中,分别为:第一个历史时期的张思德精神,第二个历史时期的焦裕禄精神、大庆精神(铁人精神)、雷锋精神、老西藏精神(孔繁森精神)、王杰精神,以及三个以人物群体命名的精神词汇,分别为:第三个历史时期的女排精神,第四个历史时期的科学家精神、企业家精神。从中不难发现,其一,从中国共产党百年奋斗历程的四个历史时期视角看,党和国家对人物类精神词汇的凝练逐渐从个体转向集体(前两个时期均为人物个体精神,后两个时期均为人物集体精神),体现了中国共产党的集体主义价值观;其二,科学家精神作为"新生事物",入选中国特色社会主义新时代的八种伟大精神,体现了党中央对科技工作的高度重视和对广大科学家崇高精神品质的高度认可。

(三)科学类精神中的科学家精神

笔者还发现,科学类精神在这份"精神大名单"中呈现出"群体涌现"的喜人景象,"两弹一星"精神、载人航天精神、科学家精神、探月精神、新时代北斗精神名列其中,并以"科学类精神"的群体镜像形式呈现,为中国共产党人精神谱系注入"科学"的力量和智慧,而科学家精神是这五种"科学类精神"中唯一以职业群体而非大科学工程命名的伟大精神。科学家精神进入中国共产党人精神谱系,其"宝贵性"(习近平总书记所言"宝贵精神财富")特质由此可见一斑。

笔者认为,其一,如前所述,科学类精神是"五大精神"的整体描述与集中归纳,其中"两弹一星"工程、载人航天工程、探月工程、北斗卫星导航系统工程均属新中国发展史上的重大科学工程,概念主体为"物";科学家精神属于包括但不限于上述四种大科学工程的实施者和参与者,概念主体为"人"。其二,科学家精神是科学类精神的"总纲",是"两弹一星"精神的人格化身。整体逻辑为:"两弹一星"精神是科学类精神的源头,载人航天精神是"两弹一星"精神的时代传承,探月精神是"两弹一星"精神的价值升华,新时代北斗精神是"两弹一星"精神的当代呈现。其三,"求实"与"求真"内涵有别,前者突出中国实际、中国特色,属于科学家精神范畴;后者强调追求真理,属于科学精神范畴。从科学精神传统话语体系中的"求真"向科学家精神话语体系中的"求实"转变,体现了中国科学家的家国情怀。其四,心怀"国之大者",为加快建设科技强国、实现高水平科技自立自强提供智力支持和科技支撑，是科学类精神的终极归宿和最高价值。其五，爱国、奉献是中国共产党人精神谱系的最大公约数；爱国、创新是科学家精神的最大公约数，是其核心特质。

第二节　科学家精神与科学精神的"分久必合"

笔者作为钱学森纪念地的工作人员，经常在工作中面对社会公众和学术同行关于"科学家精神与科学精神""科学家与祖国"关系的话题，由此引发了一段时间以来自己对这一问题比较系统的思考。联想到习近平总书记多次就科学家精神和科学精神发表的重要讲话，以及中共中央办公厅、国务院办公厅2019年6月印发的《关于进一步弘扬科学家精神加强作风和学风建设的意见》，现对基于这一问题的初步认识进行阶段性总结，既就教于相关领域学术同好，也权当个人的一种职业性回应。

人所共知，钱学森是享誉海内外的杰出科学家、中国航天事业奠基人，为中国航天事业初创做出了彪炳史册的贡献，被誉为"人民科学家"。以"爱国、奉献、求真、创新"为核心要素的钱学森精神，是钱学森科学成就和精神品质的真实写照，体现了科学家精神和科学精神在个体身上的集中统一。全国政协原副主席、中国工程院原院长宋健指出："钱老90年所走过的充满艰辛、奋斗和辉煌成就的历程，是中国现代科学技术从无到有、从弱到强发展过程的缩影。他是20世纪中国先进知识分子的卓越代表和中国科技界的一面旗帜。"从钱学森身上，可以窥见科学家精神和科学精神的双重光芒。

一、科学家精神与科学精神的核心要旨

科学家精神的核心要旨是"爱国，奉献"，属于政治立场范畴，而科学精神的核心要旨则是"求真（实）、创新"，属于科学立场范畴。爱国是人世间最深层、最持久的情感。在现代公民社会与民族国家双重政治语境下，做一名爱国者理应成为每一位公民自觉坚守的政治本分。"没有国哪有家，没有家哪有我。"爱国不需要理由，是无条件的。无论是作为掌握科技知识的科学家，还是作为普普通通的公民，概莫如此。习近平总书记指出："科学成就离不开

精神支撑。科学家精神是科技工作者在长期科学实践中积累的宝贵精神财富。"他期许广大科技工作者,"要把论文写在祖国的大地上,把科技成果应用在实现现代化的伟大事业中"。这句话既体现了科学家精神的社会需求与时代价值,也体现了科学精神的社会取向与价值路径。

二、科学家精神与科学精神的话语指向

科学家精神强调的是"人理"和"事理",体现的是"人"和"事"的人文性问题和社会性问题;科学精神强调的是"物理",体现的是"物"即物质世界的自然性问题。相对而言,作为一种话语指向,科学家精神探究或侧重的是人文科学和社会科学领域的问题,包括但不限于科学家的政治信仰、价值取向、精神品质、个人志趣,社会对科学家和科技事业的制度支持、舆论导向、价值建构等形象思维层面可感知但难以具体化的内容,而科学精神探究或侧重的是传统意义上的自然科学领域的问题,包括科学家的科学成就、学术思想等逻辑思维层面具体且可量化或物化的内容。

三、科学家精神与科学精神的"精神温度"

科学家精神是"热"的,本质上相对而言是一种建构主义精神,即作为公民对国家的身份认同;科学精神是"冷"的,本质上相对而言是一种解构主义精神,即科学研究的批判精神。诚如钱学森在《写在〈郭永怀文集〉的后面》一文中所言:"一方面是精深的理论,一方面是火样的斗争,是冷与热的结合,是理论与实践的结合,这里没有胆小鬼的藏身处,也没有私心重的活动地;这里需要的是真才实学和献身精神。""精深的理论""真才实学",乃科学精神;"火样的斗争""献身精神",乃科学家精神。

四、科学家精神与科学精神的价值目标

科学家精神的根本归向是服务国家,而科学精神的根本归向是科学事业。科学是一项崇高的事业。摘取科学知识的王冠,可以说是每一位科学家科技人生的最高追求。科学事业只有与国家需求相结合,与社会发展联系在一起,科学精神才有了表达的价值空间和呈现的现实意义。或言,没有"科学家精神"的"科学精神",其社会价值将黯然失色,甚至可能在情感意义上被历

史所唾弃、遗忘;另一方面,没有"科学精神"的"科学家精神"如海市蜃楼、镜花水月,虚无缥缈。

五、科学家精神与科学精神的情感归向

"科学家有祖国",说的是一种科学家精神,即科学家的情感皈依;"科学无国界",说的则是一种科学精神,即科学的纯粹本质。中华人民共和国成立前夕,旅居海外的著名核物理学家、被誉为"中国原子弹之父"的钱三强与夫人何泽慧一起,决定回到祖国,奉献毕生所学。临行前,有人问钱三强为何放弃国外良好的科研环境和优渥的生活条件,选择回到一穷二白的新中国,钱三强不假思索地回答:"虽然科学没有国界,科学家却是有祖国的。正因为祖国贫穷落后,才更需要科学工作者努力去改变她的面貌。"[①]而钱学森回国前夕所说的那句振聋发聩的"科技报国宣言"——"今后我将竭尽全力,和中国人民一道建设自己的国家,使我的同胞过上有尊严的幸福生活"[②],更是激励了一代又一代中国科技工作者,将自己所学融入报效祖国的时代洪流。此类事例在以钱学森为代表的老一辈科技工作者身上可谓不胜枚举,体现了作为中华儿女的广大爱国科学家深沉的家国情怀,诠释着他们以科学造诣服务祖国社会主义建设的崇高科学家精神。诚如习近平总书记所言:"具有强烈的爱国情怀,是对我国科技人员第一位的要求。科学没有国界,科学家有祖国。"[③]

六、科学家精神与科学精神的价值实现

科学家精神体现得更多的,是科学的社会价值所在,即科学的"社会化"问题;科学精神体现得更多的,是一种自然价值所在,即科学事业对自然奥秘不懈探索、创新求解的本质属性。科学作为一种知识生产制度,依靠一种非常特殊的知识产权——发现的优先权,来激励社会公共知识的生产和公开披

① 钱三强:虽然科学没有国界,科学家却是有祖国的[EB/OL].[2024-07-10]. http://cpc.people. com. cn/GB/34136/2569235. html.
② 姜泓冰."竭尽努力建设自己的国家"[N].人民日报,2011-12-12(4).
③ 20句话回顾习近平对科技工作者的殷切期望[EB/OL].(2020-05-29)[2024-07-10]. http:// cpc. people. com. cn/n1/2020/0529/c164113-31729118. html.

露。而社会公共知识的生产与供给,离不开作为社会组织者——国家的资源配置功能的发挥。科学终究是要依托并回归一定的政治组织(无论是作为最高政治组织的国家还是作为次级政治组织的各级地方政府),才能实现其服务人类社会发展的根本价值。因此,科学家精神发挥着对科学精神进行"效化",进而实现社会化的重要作用。可以说,科学家精神是助力科学精神融入社会公共精神、连接科学价值与社会价值的纽带。

七、科学家精神与科学精神的逻辑关联

科学家精神重在"求善",是科学精神的价值旨归;而科学精神重在"求真",是科学家精神的前置条件。科学家精神是科学家群体特有的精神品质和价值取向。与国为善、以国为重,真正像钱学森一样做到"国为重,家为轻,科学最重,名利最轻",自能激发奉献科学智慧、报效祖国科技事业的强大精神动能,也方能做出为国所需、为国所用的科学成就。如此方能体现科学的人文情怀和科学精神的人文价值,科学精神的"求真"本质才有为社会所用的价值依托。总体而言,科学家精神的发挥决定生产力发展的价值导向,而科学精神的发挥则决定生产力的发展水平。二者一体两面、因果相生,相互倚重、相辅而成,统一于科学与科学家的相互"在场"之中。如果没有科学家精神做支撑,科学精神将成为无源之水、无本之木,难以甚至无法有效发挥其应有的社会价值;而如果没有科学精神做基础,科学家精神将流于形式、沦为空谈,也因此很难促成有实际社会价值的科学成就。

八、科学家精神与科学精神的话语体系

源流上,科学家精神属于政治话语体系,科学精神属于学术话语体系。科学精神内嵌于科学家精神之中,体现了"科学与政治的结合"(涂元季语)。钱学森也曾指出:"在当今时代,一个人,特别是领导干部和高级干部,光懂政治不行,一定要懂一些科学,要坚持科学与政治结合。""我回国以后所做的工作,可以说都是科学与政治结合的成果。即便是纯技术工作,那也是有明确政治方向的。不然,技术工作就会迷失方向,失去动力。"就科学家而言,所谓科学与政治结合,本质意义上是将科学精神融入以爱国主义为核心的科学家精神,将对科学的探究用于服务国家建设、社会发展、民族复兴伟大事业之

中,从而一方面实现科学精神与科学家精神的融合统一,另一方面实现科学研究个人价值与社会价值彰显的最大化。而就钱学森个人而言,钱学森精神是科学家精神与科学精神在个体身上的集中凝聚与高度统一。作为科学家代表性个体的钱学森既是践行科学家精神的杰出代表,也是承载科学精神的群体化身。因此,无论考察科学家精神还是科学精神,钱学森即便不是唯一代表,也当算得上中国科学家群体的最佳个案。说他是人民科学家,其意义正在此。①

① 如前所述,钱学森是科学家精神与科学精神相结合的典型个案,而他的回国则堪称中国科学家爱国主义精神的经典教材。关于钱学森回国问题,周恩来总理曾说:"中美大使级谈判历时 15 年,没有实质效果。但我们要回了一个钱学森,会谈是值得的,有价值的。"对这句话所蕴含的内涵指向,可以进行三重解读,或者说,这句话具有三个层面的话语空间。其一,个人层面,钱学森的科学价值及其衍生的政治价值之独特性。他旅美时期在科学技术诸多领域尤其是空气动力学和应用力学领域所达到的高度、所拥有的科学地位和国际声望,是滞留或旅居海外的其他科技人才所不具备或拥有的,其价值无可估量。正因此,钱学森回国问题如此敏感、他的回国历程殊为艰难,从一开始就蕴含着潜在的必然性。这由他"来自中国、成名美国"的独特历程所决定,更是由他的身份属性所决定。同样,钱学森回国所能产生的触动作用和示范效应,亦非其他海外科学家所能企及,他是异国他乡独树一帜的中国科学符号。其二,国家层面,钱学森对于新生的社会主义中国之重要性。他在新中国成立初期对于社会主义建设具有无可替代的代表性。同样,这种代表性远高于一般科学家回国的科学意义及其爱国主义价值。麻省理工学院历史上最年轻的教授、戈达德教授、"美国火箭技术领域一位最伟大的天才"、加州理工学院喷气推进中心主任、第三代空气动力学大师、美国国防部空军科学咨询委员会成员……这些极高而殊为复杂的身份叠加、荣誉交织,使其在新中国科技事业中拥有获得"国家大脑"和"科学领袖"这一独特社会地位与政治身份的充分可能性。而对阻扰其回国的"麦卡锡主义美国"而言,钱学森回国"绝不是去种苹果树的",绝不是仅在自己的祖国延续个人学术生命。这样一位科学家个体所蕴含的科学能量,无论何时何地,都具有无可估量的军事价值,无论于美国,还是于其意识形态对手中国。其三,国际层面,钱学森回国问题跳脱个人选择及其情感偏好之复杂性。这一问题具有关涉 20 世纪 50 年代中美关系发展、与中美外交互动紧密交织的国际意义乃至世界意义,始终牵涉 20 世纪 50 年代中美外交博弈的敏感神经。身处特殊时代背景、历史条件和国际环境漩涡之中,钱学森的个人命运走向与尚未建立外交关系的中美之间的互动与演绎形成了同频,构成了冷战背景下中美基于意识形态对立外交博弈的独特景观。而从长远看,钱学森回国对中国国家命运具有促进作用,又具有影响美国对华认知和中国科技事业发展、促进中国国家安全进而塑造中国大国地位的世界史意义,这从西方媒体对钱学森报道与关注的两次高潮(回国与逝世)可见一斑。简言之,在西方有色眼镜的背后,新中国国防建设所取得的几乎所有重要成就——"两弹一星"、洲际导弹、载人航天、探月工程等等——都与钱学森脱不了干系,进而言之,都有美国的一份"贡献"。因此,钱学森回国对于中国之"值得"、之有"价值",无论当时、今天,还是以后,都是一道家国叙事之正解。这是他个人之一大步,也是其祖国之一大步。

第二章
科学家精神的理论逻辑与实践逻辑

第一节　科学家精神的理论内涵与价值意蕴

考察科学家精神的源头及其发展轨迹，继而归纳其话语嬗变的理论逻辑，不难发现，科学家精神从早期萌芽到完成形塑，如前所述，具有近代科学的中国化、科学精神的人格化、科学家精神的时代化三个承续性理论基点，经历了"科学救国—科技报国—科技立国—科技强国"话语体系嬗变与维度演化。

一、科学家精神的缘起与演进

（一）科学家精神的理论源头

科学家精神在近代中国历史上经历了"科学蒙昧—科学启蒙—科学精神传播—科学家精神生产"三次演化，其主题的理论概括的集中表述为：近代科学的中国化（sinicization of science）、科学精神的人格化（personification of scientific spirit）、科学家精神的时代化（modernization of scientist spirit）。

1. 近代科学的中国化

理论上，科学家精神实现了从科学蒙昧向科学启蒙（主题是近代科学技术的中国化）、从科学启蒙向科学精神生产（主题是科学在现代中国的"精神内化"）、从科学精神生产向科学家精神建构（主题是科学精神在当代中国的"人文化成"）的话语嬗变与传播形态转变。这三次次生转化整体上又是一个从"西"（以工业化强国为代表的西方国家）向"东"（中国）实现近代科学技术本土移植的过程,是科学家精神空间维度的转化。

2. 科学精神的人格化

在科学由西向东"中国化"过程中,科学的本质也实现了自然使命即认识自然规律向社会使命即服务社会发展的功能变迁。其中发挥枢纽作用的是科学在其中实现了从"物"即以客观世界(自然)为考察对象的科学精神向从"人"即以主观世界(社会)为考察对象的科学家精神转变。这种转变是科学家精神心理维度的另一次转化。

3. 科学家精神的时代化

一种精神的产生,一种精神词汇的提出,是历史与时代激荡,并在时代召唤与社会需求下应运而生的产物。伟大建党精神开启了党的百年奋斗历程,是无数中国共产党人整体性精神样貌的生动写照,凝聚并形塑了中国共产党的精神之源,是中国共产党立党的精神原点、兴党的精神动力、强党的精神标识;女排精神是举国体制下中国女排姑娘为国出征、不辱使命、顽强拼搏的时代化身与群体镜像;雷锋精神虽然只以雷锋这个先进个体为承载,但它代表的是一位公民的家国情怀和理想信念,是一位劳动者的奉献精神和敬业意识,是一种职业岗位上的创新精神和创业精神。诚如习近平总书记所言:"雷锋精神是永恒的,是社会主义核心价值观的生动体现。"⋯⋯如此等等,不胜枚举。同样,科学家精神以"爱国、创新、求实、奉献、协同、育人"为核心内涵,以广大"中国科学人"为精神主体,以中国科技事业为实践载体,代表了广大科学家和科技工作者在党的领导下,为实现中华民族伟大复兴的中国梦科技报国、以身许国的崇高精神品质。科学家精神的最终形成具有"从古至今"即从近代到现代、从现代到当代在时间维度中不断演化的动态特征。

科学家精神在横向维度,拥有完整话语体系和逻辑框架:爱国是科学家精神的基石,创新是科学家精神的灵魂,求实是科学家精神的本质,奉献是科学家精神的核心,协同是科学家精神的支撑,育人是科学家精神的源头;在纵向维度,"六大要素"均为历史演绎的产物,并经受了时代检验和理论论证,具有鲜明的谱系化特征。尤其是爱国精神和创新精神,在科学家精神体系中具有独特的重要地位。爱国精神的话语指向是个人(科学家个体)与国家的关系,是"热"的(人文精神),是家国情怀,"科学无国界,科学家有祖国",体现了两种命运(个人命运与国家命运)的交织、两种选择(个人选择与国家选择)的交融;创新精神的话语指向是个人与事业(科技工作)的关系,是"冷"的(科学精神),例如,钱学森曾指出,"科学精神最重要的是创新","如果不创新,我们将成为无能之辈"。

(二) 科学家精神的实践源头

实践上,科学家精神体现了科技事业与民族复兴的深层互动、双向建构和主题演化。理论与实践并非彼此隔离、相互独立,而是"合二为一"、相互交融的关系。"实践是检验真理的唯一标准",这句话体现了理论与实践之间相互支撑、统一互动的关系。实践是检验理论的重要手段,为理论提供了验证和修正的基础。从实践上探索科学家精神的源头,契合了科学技术的实践本质——认识自然、改造自然。科学旨在认识自然,发现客观世界运行规律;技术旨在改造自然,使其适应主观世界即社会的发展。因此,科学技术作为一种以人为主体、以物为客体的社会实践活动,"体现了合规律性与合目的性的统一、物的尺度与人的尺度的统一、真善美的统一"①。在实践源头上,科学家精神具有鲜明的实践品质,体现了作为精神主体的科学家深沉的家国情怀、主体意识和使命担当。

爱国是科学家精神的主旋律。在近代中国不同历史语境下,爱国主义精神因时代发展而发展,呈现出不同的时代主题。考察科学家精神的实践源头,它在总体上可以分为四个阶段:

第一阶段,民族危难,科学救国(1911—1949),主题是"民族解放、救亡图存",尤以"师夷长技以制夷"这句振聋发聩的民族呐喊为盛。这一阶段,"科学救国"跟"航空救国""实业救国""教育救国""实业救国""交通救国"等各种形式的救国运动一起,构建了一部中华儿女抵御外敌入侵、砥砺民族风骨的屈辱抗争史。

第二阶段:民族独立,科技报国(1949—1978),主题是"向科学进军"②,尤以新中国成立前后海外知识分子归国热潮,以及举世瞩目、改变中国国运的

---

① 金延姬,李桂花.论科学技术的实践本质[J].长春理工大学学报(社会科学版),2009(1):36-37.

② "向科学进军"系周恩来总理《关于知识分子问题的报告》(中央召开的知识分子问题会议,1956年1月14—20日)中提出的号召。在这次会议上,周恩来提出,要制订"十二年科学规划",全称《一九五六年至一九六七年科学技术发展远景规划》。参见:《建国以来重要文献选编》第8册,中央文献出版社1994年版,第39-40页。

"两弹一星"工程最具代表性。以前者为例,据统计,在新中国成立前后六年时间里(1949 年 8 月至 1955 年 11 月),累计有 1 536 名高级知识分子从海外回国参加建设;到 60 年代中期,回归祖国怀抱的旅居海外专家、学者和优秀留学人员有 2 500 多名。这一时期,中国科技事业按照周恩来总理关于引进世界最先进科学成就、补足我国"最短缺""最急需"科学门类的指示①,以"十二年科学规划"为依托,重点发展以原子能、火箭、电子计算机等高科技为代表的"57 项重要科学技术任务",尤其是其中的"12 项带有关键意义的重大任务"。② 这是当时中国科技工作者的"主战场"和"主阵地"。

　　第三阶段:改革开放,科技立国(1978—2012),主题是"科学的春天"。这一时期,随着全国科学大会(1978 年 3 月 18—31 日)的召开,党中央提出"科学技术是生产力"、实现"科学技术现代化"等振奋人心的发展科学技术指导方针,经过一代代科技工作者的不懈努力,中国科技事业实现了从"站起来"到"富起来"的历史性转变。这次会议发出了"向科学技术现代化进军的总动员令",成为"我国科技发展史上的一个里程碑"。

　　第四阶段,民族复兴,科技强国(2012—　　),主题是"加快建设科技强国,实现高水平科技自立自强"。这是党的"两个一百年"奋斗目标对广大科技工作者的深切时代召唤和交给他们的重大历史使命。"新时代是需要英雄并一定能够产生英雄的时代"③,身处历史交汇点,敢当时代弄潮儿,科技事业非但不能缺席,反倒大有可为。在这个历史与时代紧密呼应、科技事业与国家发展深度交融的时期,广大科学家和科技工作者需要勇担时代使命、呼应时代召唤、做好时代答卷,矢志成为时代之骄子、民族之英雄。

　　由此可见,中国科学家身上的爱国主义诠释具有鲜明的时代烙印,与党的百年奋斗历程一脉相承,与国家发展深度关联,与民族命运紧密呼应,具有"与时代同向,与祖国同行"的鲜明价值取向与时代特征。以钱学森为例,他功勋卓著、彪炳史册的一生堪称爱国主义的光辉典范。学生时代,他勤学精

① 全文为:"必须按照可能和需要,把世界科学的最先进的成就尽可能迅速地介绍到我国的科学部门、国防部门、生产部门和教育部门中来,把我国科学界所最短缺而又是国家建设所最急需的门类尽可能迅速地补足起来,使十二年后,我国这些门类的科学和技术水平可以接近苏联和其他世界大国。"引自周恩来:《关于知识分子问题的报告》,人民出版社 1956 年版。
② 中央文献研究室. 建国以来重要文献选编(第 9 册)[M]. 北京:中央文献出版社,1994:436 - 540.
③ 习近平. 在"七一勋章"颁授仪式上的讲话[N]. 人民日报,2021 - 06 - 30(2).

进,树立航空救国理想;留美期间,他潜心研攻,决心学成返国服务;回国后,他献身国防,成就"两弹一星"伟业;晚年,他回归学术,心系国家长远发展。他以炽热的爱国主义精神,谱写了一篇永不磨灭的光辉史诗,实现了从科学救国、科技报国到科技强国的大满贯个体书写,诠释着中华民族从国家独立、改革开放到民族复兴的全景式个体参与。

二、科学家精神的三维演绎

科学家精神在高度、深度、广度方面,体现了党和国家领导人的高度重视、中央制度性文本的深刻阐释、中国共产党人精神谱系的广泛代表性三个方面的体系化特征。

(一)最高概括——科学家精神之高度

习近平总书记多次提及科学家精神,其中系统阐述科学家精神的有四次,分别为他在 2016 年 5 月 30 日、2018 年 5 月 28 日、2021 年 5 月 28 日的两院院士大会,以及 2020 年 9 月 11 日的科学家座谈会上的讲话。尤其是《在科学家座谈会上的讲话》,可谓"金句频出"。总书记在会上高屋建瓴地指出:"科学成就离不开精神支撑。科学家精神是科技工作者在长期科学实践中积累的宝贵精神财富。"这句话广为人知、被高频引用,堪称科学家精神的"最高标准",体现了"定义"中国科学家和科技工作者的"国家意志",是党和国家领导人对科学家精神的最高概括,具有广泛的社会知晓度和学术影响力。其语义内涵包括两个方面:其一,"科学成就离不开精神支撑",体现了科学实践(物质层面)与科学家精神(精神层面)的主要支撑(科学家精神同样离不开科学成就支撑)、交汇统一的辩证关系。其二,"科学家精神是科技工作者在长期科学实践中积累的宝贵精神财富",体现的是个人价值(科学实践→科学报国)与社会价值(精神财富)之间的关系。只有做到个人价值与社会价值的统一,科学家的创造性劳动才能真正体现应有社会价值,科学家本人才能由此为社会所接纳和认可。此外,宣传、弘扬科学家精神离不开活生生的案例和故事做支撑,不能坐而论道、泛泛而谈,对照《意见》照本宣科。无论对从事科学家精神研究的学者,还是对从事科研管理、宣传和教育工作者而言,都应以高站位、大视野、长焦距、多维度理解和阐释科学家精神,深刻揭示并以学理化形式呈现科学家精神的最高概括、核心指向、本质特征、时空维度、群体化身、价值归宿、层次属性、主题演化、实践载体、社会标识等。[①]

（二）制度总纲——科学家精神之深度

第一批被纳入中国共产党人精神谱系的46种精神中，科学家精神与绝大多数其他精神词汇在深度上存在着显著不同，主要依据是科学家精神具有制度文本依据——《关于进一步弘扬科学家精神加强作风和学风建设的意见》。《意见》的印发从制度上确立了中国语境下科学家精神的话语身份，表明科学家精神已经超越媒体话语体系，成为政治、学术、舆论等多重观察视角下中国科学家的独特精神标识和鲜明群体镜像，具有政治性、规范性、排他性、公共性等语义特征。该意见从总体要求、内涵特征（"自觉践行、大力弘扬新时代科学家精神"）、传播路径（"加强作风和学风建设，营造风清气正的科研环境"）、机制支撑（"加快转变政府职能，构建良好科研生态"）、舆论支持（"加强宣传，营造尊重人才、尊崇创新的舆论氛围"）、保障措施等六个方面，对科学家精神进行了深刻阐释，构建了全维度、体系化制度文本。《意见》的主体部分对什么是科学家精神、如何践行和弘扬科学家精神提出了明确的概念框架与实践范式，是弘扬科学家精神的"制度总纲"，体现了科学家精神从"领域词汇"上升为"政治词汇"的顶层设计。

以爱国精神为例，《意见》的文本表述（要素内涵）为"大力弘扬胸怀祖国、服务人民的爱国精神"。该部分提及"继承和发扬老一代科学家艰苦奋斗、科学报国的优秀品质，弘扬'两弹一星'精神"[②]。由此不难发现，"两弹一星"精神作为新中国成立后形成的第一个科技领域精神词汇，被纳入科学家爱国精神话语框架之中，内嵌着特定的政治意涵，诠释着二者的承袭关系。《意见》表明：其一，"两弹一星"精神是科学家精神的历史源流，大而言之，不失为整体描述的"科学类精神"之母体与肇端。历史是过去的现实，没有历史伟业惊天动地，就没有时代精神源远流长，更没有现实情怀奔腾而下。其二，爱国主义作为中华民族精神的核心，是"两弹一星"这一建国之初最具代表性和挑战

[①] 笔者曾在某次理论学习研讨会上，就文中关涉科学家精神的十个方面，向与会者做《走进中国科学家的精神世界：以高站位、大视野、长焦距、多维度理解科学家精神》讲座。

[②] 中共中央办公厅　国务院办公厅印发《关于进一步弘扬科学家精神加强作风和学风建设的意见》[EB/OL]. (2019 - 06 - 11)[2024 - 07 - 10]. http://www.xinhuanet.com/politics/2019-06/11/c_1124609190.htm.

性的国家级大科学工程取得举世瞩目成就的精神支柱和根本保证。在科学、科学家、国家三者关系互动中,一个基本社会共识是"科学无国界,但科学家有祖国"。科学家只有与祖国"同频共振","把论文写在祖国的大地上",才能真正实现具有社会意义的人生价值;科技事业只有与国家发展"交相辉映",自觉诠释"科技强则国家强"的价值真谛,才能在国家经济社会发展史上真正占有一席之地,留下一页华丽篇章。

完全可以说,每一位参与"两弹一星"工程研制的科学家(特别是"两弹一星"功勋奖章获得者)都是践行爱国主义精神的杰出代表。在那样一个尤其需要艰苦奋斗的特殊历史条件下,在那样一个尤其提倡艰苦朴素价值观的特殊年代,从事"两弹一星"工程研制的科学家们,他们的选择与坚守、他们的付出和奉献,往往与自己的人生走向和家庭命运紧密关联、深度交织。他们义无反顾选择了奉献甚至牺牲,也就同时选择了割舍甚至可能的永别(例如邓稼先、郭永怀)。这一壮烈的历史景观是革命英雄主义和大无畏精神在中国科学家身上鲜活呈现的独特时代风景和精神风貌,是和平年代倾举国之力去赢得的一场关乎国家安危和民族尊严的"科技战争"。他们每一个人身上都彰显了"干惊天动地事,做隐姓埋名人"的时代品格与精神气质,至为可贵。

有心的读者不难发现,《意见》先后提出"科学家精神""新时代科学家精神"和"'两弹一星'精神"三种不同的精神词汇。作为"六大精神"要素描述的文本概括(上级标题),《意见》提出"自觉践行、大力弘扬新时代科学家精神"。笔者认为,除了"两弹一星"精神作为一种先于科学家精神形成的精神词汇,并与科学家精神一起进入中国共产党人精神谱系,不会引起概念上和内涵上的理解困惑外,"科学家精神"与"新时代科学家精神"同时出现,以及《意见》印发后导致的话语(尤其是媒体话语)混用,主要原因在于概念使用者没有准确理解《意见》设计的制度初衷及三者之间的逻辑关系:其一,如前所述,"两弹一星"精神作为进入中国共产党人精神谱系、发端最早的科学类精神,是科学类精神的源头,而相比"两弹一星"精神以"物"即重大科研项目为命名主体而言,科学家精神则以"人"即科学家为命名主体,是"两弹一星"精神的人格化身。二者在《意见》中同时出现,体现了"两弹一星"精神的人格化转型(从以物为叙事主体转向以人为叙事主体),解决了"两弹一星"精神的"时代化"问题。这一"时代转型"的话语程式为"新时代科学家精神"。其二,相比概念化的"科学家精神",新时代科学家精神体现了科学家精神的实践指向与现实情怀,观照中国实际,呼应时代要求。二者一脉相承,昭示全社会要牢固树立百年党史观,既要讲好老一辈科学家故事和近现代中国科学故事,也要讲好当代尤其是新时代中国科学家故事,让科学家精神在新时代科学家身上熠熠生辉、光芒万丈。其三,需要指出的是,"新时代科学家精神"并非独立成型的规范词汇,准确说来是强调弘扬"新时代"科学家身上体现的科学家精神,用于解决"活学活用""古为今用"问题。

(三)融合为一——科学家精神之广度

科学家精神的广度,集中体现在其作为46种伟大精神之一被纳入中国共产党人精神谱系。该谱系既赋予科学家精神以要素特征,解决了科学家精神的"历史定位"问题,又隐含着科学家精神本身的"谱系化"问题,有待学者们进行深层解构。因而,准确理解科学家精神,需要以更宏阔的学术视野和更深层的理论情怀,揭示广大科学家在党的百年奋斗历程中的历史主体性身份(主体重要性)、科技事业在中华民族伟大复兴历史进程中发挥的关键作用(客体重要性),以及科学家精神在中国共产党人精神谱系中的独特性(要素重要性)。从中国共产党人精神谱系视角考察,科学家精神具有凝聚性、群体性、一致性等特征。

46种精神中,个体精神占6种,分别为第一个历史时期1种、第二个历史时期5种(前文已述及,具体名称此处略)。这6种精神个体可谓事迹最先进、特色最鲜明、影响最深远的行业翘楚、"岗位之星",凝聚着先进人物身上最质朴的精神基因和最亮丽的思想成色,家喻户晓,感天动地。

以科学类精神为例,前述6种精神以"科学"的集体身份进入中国共产党人精神谱系,体现了科学类精神鲜明的群体属性与统一样貌,以及党中央对科学家个体与群体、科学家个人特质与群体特质辩证关系和"协同创新"在建设世界科技强国历史进程中重要性的深刻认识。当前,实现高水平科技自立自强,为建设科技强国和实现中华民族伟大复兴的中国梦提供智力支持、注入磅礴力量,是科学类精神的终极归宿和最高价值。

就46种精神及后续可能的不同批次入选名单之共性特质而言,要成就伟大事业,铸就伟大精神:胸怀祖国是本质要求,甘于奉献是根本保障,心系人民是价值情怀,淡泊名利是重要前提。这既是铸就伟大精神的根本要求,也是中国共产党百年奋斗历程的基本历史经验。无疑,科学家精神与之存在大面积交集。

几乎所有关涉科学家精神的研究和宣传都围绕这三个维度(高度、深度、广度)展开,这三个维度构建了科学家精神的整体话语框架,既是科学家精神的三个原点,也是科学家精神的三大支点。同时,对受众而言,这也是理解科学家精神的"三个基本点"。

第二节　弘扬科学家精神的根本要求与实践进路

一、弘扬科学家精神的意识支撑

习近平总书记指出:"科学成就离不开精神支撑。科学家精神是科技工作者在长期科学实践中积累的宝贵精神财富。"大力弘扬新时代科学家精神,实现科学的时代传承与创新发展,是建设世界科技强国、实现中华民族伟大复兴的中国梦的根本需要。科学家纪念地和科学家精神研究与传播基地,是弘扬科学家精神的重要阵地。本节以这两类机构为研究对象,笔者认为,对于科学家纪念地和科学家精神研究与传播基地而言,应坚持"五力导向",树立"五种意识",不断推进新时代科学家精神传播走深走实、守正创新。

(一)品牌力:树立品牌意识,打造拳头产品

无论于个人还是于集体,于企业单位还是于事业单位,于行业还是于国家,品牌都是无价的资历、无形的资产和无尽的资源,是在长期实践探索中积淀并形成的工作标志和行为符号。对人物纪念地和相关学术研究机构而言,开展的社会教育活动项目一旦固化并产生一定行业知晓度和社会影响力,就会"提质升级",产生集聚效应,实现品牌化转型,内化为固定的工作模式,外化为良好的社会认知,人物精神由此与单位之间的关联度、与社会对单位的认可度日益紧密,形成与单位性质的正相关和对单位职能的正反馈。好的品牌如同免费广告,是人物精神的物化和单位形象的标配,拥有巨大的价值开发空间。外向型活动品牌尤其是学术品牌的形成,是长期实践、不断探索、深入研究的结果,既离不开名称设计的科学性——与单位定位、人物身份、宣传目标契合度高,合理性——对活动主题概括性强、与活动内容关联度高,时效性——与单位发展、宣传热点和国家需求呼应性强;也离不开主办单位的精准定位、精心组织和精密策划,确保品牌塑造名副其实、品牌确立货真价实、品牌影响实至名归。

2019年6月,中央印发了《关于进一步弘扬科学家精神加强作风和学风建设的意见》。《意见》提出弘扬科学家精神的总体要求、新时代科学家精神的基本内涵、加强作风和学风建设的根本要求、为弘扬科学家精神营造良好舆论氛围,为新时代弘扬科学家精神提供了根本遵循。科学家纪念地和科学家精神研究与传播基地是科学家精神的"二次生产车间",应通过开展科学家精神研究与宣传,将以"爱国、创新、求实、奉献、协同、育人"为核心内涵的科学家精神以展览、讲座、论坛、报告、课程等形式对外输送,植入广大观(听)众的心灵,并在全社会发扬光大。对此,中国航天系统科学与工程研究院主办的"钱学森论坛"、中国航天科技集团主办的"航天精神高端论坛"、四川"两弹一星"干部学院主办的"科学家精神论坛"、上海交通大学钱学森图书馆主办的"钱学森与当代中国"学术研讨会等,通过常态化办会(以"届""期"为单位)、专业化实施、周期化推进,实现了科学家精神宣传的品牌化,成为相关单位的一张张学术名片,堪称全国科学家精神宣传的样板实践。

(二)话语力:增强行业意识,完善服务功能

任何单位都是某个行业、某个系统的一分子,只有不断融入本行业、本系统,在领域内不断增强话语力、持续提高显示度、努力赢得话语权,才能站稳脚跟并实现生存疆域的拓展、行业地位的提升和话语体系的塑造。对科学家精神纪念与宣传部门(单位)而言,开展社会服务尤其是文化服务,既是职能所在,也是立身之本,既是社会召唤,也是时代需求。"筑巢引凤栖,花开蝶自来。"服务就是生产力,服务就是生命力,没有甘当公仆的服务意识和主动适应的融入意识,活动的社会功能、单位的社会职能将难以得到有效发挥。为此,积极探索增强本单位文化产品生产、供给与服务能力,努力提高满足社会公众需求的文化服务力,应该成为各种科学家纪念地和科学家精神传播基地永恒的课题。

如何提高服务力,往小处说,见微知著,细节决定成败,对细节处理和把握要求甚高;往大处说,无边无际,体现在事事,发挥在处处,彰显在时时。为此,活动承办单位应坚持效能原则,以科学性引领、专业性支撑、细节性把握,将科学家精神研究与宣传活动打造成开展社会教育和学术研究的载体,并将其外化为单位赢得业界认可的服务名片。好的服务带给受众的,不仅仅是一种工作感悟、一种经验交流,更是一种精神熏陶、一种身心体验。一场活动举办得成功与否,单位服务水平发挥得如何,有一个简单而直观的标准,那就是活动结束后,参加者是否收获"不虚此行"之满足,是否产生"意犹未尽"之感慨,是否心存"后会有期"之期待。话虽如此,但说来容易做来难。实际操作过程中,要达到参加者收获满足、留有感慨、存有期待之"境界",殊为不易。这些都离不开活动主(承)办方管理理念、专业素养、工作方式、职业情怀乃至软硬件设施配置等多种因素的支撑。举凡一事之兴、一物之细,思想的深度(认知力)决定行动的高度(执行力),所谓"事在人为""谋事在人",讲的就是这个道理。

(三)辐射力:塑造系统意识,彰显体系优势

"系统观念是具有基础性的思想和工作方法。"习近平总书记多次提出,要坚持系统观念。2021年1月28日,总书记在十九届中央政治局第二十七次集体学习时强调,完整、准确、全面贯彻新发展理念,必须坚持系统观念,统筹国内国际两个大局,统筹"五位一体"总体布局和"四个全面"战略布局,加强前瞻性思考、全局性谋划、战略性布局、整体性推进。总书记关于坚持系统观念的一系列重要论述和指示要求,为我们开展工作提供了思想和行动上的根本指引。可以说,大至党中央治国理政,中至单位运行管理,小至个人日常工作,坚持系统观念成为思考问题、开展工作的"必备宝典"。养成系统意识,提倡系统思维,坚持系统观念,我们在工作中就能树立整体观和全局观,工作成效的体系化优势就能得到彰显。

"科学是一种在历史上起推动作用的革命的力量",为人类社会发展提供了根本动力。在建设世界科技强国的新时代背景下,科学在国家各项事业中的作用日益凸显。我国科学家的社会地位不断提高,科学家成为深得国家重视、广受社会尊重的职业。目前我国科学家精神传播基地可谓遍地开花,为科技事业发展提供了有力的精神支撑。但受制于单位人力财力物力,开展科学家精神宣传主题活动的影响力往往受到行政级别、地理位置、经济条件、人员配置、管理理念等诸多因素制约,仅凭一己之力开展包括展览接待、干部教

育、科学知识传授与科学文化普及等在内的各种社会教育活动,难免无处发力甚至捉襟见肘。为此,可以采取学术研究机构通行的运行与管理模式——"小中心,大外围",充分利用社会力量、拓展工作边界、利用外围资源,以系统思维实现小地方办大事、少资源多办事的体系优势;以组织谱系化、宣传论坛化、活动周期化、服务特色化,不断巩固社会教育成效。要不断彰显相关活动的广度、深度和效度,可以:通过多家单位联合办会,打造行业共同体,做到活动范围"广";广泛动员,吸引一批重量级嘉宾参会,确保活动分量"重";采取政府主导型、政学一体化办会模式,体现活动站位"高";打好"组合拳",实行"套餐化"办会,实现活动样式"多"。

(四)影响力:坚定口碑意识,凝聚社会资源

常言道,千杯万杯不如群众的口碑。好的口碑无声无息,却胜过万语千言,是无价之宝,既反映单位的服务意识和工作成效,也彰显单位的社会声誉和行业地位。一个单位的影响力如何、一次活动的凝聚力怎样,与合作者(一般体现为共同办会的兄弟单位)的认同度、参加者的参与度息息相关。但其一,"打铁还需自身硬",只有苦练"内功"、增强本领、修得"圆满",才能确立自身的行业地位,形成百鸟朝凤、众星捧月的良好发展生态;其二,"冰冻三尺,非一日之寒",任何一个单位、一项事业,在本专业、本行业的话语权、话语力,都有赖于长期积累、厚积薄发。都说养兵千日用兵一时,无论对业务型、事务性单位,还是对研究型、学术型单位而言,坚定口碑意识,以坚持社会导向性、发挥社会服务力为开展工作的出发点和立足点,凡事想行业和社会之所想、谋行业和社会之所谋,自然不愁曲高和寡,无须顾虑门庭冷落。由此产生的感召力、向心力,远非活动本身带来的显性价值所能量化和比拟的。

科学家是"干惊天动地事,做隐姓埋名人"的民族英雄。如何让科学家干过的"惊天动地事"代代相传接续发展,让那些"隐姓埋名人"家喻户晓,让他们的崇高精神品质薪火相传、生生不息,需要适应广大公众的价值审美、认知取向和道德标准,不断探索科学家精神的传播方式方法。如此,科学家精神的时代张力才能得到有效发挥。活动可感可知、载言载行,是精神传播的主要载体和形式,要把活动办成精品(过程导向),而非仅仅是成品(结果导向)。好的活动"一本万利",能够凝聚更多社会资源,赢得同行充分认可,既能增加"净产值"——增值效应,又能创造"附加值"——溢出效应,对于提升活动本身乃至主办单位的社会影响力,具有重要支撑作用。

(五)发展力:坚持大局意识,谋定永续发展

所谓大局,《现代汉语词典(第7版)》释义为"整个的局面;整个的形势"。顾名思义,大局既是一个静态概念,指某一特定时期的局面和形势,也是一个动态概念,因时而变、因势而变、因事而变。对局面的认识和判断,体现了一个人、一个单位的整体观(局面)、发展观(局势)和系统观(格局)。人们常说,顾全大局、大局意识,讲的就是个人服从集体、集体服从国家、单元服从系统等,是一种政治原则、职业理念和价值情怀。因此,要想事业良性发展、永续发展,坚持大局意识就必须成为其中的"刚性需求"和"内生需要"。有言道:"既要低头拉车,更要抬头看路。"前者讲的是职业精神,即"用力"的问题;后者讲的则是大局意识,即"用心"的问题。

科学家纪念馆、科学家精神研究与传播基地存在的价值在于为国家和社会提供知识产品(科学知识)、精神产品(科学家精神)和社会服务(科普教育)。在2021年9月29日公布的第一批被纳入中国共产党人精神谱系的伟大精神中,科学类精神占总数的九分之一。这体现了科学类精神鲜明的群体属性与集体色彩,以及党中央对科学家个体与群体、科学家个人特质与群体特质之间的辩证关系和"协同创新"在建设世界科技强国历史进程中重要性的深刻认识。当前,国家科技领域的"首要大局"就是大力弘扬科学家精神,为新时代我国科技事业发展提供精神滋养,这需要科学家纪念馆、科学家精神研究与传播基地不断增强大局意识,以发展力的自我提升为建设创新型国家和社会主义核心价值体系添砖加瓦。对此,四川"两弹一星"干部学院的成功经验值得推介。该院举行的首届科学精神论坛主题聚焦"弘扬科学家精神,建功立业新时代",第二届科学家精神论坛主题聚焦"弘扬科学家精神、推动科技自立自强",紧紧呼应时政热点、宣传重点,观大局、识大体,以不变(科学家精神宣传)应万变(形势变化),体现了会议主办方高度的政治敏锐性和政治领悟力,有利于增强社会影响力。

二、弘扬科学家精神的实践进路

当前,弘扬科学家精神存在"三大误区":一是精神宣传维度,主要由媒体驱动(政治话语)而非学术驱动(学术话语),科学家精神重宣传轻研究,主要服务于党和国家意识形态工作,学术研究与知识生产滞后,社会服务力不够;二是精神研究维度,科学家精神研究局限于意识和思维层面,且以群体性、整体性描述为主,内涵揭示与个体呈现不够;三是精神生产维度,侧重价值揭示(结果与效用)而非路径探索(过程与方法),科学家精神生产及其社会功能和时代价值难以充分彰显。笔者认为,弘扬科学家精神需要多管齐下、多方发力,做到"三个结合"。

(一)科学家精神宣传:舆论引导与聚集培育相结合,增强成果转化力

1. 大力营造尊重科学尊重创造的社会氛围

科学家是具有独特知识系统并通过自身掌握的专门知识服务社会的高层次人才群体。如果说知识分子是社会的良心,科学家就是知识分子这一社会集群不可或缺的组成部分。习近平总书记在科学家座谈会上指出:"我国科技事业取得的历史性成就,是一代又一代矢志报国的科学家前赴后继、接续奋斗的结果。"[①]在建设科技强国的时代大背景下,弘扬科学家精神需要多维发力:一是努力营造大力弘扬科学家精神的舆论氛围和社会环境,让科学家真正成为受人尊重、令人钦佩的职业,由此推动科学家精神融入全体社会成员的精神血脉。科学家精神与社会主义核心价值观高度呼应(爱国——爱国、奉献——敬业、协同——和谐+友善),理应成为社会主义核心价值体系不可或缺的要素。二是广泛开展科学普及教育,让科学精神、科学文化深入人心。可以通过加强科学家档案采集与保管工作,依托有关科研院所、文博场馆等建立科学家纪念馆和不同主题的科技馆等科学家精神教育基地等,开展科普教育、仪式教育,提高全体社会成员尤其是广大青少年的科学文化素质,大力营造热爱科学、崇尚科学、学习科学的社会文化氛围。三是建立弘扬科学家精神、塑造良好科学文化的系统性科技成果奖励与荣誉称号颁授制度,通过物质激励与精神激励相结合的方式,让那些为国家做出重要科学贡献的科学家,以及他们推动社会经济和为社会发展带来显著效益的科学成果真正为国家所用、为社会所知。虽然国家已经设立了纵向的、自上(中央)而下(地方)的科技成果奖励体系和横向的、涵盖不同科学与学科领域的荣誉制度,但完整的成果奖励与荣誉称号颁授制度尚未建立,很多奖励并不具有制度性。

---

① 习近平.在科学家座谈会上的讲话(2020 年 9 月 11 日)[N].人民日报,2020 – 09 – 12(2).

2. 以聚集培育实现中国科技事业薪火相传

科研工作、科技创新是一项承前启后、继往开来的宏伟事业,伟大的事业需要代代相传,需要一代代、一批批后来者脱颖而出,而这离不开科技工作者接续奋斗,离不开科技工作的代际传承。只有这样,科技事业才有薪火相传、永续发展的生命力和不断实现自我超越的"发展力","源远"而"流长"。以聚集培育确保科技事业后继有人,是建设世界科技强国的必然要求和刚性需要。俗话说,"人无远虑,必有近忧"。科学技术是第一生产力。对一个国家而言,不抓紧科学技术这个发展的"第一生产力",不居安思危树立主体意识,大力培养造就对科技创新、产业变革、国家发展具有决定意义的科学家队伍,在面临"卡脖子"时就很容易陷入被动,甚至在关键核心技术方面面临"一剑封喉"的困境,从而难以在日趋激烈的国际科技竞争尤其是高科技领域竞争中掌握战略主动、抢占战略高地、赢得战略先机。"科技兴则民族兴,科技强则国家强。"为此,需要从国家层面和战略高度加强顶层设计,制定科技事业发展需要、遵循教育基本规律、符合人才成长规律、适应国家战略需求,以关键核心技术领域为重点方向和主要靶向的科技创新人才培育体系。育人精神是科学家精神的重要内容,也是科学家精神价值实现的切实需要与重要形式。习近平总书记指出:"希望广大院士发挥好科技领军作用,团结带领全国科技界特别是广大青年科技人才为建设世界科技强国建功立业。"[①]站在加快推进创新型国家建设和世界科技强国建设新的历史交汇点上,广大青年科技工作者肩负着推进科技创新的历史使命,成为勇于破解突破关键核心技术、敢于担当民族复兴重任的"时代科技新人"。以科学家精神涵育科学家精神,大力挖掘科学家精神蕴含的丰富育人价值、弘扬科学家精神的传承效应和示范效应,发挥好为国家做出突出贡献的杰出科学家对广大科技工作者尤其是青年科技工作者的"引路人"和"导航仪"作用,引导广大青年科技工作者自觉学习和传承科学家精神,让他们在老一辈科技工作者崇高精神品质的熏陶下不断成长,是弘扬科学家精神的应有之义。只有紧紧抓住"聚集培育"这个"牛鼻子",增强人才成长的"专业点位"和"智力密度",不断培育适应时代需

① 习近平.为建设世界科技强国而奋斗:在全国科技创新大会、两院院士大会、中国科协第九次全国代表大会上的讲话[N]人民日报,2016-06-01(2).

要,既有专业本领和科学造诣、又有发展潜力和创新潜质的科技创新人才,为建设科技强国提供强大的后备军和新生力量,我国科技事业代代传承、持续发展才有可靠的人才保障和坚实的智力基础。

(二) 科学家精神研究:个案研究与谱系研究相结合,提升理论解释力

研究是宣传的基础,研究得越深入,人物精神越是有血有肉,精神宣传就越能入骨入魂、走深走实。加强科学家精神研究,旨在一方面更深理解科学家精神的实质,另一方面更好宣传科学家精神,营造尊重知识、尊重人才、尊重科学、尊重创造的社会舆论氛围,使科学家的社会地位得到应有认可和保障,科学研究和科技工作成为社会成员尊崇、得到社会尊重的职业。

1. 科学事业是科学家与国家之间的价值枢纽

法国科学家巴斯德有一句名言:"科学无国界,但科学家有祖国。"这句话破解了"科学家与国家"的难题,本质上讲的是科学家的政治立场和价值取向问题,即"为什么"从事科学研究的问题。思想是行动的先导,有什么样的思想导向就有什么样的价值追求和职业动力,也就有什么样的人生道路和职业成就。对科技事业而言,热爱祖国、奉献祖国理应成为科技工作者最基本的道德规范和价值遵循。诚如著名科学家钱学森所言:"科学没有国界,但科学家是有国界的,这里面蕴藏着民族的荣誉感和国家自豪感。"在中国特色社会主义政治语境下,中国共产党是我们各项事业的领导核心,中国共产党的领导是中国特色社会主义最本质的特征。广大科技工作者尤其是广大科学家是在党的培养下成长起来的优秀人才,应该秉持最基本的民族荣誉感和国家自豪感,自觉拥护党的领导,树立以自身科学才智为党的事业发展、为国家富强和民族复兴伟业不懈奋斗的坚定政治立场、高尚科学情操和崇高价值取向,否则其科学成就即便再大也会因失去价值归依而黯然失色。

以"爱国、奉献、求实、创新、协同、育人"为核心内涵的新时代科学家精神是广大科技工作者崇高精神品质的核心凝练和集中概括,是他们以科学事业为载体和依托,将自身科学报国的价值追求和开拓创新的实践品格融入国家发展时代洪流的"精神归纳"。在建设世界科技强国的今天,我国科技事业发生了历史性变化,广大科技工作者做出了历史性贡献。没有广大科技工作者立足中国大地开展科学研究的家国情怀和站在世界科技前沿进行科技创新的开拓意识,就没有中国科技事业的今天。他们是以爱国主义为核心的民族精神和以改革创新为核心的时代精神的自觉践行者。弘扬中国科学家精神，爱国是时代的最强音；建设世界科技强国，创新是发展的主动力。将爱国主义精神内化为科技报国的崇高志向、外化为开拓创新的职业热情，以践行科学家精神助力国家科技事业发展，应该成为每一位科技工作者的自觉遵循和价值坚守。有了"爱国"和"创新"这两个精神的"指挥棒"，"奉献""求实""协同""育人"也就有了生生不息、源源不断的力量之基，中国科技事业由此拥有接续发展的精神支撑。

2. 科学家精神谱系是中国精神谱系重要支脉

人是共性与个性的统一体，而个性是劳动创造性的根本前提。每一位取得一定科学成就、为国家做出一定贡献的科学家都有着与众不同的科学事迹，具有独当一面的精神风采。弘扬科学家精神是一项社会使命，也是一项学术使命，要注重个案研究与谱系研究相结合，以个案研究阐释谱系的张力，以谱系研究呈现个案的特质。唯有如此，才能更好彰显科学家的时代气质、职业角色与社会形象。注重个案研究，体现的是对科学家本人具有职业属性和个人特色的创造性劳动的尊重，以针对性研究揭示并面向社会呈现其个性特质，让科学家"回归社会"；同时，每一位科学家精神特质的凝结，又在整体上构成了中国科学家的职业风骨、群体风貌和集体风采。大而言之，作为整个社会的一个职业单元（科学）、整个国家的一个职业群体（科学家），科学家精神内嵌着"科学——科学家——科学家精神"概念变迁与内涵演绎关系，自然融入了作为国家领导核心的中国共产党精神谱系之中（中国科学家很多是中国共产党人，集职业身份与政治身份于一体），从而在历史和时代双重意义上实现了自身行业价值和社会价值。加强科学家个案研究、科学家精神群体研究、中国共产党精神谱系研究有机统一，体现了马克思主义关于处理个体与整体关系的科学方法论。

伟大的事业产生伟大的精神。只有不忘初心、矢志奋斗，才能书写不凡的人生、成就伟大的事业。每一种精神的产生都离不开艰苦卓绝的奋斗历程。人无精神则不立，党无精神则不兴，国无精神则不强。习近平总书记指出，一代人有一代人的担当。回顾中国共产党百年奋斗历程，一个基本经验是，一代代、一批批先进人物在党的领导下，走在了革命、建设和改革一线，发扬"功成必定有我"的奋斗精神，率先垂范、担当作为，成为引领民族解放、国家发展和社会进步的强大生力军。他们的感人事迹和精神风采凝聚成了引领全国人民接续奋斗的伟大精神，形成了一个个鲜活亮丽的先进人物精神图像，并融入中国共产党精神谱系之中，成为其中璀璨夺目的"精神单元"。在这些林林总总的"精神单元"中，科学家精神尤为引人注目。2019 年 6 月，中共中央办公厅、国务院办公厅专门印发《关于进一步弘扬科学家精神加强作风和学风建设的意见》，旨在"激励和引导广大科技工作者追求真理、勇攀高峰，树立科技界广泛认可、共同遵循的价值理念，加快培育促进科技事业健康发展的强大精神动力，在全社会营造尊重科学、尊重人才的良好氛围"。[①] 加强科学家精神研究是弘扬科学家精神的根本要求，而想要加强科学家精神研究，一要注重科学家谱系化研究，实现科学家精神特质从个体特质向群体属性的理论归纳。二要注重中国科技事业与国家整体发展之间的关联研究。如前所述，科技事业是党的事业的一部分，将中国科学家精神谱系作为中国共产党精神谱系之重要支脉进行研究，一方面可以全面认识科学家群体的时代角色、准确把握认识科技事业的政治取向，另一方面可以丰富中国共产党精神谱系的内涵和体系。在科学家与国家在精神层面的双向互动中，将科学家个人的精神特质融入中国科学家精神谱系之中，将中国科学家精神谱系融入中国共产党精神谱系之中，可以实现个人与集体的融汇、集体与国家的交织、个人命运与国家命运的衔接，进而最终实现个人价值与社会价值、集体精神与国家精神、科技事业与民族伟业的呼应与契合。

（三）科学家精神生产：科研激励与人文激励相结合，提高精神生产力

激励是促进劳动者发扬劳动精神、崇尚劳模精神、践行工匠精神的重要手段，是发挥劳动者精神动能、劳动潜能、职业产能，从而提高劳动产出、促进劳动者价值实现的重要管理策略。对科技管理者而言，要通过物质激励（主要表现形式是科研激励）与精神激励（重点是人文关怀）"双轨制"激励手段，最大限度提高科技工作者的科研成果产出，实现科研工作社会价值最大化。

1. 以科研激励促进科学家专业成长

2020 年 6 月 2 日，习近平总书记在北京主持召开专家学者座谈会并发表

---

① 中共中央办公厅　国务院办公厅印发《关于进一步弘扬科学家精神加强作风和学风建设的意见》[EB/OL].（2016 - 04 - 05）[2024 - 07 - 10]. http://www. xinhuanet. com/politics/2019-06/11/c_1124609190. htm.

重要讲话。他指出,要深化科研人才发展体制机制改革,完善战略科学家和创新型科技人才发现、培养、激励机制,吸引更多优秀人才进入科研队伍,为他们脱颖而出创造条件。[①] 为此,应通过项目激励、成果激励等"硬激励"手段,促进科研人员队伍阶梯型成长、科研工作效能整体性提升。具体而言,一要强化科研经费支持与保障力度,努力营造科研人员潜心科学研究、勇于开拓创新、实现自我超越的学术氛围和职业环境;二要提高科研人员尤其是处于职业上升期的年轻科技工作者在科研项目中的参与度,为他们创造展示学术才华的机会,增强他们的科研显示度和职业成就感。目前,我国已经建立不同层级评级主体、面向不同科研群体、涉及不同学科领域和研究方向、涵盖不同年龄层次和成长阶段科技人才的项目资助体系。这种评价机制看似比较全面客观,但对身居科研创新一线的领军型科学家群体,以及有科学志向和科研潜力但尚处于"思想层面"的未来科技人才,尚缺乏实质性支持的资助项目,科研资助与激励体系呈现"中间大、两头小"的"纺锤结构"。这与科技事业可持续发展的时代要求、与强化国家战略科技力量的现实需要不太适应,导致战略科技人才后备力量积累不够、根基不牢,部分处于"塔尖"位置的顶尖科学家过早"功成身退",科研系统内部智力流失、科研工作者科研周期缩短,等等。

为此,应从国家层面建立全维度科研奖励体系,实现奖励对象和奖励范围全覆盖。例如,其一,以奖促培,先期培育。可以设立国家级年度"科技少年奖"或开展未来科学之星评选活动,对获奖者提供不同形式的奖励,例如推荐参加国际交流以开拓科学视野、开展储备科学研究以进行早期介入式培养等。其二,提供专项经费支持。设立国家级青少年科技项目,实现不同年龄层次科研群体(包括准科研群体)在参与度上的无缝连接;尤其在关键核心技术领域,应设立青年科技奖、科技创新(进步)奖、科技功勋奖(章),等等。其三,建立差异化资助体系,重点支持"甘坐冷板凳"的"科技志士"开展沉淀周期长、产出时间慢、现实需求大的基础科学研究,集中"优势兵力"开展"卡脖子"技术攻关。其四,加大对战略科技人才赋权赋能力度。扩大引领型科学

---

① 本报评论员.构建起强大的公共卫生体系:三论深入学习习近平总书记在专家学者座谈会上重要讲话[N].光明日报,2020 − 06 − 06(1).

家在重大科研项目上的科研决策权和学术话语权,精简报批、评审、验收程序,减少制度上的繁文缛节对科研工作者的束缚和对科研工作的制约,①尽可能"开绿灯"而不是"亮红灯",最大限度激发其在国家科研创新体系中的创新力。

2. 以政治关怀夯实科学家精神根基

习近平总书记指出:"科学成就离不开精神支撑。"②他期许广大科技工作者,"要把论文写在祖国的大地上,把科技成果应用在实现现代化的伟大事业中。"③这句话既体现了科学家精神的社会需求与时代价值,也体现了科学精神的社会取向与价值路径。在建设世界科技强国的新时代背景下,我们尤其需要从老一辈科技工作者身上汲取精神力量,接续奋力前行;尤其不能忘记老一辈科技工作者在党的领导下创造的中国科技宏伟事业,从历史中获得建设世界科技强国的有益经验和前行力量;尤其需要弘扬以"爱国、创新、求实、奉献、协同、育人"为核心内涵的科学家精神,激励广大科技工作者和广大知识分子不忘初心,在新时代建功立业。

政治关怀是政治引领的支撑性要素,没有关怀的引领是一种冷冰冰的示范,加强政治关怀成为弘扬科学家精神、激发广大科技工作者"把论文写在祖国的大地上"、以实际行动扎实业绩更好报效祖国的重要保障。加强对科技工作者的政治关怀,是贯彻落实党的知识分子政策,发挥尊重科学、尊重知识、尊重创造、尊重科技人才优良社会传统的直接体现,有利于激发以榜样科学家尤其是战略科学家为引领、以国家战略科技力量为支撑的广大科技工作者矢志科学报国、潜心科学研究、实现科技创新的精神动能,有利于科教兴国战略和创新驱动发展战略的实施,加快建设创新型国家,使中国早日迈进世界科技强国之列。为此,应从国家层面加强科学家政治关怀制度设计出发,大力营造在科研管理工作中大胆选用人才、在科研实践中放手使用人才的良好制度环境。习近平总书记指出:"要放手使用人才,在全社会营造鼓励大胆创新、勇于创新、包容创新的良好氛围,既要重视成功,更要宽容失败,为人才

①　汪长明.战略科学家的时代召唤与制度催生[J].理论导刊,2020(11):100 - 104.
②　习近平.在科学家座谈会上的讲话[N].人民日报,2020 - 09 - 12(2).
③　习近平.为建设世界科技强国而奋斗:在全国科技创新大会、两院院士大会、中国科协第九次全国代表大会上的讲话[N].人民日报,2016 - 06 - 01(1).

发挥作用、施展才华提供更加广阔的天地,让他们人尽其才、才尽其用、用有所成。"①对一般科技人才如此,对处于"人才金字塔"中枢位置的战略科技人才和顶尖位置的战略科学家而言,更应如此。"临河持竿,心无杂虑,唯鱼之念。"只有对他们进行充分的科研技术赋权和战略决策赋权,政治上充分关怀、科研上充分信任、生活上充分关照、思想上充分交流,将党的"以人民为中心"执政理念和发展思想贯彻落实到广大科技工作者的工作和生活之中,才能实现科学家科研工作效用最大化。要从治国理政和科技事业发展的高度,切实解决科技工作者急难愁盼问题,为他们排忧解难,让他们潜心科研、安心研究、舒心生活,为他们不断实现技术创新、为科技事业发展打造国之重器提供坚强有力的立体保障。唯有如此,弘扬科学家精神才具有坚实可靠的"民意基础"和现实意义,而不至于流于纸上谈兵。

三、结语

概言之,科学精神是科学家精神的逻辑起点和价值原点。科学家精神属于中国语境下的话语体系和学术体系,是历史逻辑、理论逻辑、实践逻辑交互演绎的中国化表达与时代化呈现。历史逻辑上,科学家精神经历了从科学精神到科学家精神一百余年的概念演绎,理论争鸣与内涵嬗变。理论逻辑上,科学家精神经历了空间维度近代科学的中国化、心理维度科学精神的人格化、时间维度科学家精神的时代化三次理论主题演化,以及从"民族危难、科学救国""民族独立、科技报国""改革开放、科技立国"到"民族复兴、科技强国"的实践主题变迁。新时代科学家精神体现了政治领袖讲话之高度、党和国家制度文本之深度、中国共产党人精神谱系之广度的统一。实践逻辑上,实现科学家精神从政治话语向公共话语的社会化转型需要做到精神宣传、精神研究、精神生产"三位一体":舆论引导与聚集培育结合以增强成果转化力,个案研究与谱系研究结合以提升理论解释力,科研激励与人文激励相结合以提高精神生产力,为加快建设科技强国汇聚磅礴精神力量,切实服务中国式现代化建设。

---

① 习近平. 牢牢把握集聚人才大举措[EB/OL]. (2016-04-05)[2024-07-10]. http://theory. people. cn/n1/2016/0405/c402884-28249531. html.

习近平总书记指出,伟大的事业孕育伟大的精神,伟大的精神推进伟大的事业。① 弘扬科学家精神承载着培育时代新人、净化学术风气、激励创新创造、繁荣科学文化等重要社会功能。作为一种集政治话语、学术话语和媒体话语于一身,关涉中国共产党人精神谱系、与科学精神既相互对应又彼此关联并兼具鲜明历史属性和时代特征的文化现象(隶属科学文化范畴),科学家精神自提出伊始即引发强烈社会共鸣,形成了科技界大力践行科学家精神、学术界深入研究科学家精神、全社会广泛传播科学家精神的社会共识与行动自觉,并在三者交汇支撑下演绎出科学与事业、成就与精神、科学家与祖国、中国叙事与世界叙事相互激荡的多重图景。而作为一个与中国共产党人精神谱系框架下其他词汇相比,学科色彩相对突出且发端于中国特色社会主义新时代的"领域词汇",科学家精神能在很短时间内实现时代化形塑、专业化渗透和社会化扩张,进入国家公共话语体系,固然隐嵌着某种一般动因与"先天优势"。其动力机制在于:其一,作为政治话语,科学家精神天然沿袭了"中国特色",彰显了中国科学家鲜明的群体镜像和深沉的家国情怀,因而,科学家精神内嵌着"中国科学家精神"的话语要义与内涵框定,是"科学家有祖国"这一科学家共同价值遵循的精神表达与话语凝练。同时,科学家精神又具有与时俱进、呼应时代的实践品格和现实情怀,承载着服务新时代中国特色社会主义事业的政治功能,从而在制度文本上赋予大力弘扬"新时代科学家精神"的话语程式。这是科学家精神历史使命和时代意识的双重表达。其二,作为学术话语,科学家精神以科学精神为理论原点和价值支点,是科学精神在长期历史发展进程中最终实现"中国化"、完成其本土化转型的产物,并经历了党的四个历史时期主题演化,具有鲜明的同频化气质和谱系化特征。同时,科学家精神在逻辑上自我构建了以微观要素诠释科学家精神框架、以科学家精神框架支撑中国共产党人精神谱系"宏伟大厦"的实践场景。其三,作为媒体话语,与进入中国共产党人精神谱系的其他"精神词汇"一样,科学家精神在制度和源流上具有党性色彩,植入观照现实、与党同行的红色基因,因而具有赋能社会主义核心价值体系建设,助力高水平科技自立自强,为爱国主义教育、科学普及教育、科技创新教育、青少年思想政治教育提供精神示范

---

① 习近平.在北京冬奥会、冬残奥会总结表彰大会上的讲话[N].人民日报,2022-04-09(2).

等多维度社会功能。概言之,科学家精神乃近代科学精神中国化、时代化、大众化之产物,集理论禀赋、政治禀赋、价值禀赋之大成,彰显了从科技领域向公共领域(public sphere)乃至"全社会"领域外溢,政治空间、舆论空间与社会空间融合统一的理论张力与实践功能。所谓"科技兴则民族兴,科技强则国家强"(习近平语),盖因根本上,科技事业是党的事业,广大科学家心怀"国之大者"、情系"党之大计",从事的是实现中华民族伟大复兴这一千秋伟业,而这正是科技事业何以重要、科学家精神何以伟大之所在。

第三节　科技工作者的集体遵循

2020年9月11日,习近平总书记主持召开科学家座谈会,听取七位科学家对"十四五"时期及更长一个时期推动创新驱动发展、加快科技创新步伐的意见和建议。座谈会上,总书记殷切希望广大科学家和科技工作者肩负起历史责任,坚持面向世界科技前沿、面向经济主战场、面向国家重大需求、面向人民生命健康,不断向科学技术的广度和深度进军。大力弘扬科学家精神,学习和领会习近平总书记"四个面向"提出的时代背景及其价值意蕴,对于深化科研体制改革、推动科技事业创新发展、建设世界科技强国,具有重要现实意义和深远战略意义。

一、"面向世界科技前沿"——科技工作的智力依托

"面向世界科技前沿"的核心要义是创新性,自主创新是科技工作的首要前提。

科技创新的基本任务乃至首要任务,就是面向世界科技前沿,探索最具未知性、先驱性和挑战性的研究领域,不断突破人类的认知极限,实现人类肢体和工具器物的拓展与延伸,进而促进人类认知边界的动态扩展和工具效能的迭代更新,从而更好认识世界和改造世界。习近平总书记指出,创新是民族进步的灵魂,是一个国家兴旺发达的不竭源泉,也是中华民族最深沉的民族禀赋。民族进步、国家兴旺发达的核心推动力系于科技,系于科技创新。如果没有创新,科技工作将黯然失色。

　　面向世界科技前沿开展创新性科学研究,既是广大科技工作者尤其是作为科技工作者主体的科学家的职业操守和智力依托,也是他们不断实现自我超越继而更好实现人生价值的根本要求和内生需要。世界科技前沿犹如科学技术领域的珠穆朗玛峰,没有"山登绝顶我为峰"的科学豪情与职业勇气,没有"见人之所未见"的革新意识与战略眼光,无论于个人还是于国家,科技工作终将归于平淡、流于平凡。著名科学家钱学森就此经常告诫科技工作者:"如果不创新,我们将成为无能之辈。"

　　更好地面向世界科技前沿,我们需要做到:其一,坚持走中国特色自主创新道路。历史经验告诉我们,自主创新是别人抢不走的"法宝"、废不掉的"武功"。掌握科技创新的主动权,激活科技创新的时代伟力,是我国科技事业行稳致远之根本。只有不断提升科技自主创新能力,不断增强自身"科技肌体"造血功能,在劣势领域补齐"短板",在优势领域打造"长板",在强势领域树立"样板",抢占科技创新高地、建设科技创新强国才不至于流于空谈。其二,加强基础研究的前瞻谋划和统筹布局,更加注重原始创新。基础研究、应用基础研究、应用研究是科学研究的三个不同层次,三者既相对独立又相互关联。基础研究所要解决的是科学技术的基础理论问题,是科技创新的源头和根本动力,是应用研究(技术科学范畴)和技术开发(工程技术范畴)的先导。没有基础研究做支撑,应用研究和技术开发将缺少最根本的理论依托。诚如习近平总书记在座谈会上所言:"我国面临的很多'卡脖子'技术问题,根子是基础理论研究跟不上,源头和底层的东西没有搞清楚。"其三,深化科技体制改革,完善科研生态,激发科技人员首创精神、创新潜力和创造动力。如今,我国已成为具有全球影响力的科技大国。根据世界知识产权组织评估显示,我国创新指数已经位居世界第 14 位,整体创新能力大幅提升,创新型国家建设取得了跨越式的进展。即便如此,由于各种因素,约束科研人员和机构的制度藩篱依然存在,科研人员被迫将很多宝贵时间和精力用于处理繁文缛节。现行科技评价体系与当前科技高速发展、国家对科技人员现实需求之间的矛盾日渐凸显。综观世界主要科技强国发展史可以发现,建立包括科技创新体系、科研保障体系、学术评价体系等在内的完善的科研体制,是激发科技人员活力、提高科技创新产能的基础条件和根本保障。其中科研评价体系是科研的指挥棒和风向标,建立以学术评价为核心的科研评价体系是营造崇尚创新的良好科研生态的关键。

二、"面向经济主战场"——科技工作的职业归宿

"面向经济主战场"的核心要义是实践性,实践指向是科技工作的根本要求。

"穷理以致其知,反躬以践其实。"如同任何其他社会活动一样,科技工作应具有服务国家经济社会发展的实践指向。实用性是科技工作的重要属性,服务于经济主战场成为科技工作的价值归宿和科技工作者的重要使命。为此,科技工作者应具有将自身科研实践与国家发展相结合的奉献精神与现实情怀。

在全球范围内,科技水平既是影响世界经济周期最主要的变量之一,也是决定经济总量提升的最主要因素。而就国家而言,科技实力成为一个国家综合国力和国际竞争力的核心指标,其经济社会发展归根结底系于科技事业发展和科技水平提升。因此,广大科技工作者要面向经济主战场,推动科技工作与国家经济社会发展"无缝连接"、深度融合,打通从科技强到国家强、从科技事业发展到国家整体发展的通道。

科学技术是第一生产力,实践性是科学研究的首要品质。科学技术渗透和作用于生产的过程本质上是其实现自身社会化即为社会所用的过程。在这一过程中,科学技术可以转化为现实的、直接的生产力,而生产力的发展反过来又可以推动和促进科学技术的进步。一个国家的科技创新水平和科技发展水平,很大程度上决定了这个国家生产力的基本状况和经济社会发展的基本面貌。科学研究的价值,理论上体现为对未知的探究、对已知的质疑、对真理的追求,实践上体现为以科研成果服务国家经济社会发展,并通过对国家经济社会发展的实效即"服务力"来检验。习近平总书记指出:"科技是国之利器,国家赖之以强,企业赖之以赢,人民生活赖之以好。中国要强,中国人民生活要好,必须有强大科技。"[①]面向经济主战场,抓好科技创新、加强科技供给,就抓住了牵动中国经济社会发展全局的"牛鼻子"。

---

① 习近平.建设世界科技强国[M]//习近平.习近平著作选读(第一卷).北京:人民出版社,2023:490.

三、"面向国家重大需求"——科技工作的价值呈现

"面向国家重大需求"的核心要义是时代性,呼应时代是科技工作的使命担当。

当今时代,谁掌握了科技创新的主动权,谁就掌握了国际竞争的决胜权。经过数十年的长足发展,我国科技发展正处于从量的积累向质的飞跃、从科技实力整体推进向关键核心技术突破、从技术瓶颈破解向系统能力提升的重要时期。但与建设世界科技强国的宏伟目标、与主要发达国家科技实力相比,我们仍然面临制约科技发展的诸多结构性问题,关键领域核心技术受制于人的格局没有得到根本性改变。我国科技基础总体上仍然比较薄弱,客观而论,科技创新能力特别是原始创新能力相比主要发达国家还有不小的差距。在实现中华民族伟大复兴历史征程和百年未有之大变局时空交汇的关键时刻,广大科技工作者面临的时代使命之重要性、紧迫性比历史上任何时期不是下降了而是上升了。习近平总书记就此指出:"如果我们不识变、不应变、不求变,就可能陷入战略被动,错失发展机遇,甚至错过整整一个时代。"①

科技兴则民族兴,科技强则国家强。科技创新必须把国家需求尤其是重大战略性需求放在首位,作为科技创新主体的科技工作者对此责无旁贷。"科学无国界,科学家有祖国",爱国主义是科学家最基本的价值保守。"凡益之道,与时偕行",事物实现增益时所蕴含的哲理,都随时间一起流变,并按照一定时机化的方式展现出来。国家交往之道如此,个人与国家互动之道亦如此。与国家共担当,与时代同前行,是科学家成就科学事业、追求职业理想、实现人生价值的应然选择。习近平总书记殷切期望广大科技工作者,"把论文写在祖国的大地上,把科技成果应用在实现现代化的伟大事业中"。把论文写在祖国大地上,让科学研究成于科学家的家国情怀中,民生赖之以兴,学问赖之以成,人才赖之以强,事业赖之以成,国家赖之以盛。广大科技工作者应不辱使命,将个人理想信念和价值追求与国家重大战略需求紧密结合在一起,自觉呼应时代对科技工作者勠力创新的深切召唤,以献身科学事业的职

① 本报评论员.坚定创新自信　识变应变求变:论学习习近平总书记关于科技工作重要讲话精神［N］.经济日报,2016－06－03(1).

业精神和源源不断的原创性科研成果回报祖国和人民的重托和期许。

科技工作面向国家重大需求：其一，要有自主意识，努力实现关键核心技术自主可控。为此，要全力打好科技重大专项突围战、攻坚战，结合核心技术瓶颈问题，瞄准"卡脖子"技术，集中优势科研力量，加大攻关力度、加快突围速度。其二，要有问题意识，在重点领域抢占前沿高地，抢登科技制高点，下好战略先手棋。为此，要实施关键核心技术攻关工程，集成优势科研资源开展技术攻关，将科技创新的主动权牢牢掌握在自己手里。其三，要有战略意识，重点打造国家战略科技力量，培养造就一支勇立时代潮头、勇担家国重任的战略科学家队伍，为国家科技工作探路领航。为此，要建立基于代际传承的战略科学家学术成长机制、基于功能发挥的战略科学家科研激励机制、基于价值彰显的战略科学家权益保障机制，让中国科技事业薪火相传、生生不息。

四、"面向人民生命健康"——科技工作的精神旨归

"面向人民生命健康"的核心要义是人民性，人民健康是科技工作的现实归依。

科学技术既是人类社会发展的产物，也是推动人类社会发展的决定性力量。科技从产生之日起，就以其改造自然和社会的强大威力，不断为人类谋取包括生命健康在内的各种福利。人本导向是科技工作的本质，面向以人民生命健康需求为基础的各种人文需求是科技工作社会价值发挥的应有之义。让人们的生活更美好，离不开科技的支撑。人是科技工作的主体，也是科技服务的对象。

"人最宝贵的是生命，生命对于人只有一次。"有限性是生命的本质属性，而将有限的生命投入具有无限意义的事，以有限的生命创造出无限的价值，则体现了生命的最高价值和生命体的社会情怀。科技面向人民生命健康，就是坚持以人为本、生命至上、人民至上，体现了对生命的尊重和对人民的关怀，折射出科技工作的人文关照和价值选择，是以习近平同志为核心的党中央"以人民为中心"的执政理念在科技领域的理论表达与现实呈现。"民为邦本，本固邦宁。""人民是历史的创造者，是决定党和国家前途命运的根本力量。"中国共产党始终坚持人民群众创造历史的历史主体地位观，坚定的人民

立场是中国共产党区别于其他政党的显著标志。科技工作面向人民生命健康，体现了中国共产党的人民观、历史观、执政观。在中国特色社会主义进入新时代的历史背景下，我国社会主要矛盾已经转化为人民日益增长的美好生活需要和不平衡不充分的发展之间的矛盾，人民生命健康是实现美好生活需要的最低要求和根本保障。

科技工作面向人民生命健康，要求广大科技工作者以胸怀天下的家国情怀、济世安民的理想信念、护佑生灵的生命意识，做人民生命安全和身体健康的忠诚卫士，不断提升人民生活品质，将造福于民的科学精神和科学品质融入满足人民日益增长的美好生活需要的光辉事业之中，实现科学应有的社会价值。此外，"民心是最大的政治"，人民的需要与呼唤代表着科技进步、创新发展的时代之声。高度重视民心民意，是中国共产党的执政底色、一贯特色、基本成色。科技工作面向人民生命健康，符合人民群众的根本需求和利益，体现了中国共产党的根本宗旨和执政品格。面向人民生命健康，使党领导下的科技事业赢得民心、契合民意、凝聚民智，具有重要政治意义，成为新时代中国特色社会主义的重要保障。

第三章
人才精神的价值指向与弘扬路径

　　中国共产党在百年奋斗历程中,塑造了成千上万堪为国之魂魄的先进人物,熔铸了惊天动地、可歌可泣的伟大精神。他们的先进事迹和精神风范凝聚成引领全国人民勠力前行、接续奋斗的伟大精神,形成了中华民族先进人物精神谱系,并在整体上融入中国共产党精神谱系之中,成为其中璀璨夺目的"精神单元"。科学家是中国特色社会主义现代建设事业中人才方阵的"主力军",是人才精神的重要构成单元,弘扬人才精神为新时期弘扬科学家精神提供了根本遵循和重要参照。

第一节　新时代对人才精神的深切召唤

　　毛泽东同志曾指出:"人是要有一点精神的。"往小处说,精神是一种心理状态和事业追求,是实现个人价值的动力基础;往大处说,精神是一种价值标准,是实现国家发展和社会进步具有衍生价值和参照价值的公共意识形态。"伟大事业孕育伟大精神,伟大精神引领伟大事业。"每一种精神的产生都离不开不忘初心、矢志奋斗的价值追求,离不开时代赋予的成就自我、服务人民、报效国家的职业机遇与历史使命。2021年是中国共产党成立100周年。回顾中国共产党一个世纪以来的光辉历程,其中的一条基本经验,或者说中国共产党区别于其他政党的显著标志,就是在领导人民创立和发展社会主义伟大事业的过程中,塑造了成千上万堪为国之魂魄的先进人物,熔铸了惊天动地、可歌可泣的伟大精神,由此感召广大人民群众在成立新中国、实行改革开放、建设社会主义现代化国家征程中形成强大精神合力,开创了一个又一个惊天动地的历史伟业。

面向新时代中国特色社会主义的历史方位,全社会应大力弘扬人才精神,为党中央人才强国战略赋能助力,不断开创我国人才工作新局面。本文基于习近平总书记关于人才工作的重要论述和中央有关文件精神,以人才精神(先进人物精神)为考察对象,旨在探索人才成长与新时期人才工作基本规律,为党的人才政策和人才强国战略提供理论支撑。

人无精神则不立,党无精神则不兴,国无精神则不强。百年峥嵘岁月,百年风雨历程,在中国共产党领导下,无数先进人物身先士卒、勇立潮头,走上了革命、建设和改革一线,成为推动民族解放、国家发展和社会进步的强大生力军。他们的先进事迹和精神风范凝聚成引领全国人民勠力前行、接续奋斗的伟大精神,形成了中华民族先进人物精神谱系,并在整体上融入中国共产党精神谱系,成为其中光彩夺目的"精神单元"。

据笔者的不完全统计,自中国共产党诞生之日起,累计形成了具有标志性色彩并得到国家认可的"精神词汇"120 余个。其中习近平总书记提出(或提及)并阐释的有 24 个,分别为:"两弹一星"精神、载人航天精神、探月精神、焦裕禄精神、雷锋精神、西柏坡精神、西迁精神、劳模精神、红船精神、脱贫攻坚精神、铁人精神、大庆精神、科学家精神、科学精神、延安精神、特区精神、井冈山精神、王杰精神、(汶川)抗震救灾精神、抗美援朝精神、抗疫精神、长征精神、抗战精神、白求恩精神。这 24 个精神词汇是中国共产党在领导中国人民所走过的百年奋斗历程中最具典型性、最能反映中华民族本色的精神符号,成为中国共产党精神谱系的重要构成单元,是推进新时代中国特色社会主义、全面建设社会主义现代化国家的宝贵精神财富。成千上万先进人物的崇高精神、杰出贡献和价值追求融入了中国共产党百年奋斗历程,实现了个人命运与国家命运的呼应与融合,诠释着中国共产党人的初心与使命,成为实现中华民族伟大复兴的中国梦宝贵的精神资源。

伟大时代呼唤伟大精神,崇高事业需要榜样引领。当前,中国特色社会主义事业已经进入新时代,需要更多先进人物和时代楷模竞相涌现、应时而生,形成群星璀璨、"精神"勃发的良好人才生态。要做到"人民有信仰,民族有希望,国家有力量"①,应大力营造以先进人物为引领、以先进人物精神为共同价值遵循的人才发展环境,努力培育和塑造各种人才勇于贡献智慧和力量的社会氛围,为全面建设社会主义现代化国家凝聚起万众一心铸就时代伟业的强大力量。

第二节　人才精神的群体属性与内涵要求

一、人才精神的群体属性

(一) 时代性:人才精神顺应时代发展逻辑

人才精神代表了一个时代的精气神,是时代发展的产物。从历史发展逻辑看,这 120 余个人才精神涵盖新民主主义革命时期、社会主义革命和建设时期、改革开放时期、新时代改革开放时期(社会主义现代化建设新时期)。例如,从人才精神提出或形成的起点看,社会主义革命和建设时期的人才精神包括雷锋精神、铁人精神、王杰精神、铁道兵精神、周恩来精神、钱学森精神、"好八连"精神、兵团精神等,而劳动精神、劳模精神、工匠精神、科学家精神、企业家精神、新时代浙商精神则形成于社会主义现代化建设新时期。每一种人才精神都是时代的产物,具有鲜明的时代性,是时代精神的个体或群体呈现。

(二) 融汇性:人才精神体现个体与群体的融汇统一

从精神主体看,各种人才精神既有在某一领域某个岗位做出杰出贡献的职业个体,也有在某一行业或共和国历史上某一重大事件中作出贡献的群体性时代楷模,体现了个体精神特质(个性)与群体职业属性(共性)的统一。这种统一不是简单机械的概念植入,而是个性绽放与共性表达的统一与集成,既"各美其美",又"美美与共"。略举一例,2019 年 5 月中共中央办公厅、国务院办公厅印发《关于进一步弘扬科学家精神加强作风和学风建设的意见》,要求大力弘扬胸怀祖国、服务人民的爱国精神,勇攀高峰、敢为人先的创新精

---

① 习近平:人民有信仰民族有希望国家有力量[N].人民日报,2015 - 03 - 01(1).

神,追求真理、严谨治学的求实精神,淡泊名利、潜心研究的奉献精神,集智攻关、团结协作的协同精神,甘为人梯、奖掖后学的育人精神。[①] 这是在国家层面对科学家这一特殊职业精神的首次集中阐述。而在个体/群体层面,钱学森精神、黄大年精神,"两弹一星"精神、载人航天精神、探月精神、深潜精神、"中国天眼"精神等,其内涵则成为科学家精神的微观化表述,相互之间形成了一种总分式科学家精神话语体系。

（三）先导性:人才精神引领社会发展方向

"一个时代有一个时代的主题,一代人有一代人的使命。"主题上升为国家意志,就成为党中央治国理政的指导思想与国家发展战略;使命内化为奋斗动力,就成为个人一往无前的精神支撑,为国家发展注入精神力量。人才精神是时代主题的核心承载和集中表达,代表了一个时代的价值追求和社会发展的基本趋势与主旋律。习近平总书记指出:"我们都在努力奔跑,我们都是追梦人。"[②]精神是奋斗的动力源,是初心的始发地。人才精神作为先进人物在从事本职工作中形成并为社会所认可的独特精神品质,为他们将个人职业追求融入经济社会发展、为国家做出应有贡献提供了宝贵的精神支撑。

二、人才精神的内涵要求

笔者从大历史角度考察中国共产党精神谱系发现,虽然每一种人物精神都有着特定的内涵和话语表达,既体现了人物的精神个性与道德风貌,但又有着共同的内涵和要素,总体而言体现为:胸怀祖国是本质要求,不懈奋斗是根本保障,心系人民是价值情怀,淡泊名利是首要前提。这"四大特质"成为中国先进人物精神谱系乃至中国共产党精神谱系的高频词汇与核心归纳。

（一）胸怀祖国是人才精神的本质要求

爱国主义是人才精神的应有之义,是中国共产党作为领导我们事业的核心力量之根本要求。不爱国,谈不上爱党;不爱党,谈不上个人价值的发挥和中国特色社会主义事业的稳步推进。笔者基于有限样本,考察人物精神

[①] 中共中央办公厅　国务院办公厅印发《关于进一步弘扬科学家精神加强作风和学风建设的意见》[J].中华人民共和国国务院公报,2019(18):20-24.

[②] 国家主席习近平发表二〇一九年新年贺词[EB/OL].(2018-12-31)[2024-07-08].http://www.xinhuanet.com/politics/2018-12/31/c_1123931796.htm.

的具体内涵发现,虽然表述方式不一,但作为核心归纳的"爱国"是其中出现频次最高、内涵最丰富的"精神词汇",包括杨靖宇精神(矢志不渝、忠贞报国的爱国主义精神)、赵一曼精神(崇高的爱国情怀)、铁人精神("为国分忧、为民族争气"的爱国主义精神)、钱学森精神(爱国)、兵团精神(热爱祖国)、黄大年精神(心有大我、至诚报国的爱国情怀;习近平语)、科学家精神(胸怀祖国、服务人民的爱国精神;习近平语)、企业家精神(爱国敬业、遵纪守法、艰苦奋斗的精神)、新时代浙商精神(兴业报国的担当精神),等等。由此不难发现,爱国是先进人物共同的精神符号、价值交集和思想底色。可以说,不爱国,谈不上"先进人物";不爱国,谈不上"人物精神"。习近平总书记高度重视爱国主义精神,多次在不同场合就爱国主义的重要性进行阐释和论述:"实现中华民族伟大复兴的中国梦,是当代中国爱国主义的鲜明主题,要大力弘扬伟大爱国主义精神,大力弘扬以改革创新为核心的时代精神,为实现中华民族伟大复兴的中国梦提供共同精神支柱和强大精神动力";①"爱国主义是我们民族精神的核心,是中华民族团结奋斗、自强不息的精神纽带"。② 2021 年 5 月 28 日,总书记在两院院士大会暨中国科协第十次全国代表大会上的讲话中进一步指出:"新时代更需要继承发扬以国家民族命运为己任的爱国主义精神……(要)保持深厚的家国情怀和强烈的社会责任感,为党、为祖国、为人民鞠躬尽瘁、不懈奋斗!"③这些论断高屋建瓴、立意深远,体现了党中央高度重视以爱国主义为核心的民族精神培育和价值引领的"国家意志"表达。

(二)甘于奉献是人才精神的根本保障

古人云:"种树者必培其根,种德者必养其心。"奉献精神是一种美德,更是一种责任和担当,是一种精神力量(于己,内在)和价值示范(于人,外在)。奋斗是奉献的外化形式,是将个体内在奉献精神以职业追求的形式呈现在社会公众面前的一种行为表达与情怀示范。唯有不懈奋斗,才能有所

---

① 习近平主持中共中央政治局第二十九次集体学习[EB/OL]. (2015 - 12 - 30)[2024 - 07 - 10]. http://www. xinhuanet. com/politics/2015-12/30/c_1117631083. htm.
② 习近平. 在纪念五四运动 100 周年大会上的讲话[J]. 党建,2019(5):4 - 8.
③ 习近平. 在中国科学院第二十次院士大会、中国工程院第十五次院士大会、中国科协第十次全国代表大会上的讲话[N]. 人民日报,2021 - 05 - 29(2).

作为；唯有不断作为，才能大有作为。2018 年，习近平总书记对王继才同志先进事迹作出重要指示："要大力倡导爱国奉献精神，使之成为新时代奋斗者的价值追求。"①2019 年 7 月，总书记对黄文秀同志先进事迹作出重要指示，要求广大党员干部和青年同志不忘初心、牢记使命，勇于担当、甘于奉献，在新时代的长征路上做出新的更大贡献。"幸福都是奋斗出来的""奋斗本身就是一种幸福""新时代是奋斗者的时代"……这些话语力重千钧、掷地有声，承载着总书记对新时代大力弘扬奋斗精神的殷殷寄托和深切期许，既意味深长、发人深思，又正气浩然、催人奋进。没有甘于奉献的精神，没有不懈奋斗的动力，就没有基于职业成就的幸福感和获得感，也难以与建功立业、奋发作为的时代主旋律同频共振。

（三）心系人民是人才精神的价值情怀

人才本身来自人民，是人民的一分子。从群众中来，到群众中去，是中国共产党宝贵的历史经验和执政法宝。对广大为国家做出重要贡献的各行各业人才而言：其一，他们中很多人是领导干部，走在直接接触人民群众的工作一线，必须牢固树立为民意识。"人民对美好生活的向往，就是我们的奋斗目标。"②其二，人才"从群众中来"，是从人民群众中培养和成长起来的"精英群众"，心系人民理应成为他们共同的情感基因和道德根基，否则，他们的职业成就必将黯然失色。其三，人才从事的是党的事业，而中国共产党又是广大人民群众根本利益的最高代表，在此意义上，心系人民一方面是广大人才政治觉悟的体现和要求，另一方面，也是他们践行"人民至上"的执政情怀和"以人民为中心"的执政理念实实在在的职业情感。其四，"人品做到极处，无有他异，只是本然"。心系人民折射的是人性中纯粹和共情的一面，体现了人才的情感归向和精神风范，值得讴歌并不断发扬光大，使其成为中华民族的精神基因。对中国共产党这个光荣队伍中的人才（优秀党员）而言，全心全意为人民服务；一切为了群众，一切依靠群众；密切联系群众，保持党同人民的血肉联系……既是他们必须严格坚守的组织纪律和工作方法，也体现了他们心

---

① 习近平对王继才同志先进事迹作出重要指示强调　要大力倡导爱国奉献精神　使之成为新时代奋斗者的价值追求［J］. 中国纪检监察，2018(16)：65.
② 习近平. 人民对美好生活的向往，就是我们的奋斗目标［EB/OL］. (2018 - 01 - 22)［2024 - 07 - 10］. http://theory. people. cn/n1/2018/0122/c40531-29779412. html.

系人民的党性操守和政治风骨。

（四）淡泊名利是人才精神的重要前提

严格说来，淡泊名利作为一种个人价值观，是甘于奉献逻辑上的"衍生物"。"夫君子之行，静以修身，俭以养德。非淡泊无以明志，非宁静无以致远。"只有淡泊名利，正确权衡利害得失、孰轻孰重，才能全身心投入本职工作，从而实现个人工作能力和社会价值最大化。对于党员人才而言，他们从入党的第一天起就在党旗下庄严宣誓："对党忠诚，积极工作，为共产主义奋斗终身，随时准备为党和人民牺牲一切。"这句入党誓词体现了人才精神的四个维度："对党忠诚"体现的是一种爱国主义精神（胸怀祖国）；"为党和人民牺牲一切"则体现了"人民至上"的价值情怀、"甘于奉献"的职业操守和"淡泊名利"的精神境界。"勿唯小贻大，勿唯私损公；勿唯利害己，勿唯权伤民。"无论工作还是生活，如果时时、处处、事事坚持个人利益至上，在党和国家利益面前不能做到牺牲个人利益，而是始终将个人得失作为职业成败的准绳，是不可能成为真正意义上的人才的。

第三节　弘扬以科学家精神为代表的人才精神

中央人才工作会议上，习近平总书记指出："国家发展靠人才，民族振兴靠人才"。[1] "我们比历史上任何时期都更加接近实现中华民族伟大复兴的宏伟目标，也比历史上任何时期都更加渴求人才。"[2] 为此，应大力营造以先进人物为引领、以先进人物精神为共同价值遵循的人才发展环境，努力培育和塑造各种人才勇于贡献智慧和力量、善于创造人才精神的社会氛围，为全面建设社会主义现代化国家凝聚起万众一心不负时代的精神伟力。

以"爱国、创新、求实、奉献、协同、育人"为核心内涵的新时代中国科学家精神，是广大科技工作者的闪亮标签和鲜明特质，堪称人才精神的代名词，成

---

① 国家发展靠人才，民族振兴靠人才：习近平总书记中央人才工作会议重要讲话引发热烈反响[N].人民日报，2021-09-30(1).
② 习近平在中央人才工作会议上强调　深入实施新时代人才强国战略　加快建设世界重要人才中心和创新高地[N].人民日报，2021-09-29(1).

为建设世界科技强国、实现中华民族伟大复兴的中国梦的强大精神支撑，值得全社会大力弘扬并不断传承，由此让科学家精神深入人心，让科学家真正成为受人尊重、令人拥戴、让人敬仰的崇高职业，为中国科技事业发展不断注入精神力量。

一、弘扬爱国精神——"愿得此身长报国"

广大科技工作者赤胆忠诚、赤心报国，胸怀"此生惟愿长报国"的深沉家国情怀和崇高精神品质，是科学领域纯粹的爱国主义者。他们树立科技报国远大理想，将个人的人生志向与国家命运、个人成长与国家发展、个人需要与国家需要有机统一、"无缝连接"；他们将爱国之心与报国之行、科学研究之"冷"（冷静）与报效祖国之"热"（热情）融入个人职业追求与科学理想之中，做到了个体（个性）与群体（共性）、时代性与先进性、追求真理（理论）与服务国家（实践）相统一，把论文写在祖国大地上，铸就了中国科学家精神谱系。"我的事业在中国，我的成就在中国，我的归宿在中国。"著名科学家钱学森回国时的这句铮铮誓言，堪称中国科学家爱国主义精神的集中写照与群体镜像。

二、弘扬创新精神——"丹心未泯创新愿"

"丹心未泯创新愿，白发犹残求是辉。"（苏步青语）科学的价值在于"破旧立新"——破除既有范式，创造新的范式，从而推动科学的传承、社会的发展、人类的进步。广大科学家是科研创新的主体。在科研工作中，他们不畏"定理"、敢于质疑、勇于突破、开拓创新，以"功成不必在我"的精神境界和"功成必定有我"的科学担当，不断攻克科学研究的前沿阵地、学术洼地、创新高地，征服了一座又一座科学的"珠穆朗玛峰"，解决了一个又一个创新的"疑难杂症"，为建设创新型国家注入创新动力、提供创新智慧、书写创新历史。对此，钱学森曾指出："如果不创新，我们将成为无能之辈。"

三、弘扬求实精神——"咬定青山不放松"

广大科技工作者勠力同心、攻坚克难，坚持实事求是、追求科学真理、勇攀科技高峰、始终敢为人先；纵然"高处不胜寒"，他们依旧"咬定青山不放松"，以"黄沙百战穿金甲"的勇气和豪情、"不破楼兰终不还"的韧劲和自信，义无反顾、勇往直前,是行走在科学荒漠中的孤胆英雄;在个人科学生涯中,他们不断探索科学与自然的奥秘,努力破解推动人类社会发展的"科学密码",为认识自然、改造自然、服务社会不懈探索,穷尽毕生科学智慧,并将其付诸在祖国的大地上不懈奋斗、建功立业的科学历程之中。

四、弘扬奉献精神——"心底无私天地宽"

科技事业是党的事业重要组成部分,对科技工作者而言,献身科技事业是坚守科技报国初心的根本底色,最是奉献方显初心,唯有奉献堪担使命。心底无私天地宽,我以我血荐轩辕。习近平总书记指出,科学家是"隐姓埋名"的民族英雄。他们以科技报国梦助力"为中国人民谋幸福、为中华民族谋复兴"的中国梦,将自身科学才华和学术智慧融入祖国科技事业之中,以小我之力成就大我之心,以小我之为成就大我之功,以小我之愿成就大我之境,在历史和时代赋予的科学机遇中,向祖国和人民递交了一份又一份完美的科学答卷,实现科学人生的亮丽出彩。

五、弘扬协同精神——"天与一城为国蔽"

科技事业是一项千军万马参与的大兵团作战,来不得单打独斗与孤军奋战。习近平总书记指出,要在国家重大科技任务担纲领衔者中发现具有深厚科学素养、长期奋战在科研第一线,视野开阔,前瞻性判断力、跨学科理解能力、大兵团作战组织领导能力强的科学家。大兵团作战离不开服从大局的集体主义精神和团结协作的协同精神。在个人与集体的关系、个人与国家的互动中,每一位科学家都是中国科学家群体中不可或缺的"个体",是中国科技事业宏伟大厦中无可替代的"单元"。正是无数"个体"、无数"单元"凝聚成了国家科技事业发展的时代伟力,谱写了科技强国日新月异的宏伟篇章。广大科学家勇于发扬协同创新、集智攻关的团结协作精神,凝心聚力搞科研,众志成城谋创新,以滴水之力汇聚国家科技事业发展的磅礴力量,将个人科学贡献和学术造诣融入建设世界科技强国的滔滔洪流之中。

六、弘扬育人精神——"为有源头活水来"

"问渠哪得清如许,为有源头活水来。"国家科技事业发展离不开一代代科技工作者的接续奋斗。他们甘为人梯、奖掖后学，薪火相传、生生不息。科学家尤其是战略科学家，既是奋斗在国家科技事业一线的领头雁，也是国家科技事业永续发展的"吹哨人"。为此，"要坚持长远眼光，有意识地发现和培养更多具有战略科学家潜质的高层次复合型人才，形成战略科学家成长梯队。"长期以来，一代代、一批批德高望重、功勋卓著的老一辈科学家甘做年轻科技工作者尤其是科学新星、学术新秀的塑造者和培养人，为他们的学术成长架梯搭桥、投石铺路。春华秋实，他们但求国家科技事业"四季如春"，不懈耕耘，是在科学原野上播撒希望、永不停歇的"播种机"，是在科学大观园里修枝剪叶、不知疲倦的"园丁"，为实现科学的传承与创新，为国家科技事业后继有人殚精竭虑、臻于无我。世之垂范，功德无量！

第四节　新时代推进人才工作的精神向度

一、坚持政治引领，做到党管人才与聚才而用相结合

（一）坚持党的领导是人才工作的组织基础和政治原则

中国共产党是我们各项事业的领导核心。回顾中国共产党一百年来的光辉奋斗历程，我们不难发现，正是因为有中国共产党这个坚强的领导核心，中国人民和中华民族才迎来了从站起来、富起来到强起来的伟大飞跃。从历史维度看，坚持党的领导核心地位是历史选择的必然结果，是马克思主义政党治国理政的首要前提，是建设社会主义现代化国家的根本保障。人才所从事的工作从属于其所处行业，而其所处行业又是党的事业重要组成部分。三者分别处于微观、中观和宏观层次，"三位一体"、相辅而成。没有党对各项事业的领导，没有各项事业对人才职业性劳动的保障，人才的作用将失去根本依托，终将如无源之水，无以为继。在此意义上，党管人才具有了逻辑上的合理性、必要性和必然性。

（二）"聚天下英才而用之"是党管人才的根本方法论

"致天下之治者在人才。"人才是衡量一个国家科技实力、综合国力和国际影响力的重要指标。习近平总书记指出："办好中国的事情，关键在党，关

键在人,关键在人才。""关键在党",讲的是政治保障,体现的是党的领导核心作用。"关键在人",讲的是组织管理,体现的是建设一支宏大的高素质干部队伍,充分发挥人的主体作用。这也是党中央以人为本执政理念在科研管理领域的具体实践。"为政之要,莫先于用人。""关键在人才",体现的是人才的稀缺性及其作用的独特性。人才往往掌握着某一行业、某一领域、某一专业的核心技术和关键知识,是国家发展的"关键少数","得人才者得天下;""综合国力竞争说到底是人才竞争。"党的领导是"三大关键"之关键,事关我国科技事业全局和长远,彰显了中国特色科研管理优势和人才制度优势。习近平总书记指出:"择天下英才而用之,关键是要坚持党管人才原则。"①他还在2021年两院院士大会上指出:"我们着力实施人才强国战略,营造良好人才创新生态环境,聚天下英才而用之,充分激发广大科技人员积极性、主动性、创造性。"②总书记的讲话再次体现了"党管人才"与"聚才而用"有机统一这一中国特色人才战略的制度优势和政治优势。

二、塑造精神文化,做到舆论引导与聚集培育相结合

人才是国家的宝贵资源,是衡量一个国家综合国力的重要指标。弘扬人才精神、培育精神文化,重在宣传、贵在践行、要在传承。应借助媒体和舆论,让人才的杰出贡献、人格品质、精神风范走进千家万户,激励一代又一代年轻人尤其是青少年学生树立报效祖国的远大理想,实现个人志向与国家需要、个人价值与国家发展的有机统一,不负青春、无愧时代。

(一) 大力营造尊重人才尊重劳动的社会氛围

一是加强舆论引领,努力营造大力弘扬人才精神的舆论氛围和社会环境,让人才及其创造性劳动融入全体社会成员的精神血脉,使其成为社会主义核心价值体系不可或缺的功能性要素。二是建立体现人才创造性劳动、弘扬人才崇高精神的成果奖励与荣誉称号颁授制度,让人才及其为推动经济与社会发展做出的重要贡献为国家所认可、社会所熟知、人民所敬仰。三是广泛开展人才精神学习教育活动,让人才精神文化深入人心。可以通过加强人

---

① 赵爱明. 努力实现"择天下英才而用之"[N]. 人民日报,2015-09-07(7).
② 习近平. 在中国科学院第二十次院士大会、中国工程院第十五次院士大会、中国科协第十次全国代表大会上的讲话[N]. 人民日报,2021-05-29(2).

才档案采集与保管,依托有关科研院所、文博场馆、人才管理部门等建立杰出人才纪念馆等人才精神教育基地,设立面向不同人才群体的行业性节日,开展人才精神教育和仪式教育,打造不断提高全体社会成员的道德修养和文化素质的社会文化氛围。

(二)以聚集培育实现人才精神薪火相传

全面建设社会主义现代化国家是一项承前启后、继往开来的宏伟事业,离不开人才工作代际传承和人才工作者接续奋斗,需要一代代、一批批优秀后备人才脱颖而出。只有这样,国家各项建设事业才有薪火相传、永续发展的生命力和不断实现自我超越的"发展力"。只有紧紧抓住聚集培育这个"牛鼻子",增强人才成长的"专业点位"和"智力密度",不断培育适应时代需要、既有专业本领和职业造诣又有发展潜力和创新潜质的优秀人才,为建设社会主义现代化国家输送可堪重用的后备军,我国各项事业发展代代传承、持续发展才有可靠的人才保障和坚实的智力基础。

三、厚植家国情怀,做到典型展示与谱系建构相结合

研究是宣传的基础,研究得越深入,人才精神就越是有血有肉,精神宣传就越能入骨入魂、走深走实。加强人才精神研究,旨在一方面更深理解人才精神的实质,另一方面更好宣传人才精神,营造尊重知识、尊重人才、尊重劳动、尊重创造的社会舆论氛围,使人才的社会地位得到应有认可和保障。

(一)典型展示是人才精神谱系建构的基础和要求

人是社会基本单元共性与个性的统一体,个性是劳动创造性的根本前提。每一位取得具有广泛社会影响力和认可度的职业成就、为国家做出重要贡献的杰出人才都具有"男儿何不带吴钩"的家国情怀、"不破楼兰终不还"的职业愿景、"欲上青天揽明月"的精神追求和"不辞羸病卧残阳"的价值取向。弘扬人才精神要注重典型展示与谱系建构相结合,如此才能更好彰显人才的时代角色、发挥人才的社会价值。注重典型展示,体现的是对人才主体创造性劳动的尊重,以针对性研究呈现其个性特质;同时,每一位人才精神特质的凝结,又在整体上构成了中国人才的集体风采与群体风貌。大而言之,作为社会的一个职业单元、国家的一个职业群体,人才精神又自然融入了作为国家领导核心的中国共产党精神谱系之中,从而在历史和时代双重意义上实现

了自身的行业价值和社会价值。加强以个体特质展示为旨归的人才个案研究、以集体风貌呈现为旨归的人才精神群体研究、以民族精神凝聚为旨归的中国共产党精神谱系研究有机统一,体现了马克思主义关于处理个体与整体关系的科学方法论。

(二)人才精神谱系与中国共产党精神谱系的呼应与融合

从宏大国家叙事视角考察人才精神,一方面可以全面认识人才群体的时代角色、准确把握和认识各种职业、各项事业的政治取向,另一方面可以丰富中国共产党精神谱系的内涵与发展规律。在人才与国家精神层面的双向互动中,将"人才精神"从"个体精神"中剥离开来并使其具有社会公共意义,将个体性人才(以及由个体组成的集体)的精神特质融入行业性精神谱系(如作为个体精神的赵一曼精神、杨靖宇精神,作为集体精神的红船精神、井冈山精神、沂蒙精神、东北抗联精神、"半条被子"精神、红岩精神、南泥湾精神、北大荒精神、长征精神、抗战精神、安源精神、苏区精神、大别山精神、照金精神,与作为群体精神的革命精神,作为集体精神的女排精神与作为行业性精神的中华体育精神)之中,将人才精神谱系融入中国共产党精神谱系之中,可以实现个人与集体、集体(行业)与国家、个人命运与国家命运衔接,实现个人价值与社会价值的呼应、集体精神与国家精神的契合。

四、强化价值导向,做到精神传播与精神生产相结合

价值引领是人才工作的根本遵循。在新的历史时期,应以为社会主义核心价值体系建设赋能助力为目标导向,加强先进人物精神宣传与弘扬,不断夯实中华民族伟大复兴的精神根基;以"四史"学习教育尤其是党史学习教育为契机,从历史中汲取先进人物精神服务时代需求的智慧和力量,不断深化对共产党执政规律和社会主义建设规律的认识;以践行立德树人根本任务和培育民族精神为目标,让先进人物精神薪火相传,为新时代中国特色社会主义建设提供精神支撑与思想给养。

(一)加强精神传播是人才精神社会价值彰显的基本路径

精神是对人的意识、思维、情感等主观世界进行的一种内在状态描述,相对于实实在在、可见可感(显性)的行动而言,具有隐蔽性(隐形)和潜伏性(潜性)。所谓"思想是行动的先导,行动是思想的体现",讲的其实是精神对人的

行为所起的主导作用和行动对精神的反馈作用。因此，加强人物精神传播很大程度上是为了对人物意识和情感层面的"所思所想"进行直观表达，通过实实在在的言行、事迹、成就，实现人物精神的社会化和具象化，使其成为广大观众所能感知、认知并认可的公共道德规范、情感取向和价值追求，从而不断丰富社会主流价值观的要素体系和内涵支撑，并最终融入为广大公众所依赖的社会生活体系。

（二）注重精神生产是丰富人才精神内涵、传承光大精神价值的根本要求

精神生产是与物质生产相对应的一个历史唯物主义概念。作为人类社会生产方式之一，精神生产天然地具备人类劳动的一般特征。就产品形态而言，精神生产以现实的、历史的、具体的社会个体（即"人"）为主体，在生产过程中满足人的精神需要，生产并创造出展现人的本质、体现公共价值、服务社会发展的精神产品。精神产品一般不具有物质形态，但往往可以通过可感知的形式，如科学理论著作、文学艺术作品、产品制造工艺与技术等得以体现。"问渠那得清如许，为有源头活水来。"任何一项生产活动——无论物质生产还是精神生产——都离不开作为产品原初形态的"原料供给"。对精神生产而言，每一项精神产品都具有适应时代需求的特色，因而，为保障并体现精神产品的"时代性"，必须不断提高以先进人物为物质载体的精神产能。

当前，我国正在实施科教兴国战略、人才强国战略和创新驱动发展战略，为建设创新型国家和世界科技强国提供战略引领和发展动能。创新驱动的本质是人才驱动，而人才驱动离不开人才主体的精神驱动，离不开人才作为社会个体为国家发展做出应有贡献的责任意识、主体意识。为此，其一，要不断激发和挖掘先进人物的精神产能，实现精神生产效能最大化。精神的矿藏是无穷无尽的，属于可再生、可循环，取之不尽、用之不竭的宝贵资源。先进人物是国家的宝贵精神财富，其符号意义和精神价值无可限量。其二，要坚持岗位培育，让人才在岗位上实现专业发展与职业成长，以先进培育后进，以典范倒逼平凡自我赋能，从而整体发挥从高禀赋人力资源向高素质人才队伍转变的集群效应。其三，要努力实现先进人物从个体和行业领域向社会公共领域的价值转移，通过加大先进人物社会推介力度，创新推广模式，让人才精神"遍地开花"，传遍大江南北，走向各行各业。

第二篇　场馆育人

——科学家精神物质载体

导　　读

　　档案见物见人见精神,档案作为科学家纪念馆的"家底家业",是科学家精神的物质载体和主要依托。这一部分主要从充分利用科学家纪念馆馆藏档案实现场馆育人功能的角度,探讨档案中的科学家精神,既包括科学家档案的文化内涵和社会化服务功能,也包括科学家档案的教育价值,还包括科学家档案从馆藏向基本陈列的形态与功能转向。

　　一方面,从文化育人视角看,科学家档案具有完整价值体系和丰富价值内涵,包括标本价值、教育价值和史学价值。对科学家纪念馆而言,让文化活起来,发挥档案育人功能,需要用好盘活馆藏资源,深入揭示科学家档案为弘扬民族精神和时代精神提供历史镜鉴、为推进科技强国战略和建设创新型国家提供思想支撑、为科学家精神传承和社会主义核心价值体系建设提供价值引领、为立德树人及培养社会主义建设者和接班人架设精神支点、为文博事业发展和社会主义文化建设注入科学内涵等重要社会价值,充分激活并利用好科学家档案的价值属性、价值张力和价值内涵。开展科学教育、塑造理想信念、弘扬民族精神、彰显求真精神、凝聚青春力量、践行文化育人,不断活化科学家档案,增强科学家档案铸魂育人功能和社会服务能力,以满足弘扬科学家精神的价值诉求、落实立德树人根本任务的现实需求和档案推进文博事业的根本要求。

　　另一方面,从红色资源视角看,科学家纪念馆作为科学家纪念地和科学家精神普及、教育与传播基地,蕴含以"爱国、创新、求实、奉献、协同、育人"为核心内涵的丰富而厚重的红色资源(包括以科学家档案为承载的显性资源和以科学家精神为承载的隐性资源),体现了广大科学精神和科技工作者科技报国的理想信念和与党同行的政治本色。因此,用好用活红色资源是科学家纪念馆的根本坚守,弘扬科学家精神是科学家纪念馆传承红色基因的实践诠释,以红色文化涵养青少年精神素养是科学家纪念馆的应有之责。为提升青少年精神素养,落实立德树人根本任务,科学家纪念馆需要构建红色资源融入思政育人、文化育人、实践育人、科学育人等环节,构建科学家纪念馆档案育人话语体系和工作体系。

最后,以基本陈列为主体的物理空间是博物馆开展社会教育的根本依托。为此,科学家精神要牢牢守住基本陈列这一空间育人的"根据地"与"基本盘",处理好内容与形式、求同与存异、藏品与展品三组关系,不断优化基本陈列内容和教育形式,以高质量基本陈列提升场馆的社会教育影响力。

第四章
科学家纪念馆馆藏社会化服务

第一节　科学家档案社会化服务维度

中共中央办公厅、国务院办公厅联合印发的《关于进一步弘扬科学家精神加强作风和学风建设的意见》指出，要高度重视"人民科学家"等功勋荣誉表彰奖励获得者的精神宣传，大力表彰科技界的民族英雄和国家脊梁。加强科学家档案采集、整理、研究和传播工作，深入揭示广大科学家身上折射的以"爱国、创新、求实、奉献、协同、育人"为标志的精神品质和价值追求，既体现了对科学与科学家的双重尊重，有利于科学家精神社会价值的应然回归，又为引导广大在校学生树立崇高理想信念和正确世界观、人生观、价值观确立了现实参照，还为激励广大科技和教育工作者坚守初心、潜心科研、落实立德树人根本任务提供了资源保障和典范引领。充分发挥科学家档案的社会化服务功能，对于加强社会主义核心价值体系建设、推进国家治理体系和治理能力现代化等，具有重要现实意义和深远战略意义。

一、为弘扬民族精神和时代精神提供历史镜鉴

爱国和创新是科学家的根本坚守，也是科学家精神的重要内涵。不爱国，谈不上"精神"；不创新，无所谓"科学"。中国科学家是以爱国主义为核心的民族精神的自觉践行者和以改革创新为核心的时代精神的生动诠释者。档案无声胜有声，让尘封的科学家档案触手可及、走近公众，让鲜活的科学家故事触及人心、走进时代，既赋予档案以新的生命，又为社会发展和时代进步

提供了新的精神力量。一封钱学森的回国求援信，倾注着一位留美青年科学家"冲破藩篱归故国"的赤胆忠心，堪称一部爱国主义的光辉诗篇；一份钱学森起草的《建立我国国防航空工业意见书》，凝聚着党和国家领导人对钱学森的深切信任，体现了他卓尔不群的科学智慧和战略视野，是新中国航天事业的奠基之作。而另一位"两弹一星"功勋科学家郭永怀牺牲时留下的那个装有原子弹研制绝密资料的公文包，则诠释着他用生命守护科学事业、用热血捍卫国家使命的壮烈情怀……发生在老一辈科学家身上如此种种感人肺腑的故事见诸档案、传诸后世，它们既是科学家本人人生历程的直接"信物"，也是新中国科技事业的缩影和时代进步的历史镜像，具有历久弥新的时代价值。

二、为推进科技强国战略和建设创新型国家提供思想支撑

习近平总书记指出，建设科技强国，要坚持自主创新、改革创新和开放创新。一代又一代科技工作者攻坚克难、接力创新，谱写了共和国科学事业发展的宏伟篇章。科学家档案是科学家学术成长、创新实践和科学活动的真实记录，承载着科学家的科学历程、思想轨迹和价值情怀，蕴含着永不磨灭的科学文化。而对已故科学家而言，他们留给世人的科学遗存在某种意义上称得上是他们"科学生命"的延续，成为其以另一种形式、继续服务社会的物质载体和精神符号。正因如此，科学家档案的价值生命并不因档主的自然生命终结而终结，而具有经久不衰的生命力和价值力，可以激发和培育勇于追求真理、崇尚科学创新的社会氛围，为科学传承与创新、建设创新型国家、推进科技强国战略提供宝贵的思想支撑。

三、为科学家精神传承和社会主义核心价值体系建设提供价值引领

推进科学家档案开发利用，增强科学家档案服务社会、服务新时期思想政治工作的功能，是贯彻中央有关文件和中央领导同志重要指示精神的现实需要。《关于进一步弘扬科学家精神加强作风和学风建设的意见》明确提出，要大力弘扬广大科技工作者胸怀祖国、服务人民的爱国精神，勇攀高峰、敢为人先的创新精神，追求真理、严谨治学的求实精神，淡泊名利、潜心研究的奉献精神，集智攻关、团结协作的协同精神和甘为人梯、奖掖后学的育人精神。

科学家档案是科学家"把科技成果应用在实现国家现代化的伟大事业中,把人生理想融入为实现中华民族伟大复兴的中国梦的奋斗中"(习近平语)的物质载体,蕴含着科学家精神的重要"物证",是弘扬科学家精神、推进社会主义核心价值体系建设的生动样本和"经典教材",具有普通读物和一般教材难以比拟的教育价值。

四、为立德树人及培养社会主义建设者和接班人架设精神支点

习近平总书记指出,高校思想政治工作关系高校培养什么样的人、如何培养人以及为谁培养人这个根本问题。要坚持把立德树人作为中心环节,把思想政治工作贯穿教育教学全过程,实现全程育人、全方位育人;要把立德树人融入思想道德教育、文化知识教育等各环节。总书记的讲话为新时期高校思想政治工作和高等教育事业提供了根本遵循和战略指引,也为档案文博事业高质量发展提供了重要借鉴。科学家档案既是文化知识教育的厚重教材,也是思想道德教育的有益读本,在立德树人和培养社会主义建设者和接班人方面占有重要地位。增强科学家档案面向高校思想政治工作的服务功能,对在校大学生而言,可以增强他们追求真理、献身科学、报效祖国远大理想信念的塑造,在实践上可以为"全程育人""全方位育人"提供新的突破口;对在校教师和科研人员而言,可以引导和激励他们在教学科研工作中自觉履行立德树人根本使命,"把论文写在祖国大地上",努力培养社会主义建设者和接班人,为高等教育事业贡献自己的应有力量。

五、为文博事业发展和社会主义文化建设注入科学内涵

科学家档案主要留存在档案行政管理单位(如各级档案局)、科研机构的档案编研部门和档案文博场馆(如人物纪念馆、档案馆、校史博物馆、行业纪念馆等),而档案行政管理单位保管的档案因各种因素,对社会而言处于被动服务的"沉睡"状态,使得真正面向广大公众提供社会化服务的仅为各级文博场馆(以人物纪念馆为主)。目前,我国人物纪念馆在博物馆家族中尚处于弱势地位,属于小众博物馆,且主要以领袖人物、革命人物和文化名人为主,科学家纪念馆屈指可数。这使得总体上我国科学家档案社会化利用程度不高,没有很好发挥其应有的社会价值,与科学家对我国科技事业进步和经济社会

发展所做贡献显然不符。档案是记录科学家生平事迹、科学历程和反映其精神风范、思想境界的主要形式,也是已故科学家留给后人的主要遗存,具有重要历史价值和科学价值。通过加强以科学家为主的科学家纪念场馆建设,充分发挥科学家纪念馆的公共文化服务、优秀文化传承和先进思想引领阵地作用和科学家档案的社会教育功能,可以为文博事业发展和社会主义文化建设注入科学内涵,促进科学文化繁荣。

第二节　科学家纪念馆馆藏的价值功能

一般而言,如同其他类型即不同职业群体(如领袖人物、艺术家、文学家等)的人物纪念馆,科学家纪念馆馆藏具有三大特征。其一,馆藏是科学家生平的重要见证,具有直接关联性。科学家纪念馆纪念主体一般为已故且科学成就突出、社会认可度高的科学家(以个体或群体冠名),馆藏的科学属性明显,对藏品类型(征集标准)、入藏标准(入藏规范)、馆藏体系(藏品检索)、利用规范(社会服务)有着严格的制度框定(行业标准)和专业要求(学科标准)。体系化特征、等级化认定、专业化建设、规范化利用、社会化服务,是科学家纪念馆馆藏建设的五个基础维度。其二,馆藏集多样性与独特性、普遍性与特殊性于一身,具有辩证统一性。科学家是科学共同体的一员,科学家纪念馆馆藏多为科学家本人参加学术活动、开展科学实践和进行社会交往的产物,或直接生成,或间接关联,具有博物馆藏品形态多样化的一般特征和以馆藏形塑生平镜像、建构科学叙事的学术功能。同时,科学家纪念馆馆藏又以文献居多(例如上海交通大学钱学森图书馆,文献类藏品占本馆馆藏八成以上)。这些文献类藏品包括书信、手稿、便签、著作、刊物、凭证、证件等,总体上属于科技文献范畴,而科技文献是科学家开展科学研究、从事科技实践活动的主要载体与留存形式,勾勒出科学家科技人生的基本图景,并在部分意义上可以被纳入研究国家科技事业发展的史学范畴。因而,作为馆主的科学家本人是"自我"与"群我"交集与统一的化身,小文物见大文章。其三,馆藏是科学家纪念馆发挥社会教育功能的主体,具有要素支撑性。相对于科学家纪念馆建筑实体的不可移动性,馆藏属于可随机提取、调配的可移动文物;相对于馆内基本陈列展品的固化特征而言，未常态展出的馆藏文物属于可支配性强、流动性较高的"动产"。科学家纪念馆遴选馆藏精品，在做好基本陈列的同时，策划不同主题、形式多样的馆内外展览，直面公众、服务社会，实现馆藏与社会的对接、文物与公众的对话、历史与时代的呼应，其活性特征和功能优势尤其明显。因而，改变公众对包括科学家纪念馆在内博物馆的传统认知与刻板形象，需要紧紧围绕"活化"二字做文章，用馆藏文物书写好中国科学家故事和中国科学故事。

一、文物有故事：科学家纪念馆馆藏具有鲜明的价值属性

习近平总书记指出："让收藏在博物馆里的文物、陈列在广阔大地上的遗产、书写在古籍里的文字都活起来。"巧妇难为无米之炊，没有馆藏这个"底座"做依托，仅仅依靠基本陈列这张内容不变、形式固化的"死面孔"说话，而不能将馆藏文物充分利用起来、讲好文物背后的故事，科学家纪念馆服务社会的功能将不可避免地出现功能弱化和效果"淡化"。

历史价值、科学价值和艺术价值，被公认为博物馆藏品的三大核心要素和价值形态。科学家纪念馆馆藏以历史价值和科学价值为主，而科学价值则堪称其首要价值、核心价值。馆藏是开展科学家研究的重要资源，活化馆藏，充分揭示科学家纪念馆馆藏的价值内涵，搭建"馆藏—公众"交流平台，打通"文物—社会"互通渠道，是更好发挥科技遗存、科技文献等馆藏文物文化育人、科学普及等功能的根本保障。作为科学家留诸后人、存之于今、效之于世的"物质代表"和人格化身，科学家纪念馆馆藏成为科学家人生历程、科学成就、社会活动的历史见证，具有无可替代的留凭功能，是开展科学叙事的"真凭实据"。因而，无论就科学家本人，还是就国家科技事业发展史研究而言，馆藏都是不可多得（重要性，见证科技发展历程）甚至无可替代（唯一性，不可复制和再生）的科技类文物，理应妥善保管、充分利用。只有实现"资源（馆藏）——对象（科学家）——目标（社会）"的合理转化与有效利用，科学家纪念馆馆藏资源的价值属性才能得到充分发挥，其社会影响力亦因此才能不断彰显。一封钱学森回国求援信（外交部档案馆馆藏），诠释的是钱学森跌宕起伏的"五年归国路"，昭示的是他奠基中国航天伟业、"十年两弹成"的杰出贡献。"无一日、一时、一刻不思归国参加伟大的建设高潮……"这封信堪称钱学森

爱国主义精神的集中写照。如让馆藏文物"养在深闺人不识",让藏品"与世隔绝"、不见天日,长期处于静默状态,与观众"老死不相往来",无异于自缚手脚,实不足取。因为,严格说来,科学家纪念馆馆藏属于社会公共资源,馆方只是受国家和社会委托保管藏品。让藏品回归社会、服务社会是科学家纪念馆的"天职"。

二、文物有话说:科学家纪念馆馆藏具有鲜活的价值张力

文物有话说,如何"说"得清楚明白,"说"得生动通透,大有文章可做。文物是载体,更是教材。讲好科学家故事,离不开科学家档案文献的支撑。就整体性而言,科学家纪念馆馆藏文物作为科学家人生历程的见证,是科学家科技报国、无私奉献、开拓创新、勇于担当等崇高精神品质的物质载体,呈现其作为一种职业群体独特的精神特质、职业风貌和价值追求,具有"再现"科学家科研实践活动、阐释科学家内在精神品质、书写科学家科技人生履历等多维价值张力,是面向社会尤其是大中小学生和青年科技工作者开展社会教育的鲜活教材与生动蓝本。

就物质形态而言,文物固然是死的,无声无息、一成不变,而就精神形态而言,文物无疑又是活的,有血有肉、"活灵活现"。通过研究、讲解、传播,阐释并讲好馆藏文物背后的故事,让文物活起来,使其"能说会道",是科学家纪念馆开展社会教育的一堂"必修课"。只有让文物从静悄悄的状态变为活生生的状态,增强文物活性,赋予文物活力,实现文物活化,才能真正发挥其文化育人这一根本性社会价值。

三、文物有情感:科学家纪念馆馆藏具有丰富的价值内涵

让文物活起来,必须讲好文物背后的故事,而想要讲好文物背后的故事,离不开情感支撑。对受众而言,同一件藏品或展品,在不同的讲述者口中,往往具有不同的面貌和感染力,从而产生不同的价值认知与参观体验。究其原因,无外乎馆方对藏(展)品感情线的设计理念及其通畅性问题的研究水平(内涵生成)与揭示能力(价值析出)存在差异。所谓认知能力,即需写好故事、编好剧本,让馆主通过文本形式走出物理空间——库房;所谓处理水平,即需讲好故事、准确传达,让馆主通过讲述者在观众面前再现。

　　科学家纪念馆馆藏文物是开展社会教育的"母本"。文物有情感,有血有肉,是弘扬科学家精神的"标本"。博物馆陈列展览有一项基本要求或者说行业共识——"见人见物见精神",对科学家纪念馆而言,这句话诠释的是人物(科学家,即馆主)、文物(科学家生平见证物/遗物)、内涵(科学家精神)三者之间的价值呼应与信息转化,统一、集成于文物,反映了科学家跟文物之间的隶属与对应关系,折射出科学家的精神风貌、生活样态、价值取向与人格特质。再举一例,上海交通大学钱学森图书馆馆藏钱学森与蒋英结婚的"鸳鸯谱",诗(婚书)、书(孙智敏楷书《婚书》)、画(陈汉第国画《夏清图》、吴善荫国画《彩凤霞冠》)相映成趣,融民国时期江南婚俗文化、钱学森之父钱均夫社会关系、钱学森与蒋英"苔岑结契之交,绵百世之宗,长承诗礼传家之训"美好婚姻关系等诸多人文要素于一体,堪称钱学森与蒋英科学与艺术联姻的见证。

第三节　活化科学家档案增强社会服务能力

　　习近平总书记指出:"之所以说档案工作是一项非常重要的工作,主要是因为档案工作是一项基础性工作,经验得以总结,规律得以认识,历史得以延续,各项事业得以发展,都离不开档案。"档案作为历史记忆与文化传承的重要载体,承载着记录历史、传播文化、传承文明、服务社会、造福人民等重要社会职能。科学家档案作为科学档案的一部分和档案家族的重要分支,在总结和认识科技规律,传承与发展科技、经济乃至各项社会事业,弘扬和传播科学家精神,提高科技事业管理能力等方面,发挥着不可或缺的支撑性作用。因而,充分利用好科学家档案,提升科学家档案服务社会能力,是做好新时期档案管理工作的一项基础任务和根本要求。

一、活化科学家档案是弘扬科学家精神的价值诉求

　　科学家档案是科学家精神品格的物质载体。科学家是为我国经济增长、社会发展和文明进步作出杰出贡献的职业群体或个人,是广大科技工作者的杰出代表和社会的宝贵财富。如果说科学技术是第一生产力,那么,工作在科技事业一线、为国家科技事业发展做出杰出贡献并具有崇高社会声望的科

学家则是第一生产力的首要创造者。2019 年 6 月的《意见》明确提出,要高度重视"人民科学家"等功勋荣誉表彰奖励获得者的精神宣传,大力表彰科技界的民族英雄和国家脊梁。

所谓科学家档案,是指反映科学家成长经历、学术活动、科学成就、社会贡献,以及家庭与社会活动等各种具有保存、查考和利用价值的历史记录。科学家档案以笔记、文稿、信札、证书与证件、影像与照片、生活物品等各种档案(包括实物档案)形式,记载着档案主人的成长轨迹、科学历程和社会活动,成为反映他们人生事迹、职业成就、社会声誉的原始记录和主要载体。尤其对已故科学家而言,档案成为其科学精神和人格魅力的现实"投影"和历史影像,是他们留诸后世、昭启后人的"软遗产",在某种意义上也是国家科学进步和社会发展的一面镜子。党的二十大报告提出,培育创新文化,弘扬科学家精神,涵养优良学风,营造创新氛围。"活化"科学家档案,深入揭示其中蕴含的精神价值,是发挥科学家档案社会服务功能、实现其内在价值最大化的必然要求,更是贯彻落实党的二十大关于"完善科技创新体系"重要精神的实际举措。

科学家档案是弘扬科学家精神的生动教材。对于退出科研一线的尤其是已故的科学家而言,档案是他们留诸后世的主要科学遗产和至为宝贵的精神财富。科学家档案既闪耀着科学的光辉,又折射着思想的光芒,还蕴含着精神的力量,是开展思想政治工作和社会主义核心价值观教育的鲜活蓝本和重要教材。各类文博场馆和档案保管单位尤其是科学家纪念馆、科技类博物馆、科学家精神教育基地、高校博物馆与校史馆等作为科学家档案的重要收藏和展示基地,具有面向广大公众开展社会教育的先天性职能优势和资源优势,应主动发挥面向广大公众尤其是在校学生和青年科技工作者开展思想政治工作的主渠道主阵地作用。

二、活化科学家档案是落实立德树人根本任务的现实需求

科学家档案内嵌丰富厚重的教育元素。《意见》要求:关于科学家精神教育,"要推动科学家精神进校园、进课堂、进头脑";关于科学家档案利用,"要系统采集、妥善保存科学家学术成长资料,深入挖掘所蕴含的学术思想、人生积累和精神财富";关于宣传科学家精神开展社会教育,"要建设科学家博物馆,探索在国家和地方博物馆中增加反映科技进步的相关展项,依托科技馆、

国家重点实验室、重大科技工程纪念馆(遗迹)等设施建设一批科学家精神教育基地"。广大文博工作者应自觉担负起时代使命,秉持"科学家精神进校园、进课堂、进头脑"的现实情怀和问题意识,着眼科学家精神挖掘、研究和利用,更好服务社会发展需要。可以说,这是在现实维度主动响应中央有关文件精神、实现档案社会服务能力"自我激活"的实际行动。

科学家档案彰显薪火相传的时代活力。习近平总书记指出:"办好中国特色社会主义大学,要坚持立德树人,把培育和践行社会主义核心价值观融入教书育人全过程。"各级文博场馆馆藏科学家档案作为科技、经济与社会各项事业发展的历史见证和科学家精神的物质载体,是一笔档案育人、立德树人的宝贵财富,是面向包括广大在校学生在内的广大公众提供社会化服务,加强思想政治教育、科学家精神弘扬和核心价值引领,更好地服务于新时代中国特色社会主义建设的源头活水。本质上,科学家精神是科学家档案内在价值和历史价值的体现,而发挥立德树人功能则是科学家档案外在价值和现实价值的召唤,二者统一于推进中国特色社会主义事业的伟大实践之中。

三、活化科学家档案是档案推进文博事业的根本要求

科学家档案以科学文化的精神面貌为文化育人注入源头活水。档案是历史的凭据、决策的参考。档案文博事业的发展繁荣、博物馆社会功能的有效发挥,是中国特色社会主义文化事业的重要组成部分和建设社会主义文化强国的内在要求。习近平总书记在中共中央政治局第十八次集体学习时强调,对待历史,我们要牢记历史经验、为推进国家治理体系和治理能力现代化提供有益借鉴。加强档案开发利用,提高档案社会化服务水平,是发展档案文博事业的根本要求。作为档案重要分支的科学家档案既是科学家个人生平的见证,很大程度上也是国家经济社会发展的记录和产物,是党史国史的重要组成部分。让那些作为历史凭证且无可替代的科学家档案回归社会、服务社会,是其实现社会价值并被赋予其新的生命力的有效途径,也是国家发展的现实需求。

党的十八大以来,以习近平同志为核心的党中央从党和国家事业发展全局的战略高度,对新时期思想政治工作的使命、目标、原则和任务进行了一系列深刻阐述,提出了明确的工作要求和目标任务,为实现新时代党的历史使

命提供有力思想支撑。2018 年 8 月,总书记在全国宣传思想工作会议上指出,中国特色社会主义进入新时代,必须把统一思想、凝聚力量作为宣传思想工作的中心环节;宣传思想工作是做人的工作的,要把培养担当民族复兴大任的时代新人作为重要职责;重中之重是要以坚定的理想信念筑牢精神之基。

档案是社会进步的产物、国家发展的见证、文化繁荣的记录,实现档案的"社会化"并为国家所用,激活并释放蕴含其间的科学文化内涵,发挥档案服务国家经济社会发展的作用,是档案工作的价值归宿和根本要求。站在新时代历史起点上,发挥科学家档案保管机构尤其是各高等院校、科研院所等档案文博机构的馆藏科学家档案社会化服务能力,是弘扬新时代科学家精神、落实立德树人根本任务、繁荣中国特色社会主义文化的时代需求与现实召唤,也是实现其社会价值最大化的"三大支点"。

第四节　基于思想政治工作的科学家
档案价值实现

随着国家各项事业蓬勃发展和社会文明程度日益提高,档案文博事业在国家文化建设中的地位和作用日益突出,成为推进文化育人、建设文化强国的重要依托。科技名人档案作为一种独特的档案门类,因其丰富的价值内涵,在思想政治工作和精神文明建设中发挥着一般文化载体无可替代的作用。笔者基于新时期党的思想政治工作现实需求与战略任务,探讨科技名人档案社会化服务的功能发挥及其机制构建路径,以期更好实现科技名人档案的社会价值。

科学家档案为我国科技、经济和社会各项事业发展烙下了坚实历史印记,是各级管理部门、高等院校、科研机构、企事业单位等参与国家经济建设的重要见证。这些档案对于面向广大公众尤其是科技和教育工作者、大中小学生开展思想政治教育,具有得天独厚的资源优势,是其社会价值的重要实现途径。[①] 全面认识、合理开发并充分利用科技名人档案的"公共服务力",既

---

① 汪长明. 开发高校科技名人档案抢占思想政治教育高地[N]. 中国档案报,2017 - 05 - 29(3).

离不开各级政府部门、不同行业领域齐抓共管，也需要全社会积极参与，形成科技名人档案服务社会的强大合力。

一、科技名人档案价值生成机制

科技名人档案具有标本价值、激励价值、教育价值、镜像价值、史学价值五大价值。

（一）以档资政：科技名人档案的标本价值

档案是科学家学术生命的见证，是他们学术成长、科学历程、职业成就的真实记录。通过梳理、研究档案，我们可以还原并揭示科技精英个体成长的独特经历和影响因素。而通过对一定规模和数量的科技名人人生经历的群体性探索，化个性特征为共性规律，我们可以探寻科技人才成长的规律性因素，为国家科教兴国和人才强国战略的实施、科技政策的制定和教育体制改革的推进等提供有价值的现实借鉴和决策参考。

（二）精神激励：科技名人档案的激励价值

在我国，科技名人档案蕴含着为国家做出突出贡献的科技精英求真务实、严谨笃学、开拓创新、无私奉献、献身科学的崇高精神品质。基于社会化服务导向，开发那些具有代表性身份的科技精英留存的档案资源，有利于激励后人追崇楷模、崇尚英雄的荣誉感，爱岗敬业、奋发有为的使命感和报效祖国、服务人民的责任感；有利于在全社会营造尊重知识、尊重科学、尊重人才、尊重创造的良好社会氛围，让科学家成为令人敬仰的崇高职业；有利于学术传统薪火相传、科学创造光耀时代，由此激励广大在校学生奋发图强，为将来报效祖国、实现自己人生价值不懈奋斗。

（三）以档育人：科技名人档案的教育价值

科技名人档案是一座知识的富矿、文化的宝藏，不仅是一个国家科技发展的重要见证和珍贵记录，而且通过不断开发与利用，还可以为社会提供用之不竭的教育资源，堪称科学知识普及、科学精神传承和科学文化教育活的教科书。要发挥教育作用需对其进行"双重活化"：一方面，唤醒不为人知的"沉睡档案"，将其呈现给观众，使其可知可感可触；另一方面，以档案为媒介，通过档案内容（以文字为主）与观众进行信息互动，使档案主人"活化"并跨越时空与公众进行对话。将经"活化"的科技名人档案中蕴含的科学知识、求知精神、科学信仰、价值情怀等传达给受众，有利于推进科学知识普及、科学精神弘扬与传播，以及科技创新教育，从而促进社会学术环境净化、文化氛围营造和道德体系构建，更好激励人才培养与成长。

（四）科学传承：科技名人档案的镜像价值

科技名人往往是某一专业、某一学科的领军人物，在其所属科学领域做出了开创性重大贡献。① 他们的人生历程、学术经历、科学成就等，成为这些领域和学科发展的重要标志，是一个时代的重要缩影和一个社会的珍贵镜像。开展科技名人档案史料整理与研究，可以梳理出这些学科与专业的科学技术发展脉络与演进轨迹，通过规律性探索人才尤其是科技创新人才培养机制，激励广大在校学生尤其是大学生树立献身科学事业远大理想，更好地推动并服务于科学的传承与发展。

（五）存史鉴今：科技名人档案的史学价值

马克思指出，科学是推动经济和社会发展"历史的有力的杠杆"，是"最高意义上的革命力量"。科学家档案从不同侧面、不同视角反映出某一历史阶段、某个国家或地区的科技进步、经济发展与社会变迁，具有科技文明史、经济发展史、社会变迁史方面上的史证价值。加强科学家档案的开发利用，可以激活其中蕴含的丰富史学资源，以史鉴今、以史资治、以史辅政，更好地为当代社会发展服务。②

二、科学家档案功能发挥机制

（一）开展科学教育，展示科学之美

科学是人类探索未知、揭示奥秘、认识本质的社会实践活动，充满着无穷的美学元素。科学之美"包括独创性、统一性、和谐性和简单性四个方面"③，但"科学之美是一种客观的美、无我的美。换言之，这种美不因人类的存在才存在"④。因此，不断发现科学之美、认识科学之美，就成为人类自古以来尤其

① 鉴于此，本部分以"科技名人"而非"科学家"论之，旨在突出科技名人在科学家方阵中的突出身份和代表性地位。
② 汪长明. 要注重发挥科技名人档案的价值[N]. 中国档案报，2017－08－24(3).
③ 李醒民. 论科学家的科学良心：爱因斯坦的启示[J]. 科学文化评论，2005(2)：92－99.
④ 杨振宁. 科学之美与艺术之美[N]. 光明日报，2017－02－12(7).

是进入文明社会以来科学探索及与之相关的社会实践活动的重要使命。科技名人档案是科技名人科研成果及精神品质方面展现的科学之美的化身。开展科学教育，向受教育者深入揭示其中蕴藏的科学之美，既能让其学到既奥妙无穷又丰富有趣的科学知识，还能使其得到科学美的熏陶和感染，从而以知识传达、科学教育的形式带动和促进受教育者思想境界和认识水平的提升，推动社会文明程度的整体提高。

（二）塑造理想信念，补足精神之钙

科技名人档案作为科学的物化载体，同步、真实地跟踪记录了科技名人的生平、事迹、活动，并由此折射出人物身份的代表性、科学事迹的典型性、崇高精神的示范性及价值引导的正向性，成为社会全体成员所认可、追崇的公共正向资源，为思想政治教育提供了鲜明的导向和指引。各级学校尤其是高等院校应不断挖掘、唤醒和激活沉睡在本校档案馆、校史馆、纪念馆、博物馆中的科技名人档案，通过开展校史、科技史研究进行软资源开发和价值引领，主动为在校学生"塑造理想信念，补足精神之钙"、夯实牢固的思想政治基础提供服务，使其成为学生思想政治教育的近水楼台。

（三）弘扬民族精神，培育爱国之情

爱国主义教育作为国民教育重要组成部分，在青少年成长成才过程中，发挥着塑造正确的世界观人生观价值观、激发学习动力、培育创新精神、增强民族自豪感和社会责任感等重要功能。学校既是科技名人档案形成的源头之一（记录科技名人成长史），又是科技名人档案发挥教育功能的重要"应用场景"所在（档案育人）。因此，对各级各类学校而言，科技名人档案既具有科技属性，又具有教育属性；既体现了学校的办学特色，又彰显了国家发展和社会进步的真实面貌；既完整、客观地呈现了学校的艰难创业历程及不断发展、改革、创新的坚实足迹，又真实、生动地记录了学校广大教师和科研工作者献身科学事业、立足本职岗位、对接国家需求、勇于开拓创新、淡泊功名利禄等高尚情操和爱国情怀，是面向在校学生进行以校训、校规、校情、校史教育为主的集体主义和以爱国主义为核心的民族精神教育的鲜活教材。利用科技名人档案，面向广大青少年学生开展爱国主义教育，是档案育人的应有之义。

（四）彰显求真精神，激发报国之志

不断挖掘科技名人档案中蕴藏的创新意识、开拓精神、家国情怀、高尚情操等"有灵魂的东西",充分发挥其教育功能,将科学知识融入读者书本知识之中,将科学精神融入个人价值追求之中,将科学教育融入社会教育体系之中,将科学信仰融入国民精神血脉之中,可以为受教育者理想信念的塑造、道德情操的培养及全社会价值体系的构建提供具有说服力和感染力的生动蓝本,更好地激励人才的成长,从而实现科学创新与传承。

(五)凝聚青春力量,砥砺效国之能

对于各级学校而言,作为校友身份的科技名人事迹能够引发在校学生的情感共鸣、心灵震撼和灵魂触动。对学校尤其是高等院校馆藏科技名人档案史料进行社会化开发与利用,可以增强在校学生的集体荣誉感、对母校的认同感,并将其内化报效祖国的能量积聚,激励其自觉将个人理想信念和价值追求与国家发展需要相结合,为其日后更好地献身国家经济社会发展等各项事业提供精神支撑。

(六)践行文化育人,传承大学之道

党的十九届四中全会提出,坚持和完善繁荣发展社会主义先进文化的制度,巩固全体人民团结奋斗的共同思想基础,必须"加强和改进学校思想政治教育,建立全员、全程、全方位育人体制机制"[①]。在思想政治教育体系和人才培养体系中,高等院校均处于"塔顶"位置,举足轻重。对高校而言,馆藏校友科技名人档案集中体现了他们以无私奉献为荣耀、以探索未知为追崇、以开拓创新为己任、以爱国荣校为担当、与国家命运共荣辱的崇高精神境界和职业情怀。这些宝贵的价值理念既是大学精神、教育理念、办学成就和社会贡献的真实写照,也是面向在校学生开展校情校史教育和激发广大教师职业情感的生动教材,在传承大学精神、加强校园文化建设、发挥文化育人功能方面发挥着独特的作用。

三、科技名人档案开发利用机制

实现科技名人档案的社会价值最大化,既离不开科学家档案保管与服务单位的服务职能优化与工作机制创新,也离不开文博、宣传、教育、出版等有

---

① 中共中央关于坚持和完善中国特色社会主义制度推进国家治理体系和治理能力现代化若干重大问题的决定[N].人民日报,2019-11-06(1).

关部门的协同努力。社会应合力塑造环境,努力构建科技名人档案社会化服务意识不断提升、利用效果日益凸显的良好生态。

（一）开展档案采集,夯实资源基础

档案是活的历史,档案的社会价值在于"活起来",为社会所利用。习近平总书记指出,必须坚持正确历史观、加强规划和力量整合、加强史料收集和整理、加强舆论宣传工作,让历史说话,用史实发言。① 为此,通过开展科技名人档案知识采集工程,丰富科学档案资源,激活其中蕴含的思想价值和精神内涵,夯实科技名人档案社会化服务资源基础,成为其社会价值实现的必然要求,是基于思想政治工作的科技名人档案社会化服务之根本保障。

（二）建好爱教基地,强化社会教育

建立建好以开展思想政治工作为核心功能、以开展社会教育为基本职能的爱国主义教育基地,是文博场馆尤其是人物类纪念馆的主要社会职能。为此,有必要加大科学与科技名人纪念场馆建设,面向社会开展爱国主义教育。通过举办陈列展览、开展各种形式的社会教育,对其进行"活化",使人物在档案中"再生",让档案走进公众、跟公众对话、走进公众心灵,能提振和弘扬民族精神,增强民族凝聚力。

（三）整合文博资源,发挥聚集效应

科技名人档案跨越档案主人生平不同年代、涵盖不同学科领域和不同工作单位,档案保管因各单位编研机制和服务方式的不同而显得分散、无序,且很多科技名人具有海外学习和工作经历,档案"国际化"特征比一般人物档案更为明显。为此,有必要以系统思维和集成方法,在国家层面加强对科学家档案资源社会化服务的顶层设计,实现其社会利用效果最大化。可以成立以文博场馆为基本单元的科技名人档案联盟、以历史大事编年为统领整合科学家群体档案等。同时,还可建立国家级科学（家）档案数据总库（数字化社会服务平台）,实现实体档案与数字档案融合发展,消除档案服务功能发挥的时空限制,提高受众利用率和社会效率。

（四）开发思政教材,实现档案育人

2019 年 11 月中共中央、国务院印发的《新时代爱国主义教育实施纲要》

---

① 习近平:让历史说话用史实发言　深入开展中国人民抗日战争研究[EB/OL]. (2015 – 07 – 23)
[2024 – 07 – 10]. http://cpc.people.com.cn/n/2015/0731/c64094-27393899.html.

明确提出,要充分发挥课堂教学的主渠道作用,将爱国主义精神贯穿于学校教育全过程,推动爱国主义教育进课堂、进教材、进头脑,培养学生的爱国情怀。① 档案育人是科技名人档案社会化服务的根本出发点和核心价值,而爱国主义教育则是档案育人的核心内涵和关键着力点。进行以爱国主义为核心、以思想政治教育为导向的科技名人档案教材开发,是发挥科技名人档案思想政治教育功能的重要途径。开设面向在校学生的通识课程,编写科技名人档案爱国主义教材,开发服务广大公众的科学家精神通识读本,编写主要面向各级干部培训学校及其培训基地(党校、干部学院等)、以党性教育为指向的干部培训教材等,可以充实和完善思想政治工作的内涵、方法、机制与效果,提高全社会思想道德素质和科学文化素质。

(五)加强舆论宣传,弘扬科学精神

弘扬科学家精神不能坐而论道,要言之有物、直击人心。《意见》指出,弘扬科学家精神,要从大力宣传科学家精神、创新宣传方式和加强宣传阵地建设三个方面,"加强宣传,营造尊重人才、尊崇创新的舆论氛围"②。宣传科学家精神,科技名人档案无疑是最接地气、最能触动公众心灵的一道"硬菜"。在思想政治工作方面,可以结合国家重大宣传活动和主题教育,开展科学家精神宣讲与传播(如中国科协开展的中国科学家精神报告团巡回宣讲活动);运用小说、诗歌、戏剧、漫画、影视剧、微视频等多种艺术形式,讲好科技名人科学报国故事(如上海交通大学钱学森研究中心编写的歌颂钱学森诗词集《学森颂》及《钱学森精神读本》《翰墨高风——钱学森图书馆馆藏钱学森书画作品集》);编排创作演出反映科学家精神的文艺作品(如上海交通大学编排的校园原创话剧《钱学森》、钱学森图书馆创作的沉浸式演出——音舞诗剧《仰望星空》);有条件的文博场馆和有关单位,可以围绕科学家精神某一特定主题,开展专题研究与学术研讨,定期推出有关主题展览等等,打出科学家精神宣传"组合拳",全方位创新青少年思想政治教育手段,营造尊重科学、尊重

---

① 中共中央 国务院印发《新时代爱国主义教育实施纲要》[J]. 中华人民共和国国务院公报,2019(33):8-15.

② 中共中央办公厅 国务院办公厅印发《关于进一步弘扬科学家精神加强作风和学风建设的意见》[EB/OL]. (2019-06-11)[2024-07-10]. http://www. gov. cn/zhengce/2019-06/11/content_5399239. htm.

科学家、弘扬科学家精神的良好社会氛围,让科学家崇高精神品质和价值追求在公众心里落地生根。

(六)推进学术出版,助力文化繁荣

无论在档案文博界还是在档案学领域,科技名人档案均尚未形成一个具有明确"身份标签"的档案门类。科技名人档案作为人类认识科学规律并通过科学实践改造社会的历史记录,是科技名人科学智慧和学术智慧的结晶,是社会宝贵的精神财富,因而,科技名人档案也是一种文化,是"档案文化"的重要组成部分。加强科技名人档案科学研究和学术出版,一方面有利于强化科技名人档案在文博系统的学术地位,增强档案学、科技史、政治学等学科建设,为大德育教育体系的构建和创新型人才培养提供学科支撑;另一方面有利于通过学术研究促进文化繁荣、增强文化自信和国家文化软实力,助力社会主义核心价值体系建设和文化强国建设。

四、结语

科学家档案既是档案主人人生历程、科学成就的重要凭证及其学术思想、精神品质的核心凝聚,也在很大程度上是国家经济社会发展的真实镜像,成为党史国史重要组成部分,具有重要社会价值。从思想政治工作和精神文明建设视角考察,实现科技名人档案社会化服务是弘扬科学家精神和落实立德树人根本任务的现实需要。就目标框架而言,科技名人档案社会化服务可以为弘扬民族精神和时代精神提供历史借鉴,为推进科技强国战略和建设创新型国家提供思想支撑,为科学家精神传承和社会主义核心价值体系建设提供价值引领,为立德树人及培养社会主义建设者和接班人构建精神支点,为文博事业发展和社会主义文化建设注入科学内涵;就机制系统而言,基于活化效应的价值生成机制、基于教育导向的功能发挥机制和基于价值实现的开发利用机制三大社会化服务机制系统构建科技名人档案,可以有力提升社会公众尤其是在校学生的思想政治素质和公共道德素质,助力回答新时期"培养什么人,怎样培养人,为谁培养人"这一根本问题,为社会主义核心价值体系建设、推进国家治理体系和治理能力现代化提供理论借鉴和现实参考。

第五章
科学家纪念馆红色资源的教育旨归

第一节　发挥科学家纪念馆红色资源
铸魂育人功能

　　党的二十大报告提出："弘扬以伟大建党精神为源头的中国共产党人精神谱系,用好红色资源,深入开展社会主义核心价值观宣传教育,深化爱国主义、集体主义、社会主义教育,着力培养担当民族复兴大任的时代新人。"科学家纪念馆红色资源提升青少年精神素养,对于落实党的二十大精神,以红色文化铸魂育人,"推动青少年在感悟社会主义先进文化、革命文化和中华优秀传统文化中增强文化自信",具有其他文博场馆难以替代的教育价值和现实意义。

一、科学家纪念馆红色资源的内涵与特征

　　科学家纪念馆是人物类纪念馆的重要分支,而人物类纪念馆又是博物馆家族不可或缺的一员。科学家纪念馆大多依托科研基地、科学共同体、各级各类学校、科学家出生地或生前工作单位建设,承载爱国主义教育、科学家精神教育、科普教育、科技创新教育、科学文化交流、青少年思想政治教育等多重社会功能。作为展示科学家人生历程、科学成就、社会活动、精神风范的重要基地,科学家纪念馆馆藏是其开展一切工作和活动的根本性基础。

　　科学家纪念馆馆藏包括显性资源和隐性资源两种形态:显性资源即可感可触、体现为物质形态的馆藏文物和基本陈列。前者一般称藏品,归口藏

保管部门,被纳入文物库房管理体系;后者一般称展品,归口陈列展览部门,纳入展厅(基本陈列与主题展览)管理体系。隐性资源即价值资源,主要为藏品与展品背后蕴藏的具有教育、示范、启迪功能的价值要素,具有精神形态的抽象意义。

无论显性资源还是隐性资源,科学家纪念馆馆藏都具有三大基本属性:一是科学性,是科学家个体科技生涯的见证,以及更广泛意义上国家乃至世界科技事业发展的部分镜像;二是先进性(或称示范性),这些馆藏能够集中体现科学家本人的精神风貌,是科学家立身、立言、立行的根本依托,以及科学家精神的物质载体,见人见物见精神;三是教育性,科学家纪念馆立馆之基在于以科学家事迹的先进性和精神的崇高性,教育社会公众尤其是广大青少年见贤思齐,从科学家身上汲取努力学习、奋发有为、报效祖国的精神力量。

二、科学家纪念馆红色资源的教育价值

(一)用好用活红色资源是科学家纪念馆的根本坚守

科学家纪念馆是涵养青少年精神素养的重要基地。《关于利用文化和旅游资源、文物资源提升青少年精神素养的通知》明确提出,博物馆、纪念馆等公共文化服务机构是青少年教育实践基地和开展社会实践的主体。科学家纪念馆应充分利用自身馆藏形态多样、内涵丰富、价值厚重的科学家档案这一红色资源优势,将其转化为面向青少年开展爱国主义教育、科学家精神教育、科学普及教育和科技创新教育的职能优势。广大青少年参与科学家纪念馆开展的集实践性、科普性、教育性、启迪性于一体的社会教育活动,可以从中汲取中国科学家学术成长及科技事业发展的宝贵精神给养,不断夯实自身科学文化知识储备,砥砺奋发学习的青春梦想,增强报效祖国的理想信念。

(二)弘扬科学家精神是科学家纪念馆传承红色基因的实践诠释

宣传科学家典型事迹、讲好科学家故事、弘扬科学家精神、传播科学文化,是科学家纪念馆承载的重要社会职能。应深入发掘并揭示科学家纪念馆馆藏以科技报国为内涵、以科学家精神为支撑的红色基因,将科学家求知探索、学术成长、科学实践、精神品质、价值追求等以陈列展览、社教活动、精神宣讲等形式呈现在青少年学生面前,实现科学家纪念馆"精神输出"与青少年"精神成长"紧密关联、深度融合。这一方面可以增强科学家纪念馆社会教育

工作的针对性、可及性和实效性，实现馆藏资源向教育资源、教育功能向教育效能、教育效果向社会效果渐次转化，另一方面可以更好地发挥博物馆的"大学校"功能，实现科学家纪念馆文化育人与课程育人融合互促，赋能博物馆文化育人体系建设。

（三）以红色文化涵养青少年精神素养是科学家纪念馆应有之责

科学文化很大一部分孕育于科学家档案与科技档案之中，包括科学思想、科学精神、科技伦理和科学方法，是档案文化和博物馆公共文化的重要组成部分。科学家纪念馆既是科学家本人纪念场馆，具有资源主体性特征，其馆藏档案史料又是中国科技事业发展的部分见证，具有资源支撑性特征。科学家纪念馆以弘扬和传播科学思想、科学精神、科学伦理和科学方法为支点，开展博物馆文化育人，是提升青少年精神素养的重要阵地。青少年走进科学家纪念馆，近距离感悟科学家精神，可以养成崇尚科学知识、热爱科学研究的良好精神品质，见贤思齐，可以形成远大抱负、砥砺家国情怀、激扬科学精神。

第二节　实现科学家纪念馆红色资源教育转化

一、融入思政育人，筑牢理想信念

以科学家纪念馆红色资源加强青少年理想信念教育，一要深入揭示中国科学家献身科学、以身许国，将个人理想融入共产主义远大理想、将个人事业融入中国特色社会主义事业的典型案例，形成以崇高理想信念导航科技报国人生奋斗目标的精神读本，涵养青少年精神品质；二要将一代代科学家接续奋进、薪火相传的良好精神风貌展现在青少年面前，以科学家的价值追求引领他们扣好人生第一粒扣子，激扬青春志向，凝聚奋进力量；三要以中国科学家高尚的职业品格为动力、鲜明的精神群像为榜样、强大的精神力量为感召，引导青少年处理好个人理想与社会理想、个人价值与社会价值、个人追求与国家需要的关系，坚持把个人的人生追求和奋斗目标融入全面建设社会主义现代化国家的伟大实践之中，在民族复兴新征程中书写青春华章。

为此，科学家纪念馆应着力打造一支由本馆研究和宣讲骨干人员组成的讲师团,或为来馆参观的青少年开展理想信念教育提供定制菜单、开发靶向课程,上好科学家纪念馆里的红色资源思政课;或送课上门,推动红色资源进校园、进课堂、进头脑,将科学家的崇高理想信念移植到青少年心灵深处,以榜样的力量教育人、影响人、感召人、塑造人,更好地服务于新时期立德树人根本任务。

二、融入文化育人,涵养民族精神

档案是文化之母、文明之母,档案的文化属性是档案馆有效履行公共服务职能的价值源泉。科学家纪念馆馆藏科学家档案以文字、图表、符号等形式,同步、真实记录了科学家生平、事迹、活动,由此折射出人物身份的代表性、科学事迹的典型性、崇高精神的示范性及价值引导的正向性等,成为社会全体成员所认可、追崇的公共正向资源。这些档案既具有科技属性,又具有教育属性,为青少年精神素养提升尤其是人生观、世界观、价值观教育提供了鲜明导向和指引。对科学家而言,科学报国是他们爱国主义精神的鲜明写照和核心价值追求的生动体现。科学家纪念馆应深入挖掘、唤醒并激活馆藏红色资源,尤其是馆主立志科学报国、投身科学研究、贡献科学才华,为祖国科技事业发展倾尽毕生心血的感人事迹和崇高品质,为青少年提供教育引导,厚植家国情怀、夯实精神基座,将丰富馆藏转化为对青少年进行社会主义核心价值观教育、培育以爱国主义为核心的民族精神的重要平台。

具体而言,科学家纪念馆应在四个方面发力。一是课程开发,要坚持红色导向。着力点是开发精品课程,拓展社会教育。应坚持现场教学与在线教学、传授式教学与体验式教学相结合,讲好科学家故事。二是教材编研,要体现红色特质。着力点是创编定向教材,凝练出版项目。应实现从"以物为中心"向"以社会为中心"理念转变,充分利用信息技术带来的革命性成就,实现与社会的良性互动,为广大公众提供便捷优质的文化服务,包括撰写科学家精神红色教育读本、创作科学家影视剧等。三是展教结合,要着眼红色主题。着力点是筹划主题展览,做好配套服务。应通过线上线下相结合,统筹线上展览技术保障措施,发挥展教融合的辐射效应和社会影响力,让科学家精神在新媒体手段作用下,在广大青少年心中落地生根。四是学术研究,要揭示红色基因。着力点是凝练研究方向,促进内涵发展。应将青少年精神素养提升纳入本馆学术研究体系，以主题研讨、学术交流为抓手，不断加强内涵建设，提升作为"行业小众"的科学家纪念馆在文博系统的学术影响力。

三、融入实践育人，锤炼实践品质

社会实践教育是立德树人的重要一环，是广大青年将个人理想融入国家发展，进而实现人生价值的根本要求。利用科学家纪念馆红色资源提升青少年精神素养，离不开理论的实践转化，离不开实践教育的熏陶与磨炼。将实践教育融入青少年精神素养提升，需要在"实"上下真功夫，深入揭示本馆社会教育资源的红色特质，使其成为提升青少年实践精神的源头活水。这一过程具体体现在：导向（活动设计）上，要注重实用；方法（活动形式）上，要增强实感；过程（活动开展）上，要联系实际；目标（活动效果）上，要讲求实效。科学家纪念馆面向青少年开展的实践性社会教育活动，具有实践目标实用化（注重增强学生能力提升和道德养成的实用导向）、活动内容主题化（结合社会教育目标设立，聚焦课题、围绕主题、旨在"破题"、解决问题）、组织主体阵地化（围绕蕴含丰富历史信息、具有重要教育价值的展品展开）、参与主体层次化（参与者为不同年龄、不同学段的青少年学生）、组织形式多样化（亲身参与、亲自动手、亲近感知，学习、制作、讨论、演绎等，形式灵活多样）、教育效果明显化（活动对象可感可知，活动产品/成果凝聚青少年劳动和智慧）等特点，是一种"焦点"集中、特点分明、优点突出、亮点鲜明的社会教育形式，有利于培养青少年实践精神，做到学以致用、知行合一。

科学家纪念馆红色资源融入实践育人：一方面，要深入挖掘科学家纪念馆红色资源，面向青少年学生开发特色鲜明、形式多样、指向明确、效果突出的实践课程，实现新时期科学家纪念馆社会教育方式方法创新，完善博物馆文化育人体系；另一方面，要借助实践教学平台锤炼青少年综合实践能力与高尚道德情操，为青少年思想政治教育提供寓教于乐的理论和实践借鉴，推进大中小学思想政治教育一体化建设，更好落实习近平总书记关于"'大思政课'我们要善用之"的工作要求。

四、融入科学育人，提升科学素养

科学素养包括三个方面：一是辩证思维——辩证的自然观。正确认识客观世界，树立辩证唯物主义的世界观，养成辩证的思维方式，是从事科学研究最基本的观念基础，否则只会走向唯心主义，而这与科学的本质背道而驰。二是创新思维——求是的真理观。创新精神是科学家精神的核心，是探索科学真理的必然要求。因此，教授学生创新知识、培养他们的创新精神，进而养成他们的创新思维，成为科学家精神涵养当代大学生科学素养的核心要义。三是系统思维——系统的科学观。科学研究的主体是人，基本功能是用科学研究成果推动社会发展进步。客观世界是一个相互联系的有机整体，所谓"有机"，即系统性。养成学生的系统思维，就是要引导他们正确认识"科学—人—社会"三者之间的互动关系，教育他们用科学研究成果造福人类。

科学家纪念馆是一座科学的宝藏、知识的富矿、精神的星座，嘉勉后学、昭启来者，是科学家尤其是已故科学家存之于世、用之以时的另一种形式。不断挖掘科学家纪念馆蕴藏的"有灵魂的东西"，深刻揭示他们科技人生中献身科学、服务人民、报效祖国的先进事迹，以及严谨笃学、崇尚科学、求真务实的宝贵科学精神，可以培养青少年热爱探索自然奥秘、追求事物本质、善于系统分析等良好科学素养。充分发挥科学家纪念馆的教育功能尤其是科学教育功能，教育青少年将科学精神融入价值追求之中，将科学信仰融入精神血脉之中，引导他们树立崇高理想信念、高尚道德情操和正确价值追求，能更好激励人才成长，实现科学传承与创新。

此外，科学家纪念馆想要利用馆藏红色资源提升青少年精神素养，还需做到内外结合，充分引进社会力量，把馆藏红色资源讲深讲透讲活。为此，面对博物馆文化育人这篇大文章，馆方需树立主体意识、承担主体责任、展现主体作为。其发力点在于做好"三讲"工作：一是"讲课"，建设好大思政课教学基地。可以邀请高校思政课教师走进本馆，利用自身丰富教育资源，在馆内或馆方开展的社会教育活动主办地进行现场教学，做到博物馆思政（红色文化思政）与课程思政结合，突出课程性，筑牢青少年理想信念根基。二是"讲解"，建设好科普教育基地。可以聘请与馆主专业背景和职业身份相关的科普专家为志愿者讲解员或外聘专家,不定期邀请他们进馆开展科普教育,突出专业性,提升青少年科学素养。三是"讲座",建好科学家精神教育基地。可以以"小中心、大外围"理念,组建以馆主为宣讲主体的科学家精神宣讲团,让科学家精神走进青少年精神世界,突出可及性,激发青少年科学精神和家国情怀。

第六章
科学家纪念馆空间育人的"根据地"

第一节　科学家纪念馆基本陈列改造的底层逻辑

基本陈列是博物馆面向公众开展社会教育、提供公共文化服务的主要载体和根本依托。基本陈列的质量在很大程度上决定着博物馆社会服务功能的发挥及其社会影响力的形成。相比随机性更强、动态化特征更明显、管理专业性与运营机制性要求更低的展览（一般称主题展览），基本陈列表现出"以一张面孔示人、以一个声音说话"的固化特征，随着运行时间的延长，其对公众参观体验的塑造、公众形象的建构往往呈现下行与弱化趋势。面对"活性流失"、创新停滞与展品僵化导致的运营困境，除活化馆藏、创新展览形式外，有必要对基本陈列在认知和实践层面同时进行以观众为中心、以展品为核心的知识重构，处理好取与舍、传承与发展、静态平衡与动态平衡的关系，增强其对公众的感染力和吸引力。在这样的背景下，基本陈列改造成为博物馆运营管理中的一项非常态化"规定动作"，以期在功能和逻辑上实现展厅静态与动态、固化与演化之间的合理转化与巧妙平衡。受功能不断递降、馆藏不断丰富、研究不断深入、技术不断升级、要求不断提高等多重内外部条件或主客观因素驱动，文博系统向来存在"五年一小改，十年一大改"的行业共识。对基本陈列进行合理改造，为博物馆优化展厅布局、完善展品结构、增强展示效果，提升社会教育功能与文化服务质量，提供了重要的自主性驱动因素。

科学家纪念馆是以科学家个体或群体为展示对象（馆主），以科学家生平事迹、精神品质、学术思想,以及部分意义上中国乃至世界某一时期、某一领域科技发展状况为展示内容的人物类纪念馆的重要子类。相比其他人物类纪念馆,科学家纪念馆基本陈列因涉及大量科学技术内容,而科学技术根本上以服务国家经济社会发展为现实依归,又具有"与时俱进"的实践品质,技术指标要求更高、技术迭代周期更短,因而经过长周期运营后,通过选择性改造的形式,及时引入博物馆基本陈列新理念、新技术、新方法、新手段,将最具馆藏代表性和陈列语言阐释力的藏品充实到基本陈列中,同时替换或淘汰部分展示功能弱化乃至丧失以及陈列承载力不够的展品,增减并举、去存相济,既是科学家纪念馆自身发展的内在要求,也有适应公众文化需求、提升公众参观体验、更好发挥社会教育功能的外在动因,更是新时期弘扬科学家精神、早日实现高水平科技自立自强的现实召唤。受内在因素和外在因素同步驱动,科学家纪念馆基本陈列改造受到专业标准、行业规范、政治原则等多重因素影响,并非简单的展品替换与机械的设备更新,而应秉持"大纲为本、展品为王"原则,以陈列内容、展示手段之量变促陈列品质、展示效果之质变,在改陈大纲、展品遴选、陈列语言、视听文本四个方面共同发力、联动融合,既要在内容设计上做到改头换面,也要在形式设计上做到耳目一新,实现以改造促质量提升、以改造促功能拓展、以改造促事业发展的项目初衷。

一、坚持还原原则:改陈大纲是否准确反映人物实貌

脚本是陈列的基础,大纲是陈列的母本,展品是陈列的生命。陈列语言是否通畅,根源在大纲,而大纲逻辑是否清晰,关键在脚本。一般而言,基本陈列改造包括颠覆性改造(俗称"大改")和修复性改造(俗称"小改")两种形式。前者主要依托原始建筑空间,在保持展示地址(展厅)和展示对象(馆主)不变的前提下,对陈列内容进行颠覆性调整,即从脚本、大纲到展品等进行二次创作与重新组合(包括展品增删、替换与重置),属于宏观、整体改造。后者则在保持基本陈列整体框架、原始样貌基本不变的前提下,对内容进行细节性调整,属于微观、局部改造。无论原始陈列,还是改造后的陈列,万变不离其宗,均应准确反映展示对象生平轨迹、社会活动、精神品质等各方面的真实样貌,即最大限度发挥陈列对人物的还原功能,实现从物到人在时间和空间维度的逆向转化。所谓见物见人见精神,见物在先,人故物在;见人其次,物

中有人;精神永在,睹物思人。因此,颠覆性改造虽然无论工作难度还是工作量都比修复性改造要大,但就改造效果而言,往往前者比后者更容易取得成功。究其原因,在于颠覆性改造存在一个基本前提,即整体推翻原始陈列,从而在源头上摆脱了原始框架和体系对内容设计人员在思想意识和工作方法上的羁绊与束缚。通俗地说,脚本和大纲编写人员更能放得开手脚,心无旁骛、无拘无束地投入内容编研工作之中。反观修复性改陈,如果内容设计人员前期未参与原始陈列脚本与大纲编研工作,或内容设计能力存在欠缺,此类改陈往往很容易失败,出现移花接木、前后脱节、东拼西凑现象,导致展品逻辑杂乱无章、陈列叙事不知所云、人物镜像支离破碎,可谓事倍功半。

二、坚持质量原则:重组展品是否有效提升展览品质

无论哪一行业,质量线即生命线。展品质量选择与控制是基本陈列改造取得成功的关键,没有质量保障的改陈难免出现本末倒置与资源浪费。与一般商品不同的是,无论展品还是藏品,在本质上都具有不可复制、不可再生的唯一性,并非基于"商品生产"和"价值创造",而是基于以物为中心的知识揭示,因而其质量保障更多来自参与基本陈列改造的内容设计人员的研究、甄别与遴选,并在此基础上以文本形式对其进行质量评估与测量。毫无疑问,展品质量与展览品质存在正相关,只有将亮点最突出(视觉效果好)、看点最多(内容承载力强)、最能呼应观众认知与需求(社会认可度高)的展品呈现在观众面前,基本陈列改造才有可靠的质量保障。就科学家纪念馆基本陈列改造而言,哪些馆藏承载的"科学叙事"信息量、社会教育价值量最大,哪些文物背后的故事最多且最具代表性,哪些展品最能赢得观众的价值认可与情感认同,以怎样的文本描述展品最能触及观众的灵魂、激发观众的观展热情非常重要,是内容设计人员在其尚处于"纸面阶段"即需思考的首要问题和根本问题。例如,一枚科学勋章的首要价值,不在其是否美观、材质为何、商品价值多少,而在其与科学家本人的时空关联,以及由此映射的历史价值、科学价值和精神价值。它是个人层面一段科技人生历程的印证,甚至可能是国家层面一个时代的群体镜像与科技事业发展缩影。再如一本国家级科技荣誉证书传达的信息,不在其装帧如何、形式上是否高端大气上档次,而在作为证主的科学家科学成就的物化标识与地位象征,代表了证主科学造诣与国家需求、

社会评价之间形式上的关联。

三、坚持呼应原则:陈列语言是否深入揭示展示主题

陈列语言具有只可意会不可言传的隐性特性和对基本陈列逻辑关系与展品整体走向进行深层建构的演绎功能。1991年,国际博物馆协会博物馆学委员会瑞士年会将中心议题设定为"陈列的语言"。这次会议首次对陈列语言进行明确定义:"(陈列语言是)博物馆工作人员与博物馆观众之间进行交流的方法和途径。"这种语言是博物馆传递信息的最富有特色的媒介。由此可见,陈列语言是一种揭示陈列内容、勾连展品之间内在逻辑的工作方法,而非见诸展厅、示诸观众的文本语言(陈列说明)。清晰的陈列语言往往体现在展品(展项)之间的起承转合与相互关照上,犹如一根无形的线,串联起了陈列的主体框架。科学家纪念馆陈列语言具有三方面特征:一是生平叙事。生平是对人物生命轨迹的文本归纳,是人物事迹和精神呈现的基础。科学家生平叙事既有其他先进人物生平叙事的一般特征,如家庭背景、教育履历、成长历程、社会关系等,也有体现其职业特色与人物个性的个体特性,这种个体特性包括其所从事职业的专业性,以及其在学术成长、专业造诣、学术思想等方面无人能及、"舍我其谁"的独特性。二是科学叙事。需以作为馆主的科学家为主体,以科学家参与的重大科技活动为客体,以科学家在重大科学活动中扮演的角色、做出的贡献及产生的社会影响为陈列语言输出形式,实现陈列的信息传达与价值传输目标相一致。三是精神叙事。相比以"物"为展示对象的博物馆(如综合类博物馆),精神叙事是人物类纪念馆的主要社会功能。科学家纪念馆在基本陈列改造过程中,要严密组织、有效利用、充分发挥陈列语言在展厅谋篇布局中的指挥棒作用,深入揭示人物事迹的先进性、人物精神的崇高性、人物价值的示范性,引领观众敬仰榜样、见贤思齐,将观展过程中获得的陈列知识及其对人物形象的个体建构内化为自我激励的精神动能,做到设计初衷与陈列主题的呼应、与观众认知的契合。

四、坚持效能原则:视听文本是否切实实现升级目标

效能原则是检视科学家纪念馆基本陈列改造实际效果的终极尺度,是实现基本陈列改造提质升级目标的唯一标准。这种"尺度"和"标准"物化于展

示内容（展项—展段—展品）和展示形式（设备及其技术支撑），外化于基本陈列实现信息传达的视听文本，内化为观众对陈列的反馈与响应。展品是策展人和观众之间信息互通的桥梁。好的陈列无须依赖讲解员讲解，而是首先能让展品"说话"，接受观众的欣赏与评说。而让展品"能说会道"的关键首先在于展品品质，自带"能量"的展品无需信息铺陈，此"物"无声胜有声，自能赢得观众的积极响应。其次，要有简练精当的文本阐释，以说明的形式对展品进行内涵析出。实践中，集视觉美感、信息呈现与叙事功能于一身，真正能够"自主发热"的展品少之又少，不具有普及性和可复制性，因而文字说明成为与展品相呼应的标准配置。说明是展品的"商标"，在不同的编研人员笔下会呈现不同的样貌。好的展品说明具有高度概括性和超强穿透力，言简意赅、一语中的，干净利落中渗透万语千言；差的展品说明拖泥带水、松松垮垮，有的甚至离谱跑调，顾左右而言他。白纸黑字笔头功，作为展品阐释者和信息输出者，执笔人员应对展品心怀敬畏，在文本选择与创作过程中千锤百炼、精敲细打，不放过任何一个使展品信息臻于至善的机会。切不可敷衍了事，将无效、多余甚至错误信息带到展厅、带给观众，此乃大忌。陈列的基本前提是，脚本和大纲执笔人员需具备明察秋毫、娴熟高超的语言驾驭能力，尽最大可能将基本陈列可能出现的"文字故障"消除在纸面。这在博物馆行业既是一门基础课，也是一门必修课，是文博从业人员一项基本技能要求。当然，守正笃实、久久为功，练就一手好文笔远非一年半载之功，唯有板凳坐得十年冷，始得文章不写半句空。

第二节　科学家纪念馆基本陈列设计形态转化的根本问题

基本陈列是博物馆开展社会教育、面向公众提供公共文化服务的重要载体，而做好基本陈列的关键在于以陈列语言为根本（显性语言）和内核（隐性语言）组织展览框架、构建话语体系、揭示陈列主题。基本陈列设计坚持"大纲为本，内容为王"，当进入从内容设计向形式设计，由纸面形式、平面形态的文本表述向墙面形式、立体形态的视觉呈现转化关键阶段，内容设计方（下文简称策展方)和形式设计方(下文简称设计方)要着力处理好内容与形式、"求同"与"存异"、藏品与展品三组关系。这是博物馆基本陈列设计形态转化阶段面临的三个根本问题,关乎基本陈列成败得失,其重要性不言而喻。而科学家纪念馆作为博物馆家族一员,在基本陈列设计形态转化阶段,同样要遵循博物馆基本规律,做到特色与规律、个性与共性的统一。

一、要处理好内容与形式的关系,坚持"内容为王"

内容与形式的关系是博物馆基本陈列——无论内容设计方还是形式设计方——必须认真处理的各种关系中最重要、最能体现工作本质性的一组关系,也是决定基本陈列最终质量的关键。内容设计与形式设计双轨并驱、互相依托、融合统一,是博物馆基本陈列的根本要求,也是检验大纲编研水平和基本陈列质量的核心标准。内容设计以陈列脚本为基本载体,以陈列大纲为主体支撑,以陈列语言为内在逻辑,以陈列说明为文本形态;而形式设计则以内容设计为根本依托,以陈列要素(包括文本撰写体例、展品名称、展品属性、展品状态、展品来源、展示形式、展品等级等等,是设计方理解、消化、阐释策展人意图的文本依据)为理念归纳,以技术手段为质量保障,以视听形态为表现形式。内容设计向形式设计过渡,本质上属于博物馆陈列学(museography)理论的实践转化,具有产品化、成果化特征。因而,处理好内容与形式的关系成为包括科学家纪念馆在内博物馆基本陈列从展示理念书写向开放运营实践、从内向型陈述向外向型表达过渡与外化的"关键一招"。一方面,内容设计为形式设计提供支撑与参照,要在技术上具有可实施性,既不能脱离技术呈现的基本规律和一般方法,也不能超越陈列设计领域最新技术发展水平。内容的终极归宿并非供观众纸本阅读的"教材"和"读本",而是以展品为基础、以观众为中心的基本陈列,因而内容设计需始终围绕"展示什么、如何展示、效果如何"等展开。这既是内容设计的导向问题和理念问题,也是科学家纪念馆建馆立馆的基础问题和原则问题。另一方面,形式设计还需始终围绕内容设计展开,始终服务于内容文本,不折不扣地反映内容设计的目的及其体现的内在标准和技术要求。基本陈列形式设计属于定向创造,可以存在自由想象和创造的空间,可以允许适度使用"技术浪漫主义"表现手法,但无论如何不能背离内容设计之初衷,否则无异于舍本求末。总而言之,实现内容设计和形式设计深度融合、有机统一,是策展方与设计方共同的工作目标,更是科学家纪念馆展陈设计领域的行业共识和基本要求。

二、要处理好求同与存异的关系,坚持"大同小异"

由于专业背景、研究基础、知识结构等方面的差异,尤其是设计方陈列知识的欠缺或不足,以及由此导致的对内容文本的认知差异与理解偏差,陈列设计实现"内容—形式"的过程转化殊为不易,其往往是一个观点碰撞、循环纠偏、双向适应,并以螺旋上升的形式实现转化效能最大化、展示效果极优化的过程。只有最大限度实现策展方(合同甲方)与设计方(合同乙方)之间的理念趋同与认知共识,基本陈列才能实现"两方(策展方、设计方)共赢、三方(馆方、设计方、社会公众)满意"的最佳效果。形式设计以内容设计为基础,换言之,形式设计是对内容设计实现知识产品化的过程,将陈列内容文本即"知识"通过技术实现的形式转化为陈列实体即"产品"。好的内容文本未必会产生好的陈列效果,但如果内容文本本身存在缺陷,设计方即便配置最出色的技术团队也未必能设计出符合陈列规律、契合观众需求的高质量陈列产品。这就是博物馆界陈列设计"内容为王"的道理。理想状态的"内容—形式"合理转化逻辑在于使"求同"最大化、"存异"最小化,达到双方对陈列语言理解上的趋同与实践上的一致。"求同存异""和而不同"等中国传统处世哲学用在陈列设计上万万不可取,只会导致两种冲突性语言在物理空间上的强行嫁接。为此,内容设计与形式设计双方工作团队应坚持目标导向,以双向吸收、同步消化的工作理念实现设计目标。相对而言,其中更重要的是形式设计方不断提高对内容文本的理解力和执行力。而理解策展方意图和内容文本精神,并将其落实在具象化基本陈列上,设计方技术力量固然是首要前提,除此之外,形式设计人员对内容文本的深度学习、理念接纳甚至价值认同,对于陈列产品质量保障同样重要。因此,对科学家纪念馆而言,一位优秀的形式设计人员往往近水楼台先得月,对大纲内容、展览走线、重点展品、陈列主题、展示理念等等均先睹为快并了然于胸,由此成为本馆基本陈列的第一位"观众"甚至第一位"讲解员"。

三、要处理好藏品与展品的关系，坚持"藏展结合"

馆藏是博物馆的"家底家业"，一座博物馆基本陈列质量如何，社会影响力怎样，很大程度上取决于其馆藏数量、等次及本馆研究积淀。而且，馆藏数量尤其是等级文物数量，是国家等级博物馆评定的重要指标，在国家等级博物馆运行评估指标体系中占有很高权重。习近平总书记指出："让收藏在博物馆里的文物、陈列在广阔大地上的遗产、书写在古籍里的文字都活起来。"对博物馆管理者而言，让收藏在博物馆里的文物活起来，使其成为"活灵活现"的展品，需要建立既科学合理、符合博物馆运行基本规律（普遍性），又切实可行、适应本馆基本陈列主题呈现需要（特殊性）的"藏品—展品"转换机制，尤其是在科学家纪念馆基本陈列设计（含基本陈列改造）过程中。其一，要树立基于基本陈列设计的展品意识。展品因藏品而成，应是馆藏里的精华、藏品体系中的"关键少数"，是最会"说话"、最具"活性"、最能体现陈列主题的藏品。要坚决摒弃"藏品即展品、展品即藏品"的浅薄理念，万万不可对"藏品展品化"进行机械化理解、简单化处理，"眉毛胡子一把抓"，而应坚持"藏展结合"理念，活化馆藏，做好展品遴选与甄别，让代表性藏品从库房走向展厅。其二，藏品展品化离不开坚实的学术支撑。文物在物质层面是"死"的，成了历史，然而，诚如意大利历史哲学家克罗齐所言，"一切真历史都是当代史"，文物在精神层面却是"活"的，既存诸当代又服务当代，具有"永垂不朽"的精神属性和"永不磨灭"的教育价值。只有扎实开展文物藏品研究、切实讲好文物背后的故事，文物的收藏档次、陈列功能和社会价值才能真正体现出来。其三，要注重藏品编目标准向展品逻辑特征的转化。就单一藏品而言，可以"独来独往"甚至"我行我素"，无须其他藏品支撑或与其他藏品建立横向关联。展品则不同，具有"大中见小"（每一件展品都是陈列体系中的一个"最小单元"）以及"小中见大"［通过任意一件展品都能或多或少窥见基本陈列（包括其中某一展段或展项）主题］的双重特征。简而言之，藏品坚持入藏标准，而展品则坚持陈列标准，二者属性、功能、要求均不同。实现藏品展品化实际上是对藏品内涵表达与价值呈现进行社会化重构。

此外，形式设计方案作为科学家纪念馆基本陈列直面社会的终极表达形式，与内容设计方案一起，共同承载为广大公众提供公共文化服务的重要社会职能。为此,基本陈列设计方要在坚持商业诚信和技术标准的基础上,牢固树立社会责任感和文化使命感,在与内容设计人员合作过程中,思想上讲政治、业务上讲合作、技术上讲规范,坚持经济效益与社会效益并重、技术语言与文本语言一致,最大限度契合内容方案,最大程度满足馆方要求。作为一种直观标准,只有做到内容别具一格、形式独树一帜、观众眼前一亮,方为基本陈列精品力作。

第三节　科学家纪念馆基本陈列改造的亮点设计与创新尝试

"人民科学家钱学森"基本陈列改造项目是上海交通大学钱学森图书馆2023年度"五项重点工作"[①]中一项具有全局性意义的"跨年工作",是《钱学森图书馆三年行动计划(2023—2025)》中的"五大重点专项"之一。从博物馆陈列学视角进行本次基本陈列改造规律性认识和理论探索,笔者希望能为学术同仁尤其是科学家纪念馆同行提供一般借鉴与参考,同时期待重新开馆后,公众能够看到一个更具吸引力的钱学森图书馆。

一、博物馆基本陈列改造的背景与要求

基本陈列和主题展览是博物馆开展社会教育的两大主体板块。二者一静一动、相互支撑、各尽所长,辅以课程开发、宣教宣讲等配套活动,构成了博物馆动态平衡教育矩阵。基本陈列位置、内容和形式都相对固化,具有正规性、严肃性、常态化等特征;主题展览则因主题选择与变化而设计,具有主题性、随机性、灵活性等特征(主题展览因此又称"临时展览")。相比主题展览而言,基本陈列在日常开放运营期间,展厅位置不能随便移动、展陈内容不能随意改动、展示形式不能随时变动等行业规范,成为制约其功能发挥的一大"缺陷"。因而,通过主题展览弥补基本陈列不足、实现互补互促,通过定期改

---

① 这五项重点工作为:钱学森图书馆基本陈列改造、创建国家一级博物馆、"弘扬科学家精神"全国巡回宣传展示活动、钱学森图书馆数据服务中心建设、钱学森图书馆三年行动计划(2023—2025)。

造提高基本陈列质量、实现提质升级，是博物馆管理与专业化建设的一项基本动作。

基本陈列改造要求高（需上级有关部门审批审核）、难度大（本质上属于质量提升行动）、成本高（包括经济成本、资源成本和智力成本）、耗时长（具有一定建设周期）、影响大（社会关注度高），虽非博物馆常规工作，但与原始陈列首次开放（即博物馆建成开馆）相比更为重要。较之原始陈列的"比较优势"，改造的核心指标在亮点和创新点上。博物馆基本陈列改造如果没有亮点或内容设计人员（策展人）缺少"亮点意识"，"穿新鞋走老路"，实际意义和改陈效果不大；如果没有创新点或创新不够，翻来覆去"炒冷饭"，很难得到理想的社会反馈与公众评价。为此，博物馆无论管理者还是展陈专业技术人员，都要紧紧抓住这两个关键"点位"，下苦功夫、多动脑筋、做大文章，以亮点吸引公众，增加看点和卖点；以创新点改头换面，体现创意和新意。具体而言，亮点要亮在形式设计和视觉传达上，让人眼前一亮，创新点新在内涵表达和品质提升上，让人耳目一新。

上海交通大学钱学森图书馆于 2011 年 12 月 11 日钱学森诞辰 100 周年之际建成开馆。2024 年，即开馆 12 年后，基于本馆作为"钱学森文献实物最完整、最系统、最全面的收藏保管中心"藏品体系不断完善、作为"研究、阐述和传播钱学森精神的重镇"学术研究不断深化，以及随着国家文博事业发展尤其是博物馆技术表现手段不断提升等多种因素，钱学森图书馆利用学校"双一流"建设专项资金，对馆内基本陈列"人民科学家钱学森"进行改造升级。本次改造是在前期"五年一小改"（2016 年）的基础上，以"十年一大改"为节点和导向，经过长期论证、反复调研，"千锤百炼"的结果，目前已进入展厅施工阶段，拟于 2024 年 6 月完成布展并重新开放。本文基于钱学森图书馆"十年大改"概念设计方案，从亮点设计与创新尝试两个方面，以"点"见"面"，引领读者和公众窥见科学家纪念馆基本陈列改造的基本理念与整体样貌。

二、钱学森图书馆基本陈列改造亮点理论设计

作为钱学森纪念地，无论原始陈列还是改造后的陈列，根本宗旨都在于讲好钱学森故事，弘扬科学家精神，发挥科学家纪念馆在文化育人和社会主义核心价值体系建设中的引领示范作用。

一是立足功能定位，基于主体视角讲好钱学森故事。科学家纪念馆集爱国主义教育基地、科学家精神教育基地、科普教育基地、"大思政课"实践教学基地等多重身份于一体，基本功能在于聚焦"科学叙事"，以鲜活、生动、感人的故事教育人、感染人、塑造人；微观层面，讲好科学家本人的故事，包括科学家成长历程（家庭关系、教育背景、学术履历）、科学成就、精神风范、社会关系等；中观层面，讲好国家科技故事，包括科学家所处一定历史时期、特定发展阶段的国家科学发展规划、科学技术与产业政策、科技与社会发展历程（包括科学家参与的"小历史"及其作为要素或单元构成、由大时空支撑的"大历史"两个层面），以及其中隐嵌的内在机制与发展规律等等；宏观层面，包括超越政治制度、意识形态、身份认同、文化差异等等的非科学本质、具有全人类公共属性的科学价值观，从讲好人类科学故事视角认识科学家的中立性社会角色与"世界性身份"。为此，钱学森图书馆基于"中国"这一主体视角和话语起点，以弘扬和践行社会主义核心价值观为价值导向，通过"小中见大"的方法，从这位科学家个体身上窥见作为"享誉海内外的杰出科学家"的钱学森、作为"中国航天事业奠基人"的钱学森和作为世界航天科技史上传奇人物（第三代空气动力学大师）的钱学森这三重缩影。为此，相比原始陈列而言，本次改陈在开馆以来馆藏递增、研究深入、内容丰富及观众需求和社会期望高的基础上，不断挖掘馆藏中更能体现展示主题、具有更高陈列价值的亮点展品，做好内涵揭示与价值阐释，抓住观众的眼球，引导观众在改造后的陈列中看到不一样的钱学森图书馆，在此发现不一样的钱学森，实现改陈主体认知与客体认知、专业效果与社会效果的统一。

二是把握"变"与"不变"，基于行业通例讲好钱学森故事。严格说来，除非原始陈列或内容（陈列脚本与大纲）存在严重缺陷，需要"破旧立新"，或形式（表现手段、展示方式、展览设施）落后于时代，出现"技术级差"，博物馆基本陈列一般不宜进行另起炉灶式的颠覆性变化。逻辑上，颠覆性改陈是对原始陈列的全面否定与整体否决，容易导致社会评价负效应的形成。因此，规范意义上，改陈既非"钻空""补白"，对基本陈列进行"修修补补"，展线哪里有"空"往哪里钻，展墙哪里留"白"往哪里填；也非前文所述"拆台"，推倒重来、改头换面；更非"换汤不换药"，变着招数做文章，为标新立异而与原始陈列"一刀两断"。为此，钱学森图书馆基本陈列改造坚持辩证处理"变"与"不变"、继承与创新的关系,呼应社会和公众对钱学森图书馆高质量发展的期待。具体而言,在坚持主体框架("中国航天事业奠基人""科学技术前沿的开拓者""人民科学家风范""战略科学家的成功之道")、基本体例(专题为主、编年为辅,大专题、小编年)、主要展项保持原始陈列基本样态的基础上(即"不变"的一面),充实展览内容,充分展示馆藏珍贵文物和最新研究成果;升级展览设施,以多媒体技术和高科技手段,增强展览互动性和感染力;提升展览品质,更好发挥科学家纪念馆"大学校"功能(即"变"的一面)。整体上,展览全景式呈现出人民科学家钱学森波澜壮阔的人生历程、卓尔不群的科学成就和堪为世范的崇高品质,通过弘扬钱学森的科学家精神,展现以钱学森为技术领导人的新中国第一代科技先驱奠基中国航天伟业、为实现中华民族伟大复兴谱写航天篇章的家国情怀与使命担当。

三是着眼价值挖掘,基于文化自觉讲好钱学森故事。博物馆作为公共文化服务单位,应以文化自觉的主动精神做好馆藏文化资源内涵揭示与价值挖掘,更好地满足公众对本馆的文化期待与教育需求。对科学家纪念馆而言,社会功能的发挥、社会价值的实现,根本上在于围绕本馆藏品和展品,通过讲好文物背后的故事,实现科学家形象的社会化"回归"与时代化"还原",见物见人见精神,即通常所说的"以物(馆藏)为基础、以人(公众)为中心",最终实现"物(馆藏)→人(科学家)→物(科学家精神)→人(公众)"的信息传达与价值转移。为此,钱学森图书馆基本陈列改造坚持做到展览需求(业务部门为陈列展览部,下同)、馆藏供给(征集保管部)、价值挖掘(学术研究部)统一协调,成立了馆领导牵头的基本陈列改造项目组,下设包括学术指导组、安全保障组在内的七个工作小组(专班),定期举行改陈工作会议,确保一盘棋统筹、一体化设计、一条龙推进。学术指导组负责陈列大纲的内容把关,最大限度消除陈列语言方面存在的问题,大至基本史事、中至语言逻辑、小至标点符号,"把问题消除在纸面",力争做到布展前文字上不留任何疑点。"文章千古事",语言能力对博物馆人而言既是开展各项业务工作的底线要求,也是文化自觉在业务层面的反应。

例如,原始陈列中的钱学森听证会内容,受限于当时有关史料不足及学术界存在的以讹传讹现象,导致钱学森与检察官之间的对质在真实性和准确性上都存在盲点和疑点,随着钱学森在美五次听证会完整档案的翻译并面向社会公开,在真凭实据面前,一段历史迷雾终究得以廓清。通过这段以场景还原技术手段表现出来、堪称一个人与一个国家的智慧博弈的精彩对话,观众可以穿越时空,领略钱学森作为中国科学家捍卫历史公正和个人尊严的骨气、志气、底气,而这正是钱学森作为一个中国人在特殊历史年代和特殊政治环境下民族气节的生动展现。再如结束语,原始陈列存在"有首无尾""不了了之"现象,有前言但无结语,为此,笔者结合基本陈列整体风貌,根据个人对钱学森的研究和认识,撰写如下内容,为展厅画上句号,供内容设计人员参考:

> 钱学森的民族气节感天动地,科学品质卓尔不群,人生历程波澜壮阔。在漫长的科学人生中,他始终心怀"国之大者",将科学报国个人理想融入中华民族伟大复兴社会理想,体现了一位人民科学家的厚重精神底色和崇高人生境界。
>
> 钱学森作为中国航天事业奠基人为我国国防科技事业建立的卓越功勋,作为享誉海内外的杰出科学家对人类科技事业发展所作的突出贡献,作为战略科学家和杰出的思想家对社会主义现代化建设进行的深邃思考及取得的理论造诣,已然彪炳史册,定将光照后世、昭启来者。
>
> 高山仰止!钱学森是以身许国践行科学家精神的光辉典范,堪称科技界的一面旗帜。他的家国情怀、科学成就、精神风范和学术思想,是中华民族的宝贵精神财富。
>
> "社会主义建设需要更多的钱学森!"
>
> 如此等等,小中见大,讲好钱学森故事,在于细枝末节,在于点点滴滴,在于久久为功!

四是坚持"内外兼修",基于社会责任讲好钱学森故事。博物馆基本陈列并非一成不变的静态展示,对主办方而言,不能持有一劳永逸、一个"本子"(讲解文本)讲到底的守成心态。只有不断注入活水,做到静态相对性与动态绝对性的统一,陈列才有生命力,其社会教育功能发挥才能历久弥新,社会教育效果才能"源远流长"。在文化强国、科技强国和教育强国等多重社会背景下,随着行业资质(国家等级博物馆评定)提升、社会身份(各种社会称谓与荣誉)叠加、公众期望提高,以及博物馆展陈技术手段的不断完善,如何与时俱进,不断调整自身发展方向和建设目标,更好适应社会需求和时代发展,是包括科学家纪念馆在内的博物馆基本陈列改造的"源动力"所在。钱学森图书馆身处世界一流大学上海交通大学,作为学校直属二级单位和学校档案文博系统旗舰博物馆,首先需要利用"近水楼台先得月"的主体优势,讲好作为上海交通大学首届杰出校友终身成就奖获得者钱学森的故事,发挥科学家校友对本校师生的特殊亲和力和本校师生对科学家校友的更高认可度。利用基本陈列改造这一"十年一遇"的窗口期,实现钱学森的"课堂化"延伸和"教材化"表现,通过开发博物馆里的"大思政课",面向在校大学生把钱学森成长历程、科学造诣、学术思想、精神风范等讲深、讲透、讲活,让钱学森精神进校园、进课堂、进头脑。同时,钱学森图书馆发展周期与钱学森纪念周期一致,这为本馆开展社会教育尤其是策划钱学森诞辰纪念日重要活动提供了得天独厚的"机遇交汇点"。此为其一。其二,社会教育方面,要坚持需求本位和"供给侧"导向,以公众对科学家纪念馆的认知与期望为改陈的基本动因,既要有备而来,练好博物馆专业化建设尤其是博物馆陈列学这道基础性内功,又要有的放矢,做好社会化服务,最大限度发挥基本陈列社会教育主阵地、社会服务基本盘作用,让"人民科学家钱学森"社会形象扎根公众心中。

三、钱学森图书馆基本陈列改造创新尝试与可能

基于上述"四大亮点",笔者认为,钱学森图书馆基本陈列改造的创新尝试体现在:

其一,实现钱学森身份拓展,突出钱学森理论贡献和精神高度。理论贡献方面,改陈首次提出"作为思想家的钱学森"陈列话语,实现了钱学森科技人生第三座创造高峰(晚年回归学术研究,实现了从科学家向思想家的跨越)的视听转化与陈列演绎,增加了钱学森学术思想体系原陈列受限于展示空间未展出的部分内容,包括突破实体空间有限性,采用数字化文献进行"无边界"展示。钱学森的人物身份框架由此更加完整合理、思想造诣更加客观公正、社会形象更加多元饱满。精神高度方面,改陈紧紧围绕钱学森作为"中国科技界的一面旗帜"这一公众认知度、社会知晓度最高,集科学成就与精神风范于一体的主体身份,深入挖掘钱学森的精神要素及其展品支撑,与本馆"三

大中心"建设目标之一的"钱学森科学成就、治学精神、高尚品德和爱国情怀的宣传展示中心"更加贴合。例如,改陈增加了钱学森生前家庭生活的大型场景复原,将"书海"部分展示的钱学森藏书由封闭式玻璃通天柜呈现改为无空间阻隔的可"触摸"表现形式,颇具视觉冲击力和情感震撼力。

其二,实现钱学森精神内涵拓展,完善钱学森精神话语体系。本次改陈结合科学家精神,重新凝练钱学森精神的内涵,将钱学森精神由"爱国、奉献、求真、创新"四要素扩展为"爱国、创新、求实、奉献、协同、育人"六要素,并在讲解词中进行呈现,以期实现钱学森精神内涵拓展、价值扩张及其与科学家精神的融合与统一。这种调整与钱学森的"人民科学家"身份形成了逻辑上的耦合,尤其是"协同精神"和"育人精神"在钱学森的精神体系中具有丰富鲜活的案例与实践支撑。例如协同精神,钱学森曾多次在文章、报告和与他人的通信中提出,"两弹一星"工程是千军万马参与的大兵团作战,远非一人之功、一己之力所能成就;航天初创时期他组织技术专家召开的"神仙会",本质上是技术民主的航天协同实践。他是热情倡导者,也是身体力行者。再以钱学森育人精神为例,笔者认为,他的工程教育思想付诸实践可以用"三块试验田"进行概括:一是办班——开办清华大学工程力学研究班和自动化进修班,任班主任,旨在建立工程力学和自动化领域学科体系;二是办系——创办中国科技大学近代力学工程系,任首届系主任,旨在建立近代力学学术体系;三是办校——主持改建国防科技大学,任"学术负责人",旨在建立国防领域"按学科设系、理工结合、落实到工"教育思想话语体系。此外,本次改陈首次展示了 23 位"两弹一星"功勋奖章获得者的大型群体油画肖像,作为基本陈列的收尾,与地下圆厅的"东风二号"导弹实体在物理空间和逻辑空间上形成呼应与闭环。

其三,实现钱学森图书馆品质拓展,增强科学家纪念馆叙事功能。为提升陈列品质和展示效果,本次改陈力求做好"三大算法":首先,做好"加法",实现展品增量,丰富展览体系,平衡展品布局(原始陈列展品比较疏朗,展线留白、无效空间较多),增强基本陈列的阐释力。钱学森图书馆馆藏钱学森文献实物 6.1 万件(套),能够"入围"展厅进行公开展示的仅为冰山一角,实可谓"百里挑一"。因此,展品增加、展览增量是本次改陈在体量上的首要要求。为此,内容设计方面,在坚持博物馆陈列形式设计基本要求和技术规范基础上,要最大限度发挥馆藏利用率。其次,做好"减法",要结合工作积累、研究拓展与学术发现,对原始陈列中的部分表述在严格考证和复审基础上进行文本纠偏,增强陈列语言的规范性、精准度和公信力。例如,第四展厅"艺术修养开拓创新思维"单元展出了一张钱学森与侯宝林的合影,当时受限于对个别文献的依赖与信任,认定其为四届全国人大一次会议期间(1975年1月13日至17日)所拍。经笔者考证,该照片背景信息存在移花接木现象,实为五届全国人大三次会议期间(1980年8月30日至9月10日)所拍。人物衣着、历史信息、权威出处(官方报道)相互印证并已形成完整逻辑链条,本次改陈对此进行了调整。最后,做好"乘法",以改陈促进基本陈列内涵提升,最大限度提升公众对本次改陈的期望值和"回头率",努力实现改陈效能倍增的提质升级目标,为钱学森图书馆创建国家一级博物馆、实现高质量发展提供有力支撑。

第三篇　典型示范

——科学家精神人格化身

导　　读

　　战略科学家是科学家精神的典型示范和杰出代表,集中体现了科学家精神的核心要素。在时代发展与科技进步的大环境中,尤其是在加快建设科技强国、实现高水平科技自立自强的新时代背景下,如何培养造就更多适应国家和时代需要的战略科学家,让他们在科学家精神的感染下脱颖而出,是这一部分探讨的主要内容。

　　习近平总书记在中央人才工作会议上强调"大力培养使用战略科学家"。战略科学家具有"战略层面的科学家"和"科学领域的战略家"两重语义指向。在中国特色社会主义政治语境下,战略科学家集民族脊梁、国之重器、科技帅才、时代楷模于一身,具有政治忠诚、立场坚定,前瞻布局、引领创新,精于谋划、善于领导,人格高尚、堪为师表等根本特质。建立基于组织引领的战略科学家政治关怀机制、基于代际传承的战略科学家学术成长机制、基于功能发挥的战略科学家科研激励机制、基于价值彰显的战略科学家权益保障机制,是实现战略科学家个人价值与社会价值辩证统一、历史价值与时代价值共同彰显的客观要求,也是实施创新驱动发展战略、建设创新型国家的时代召唤。

　　"战略人才站在国际科技前沿、引领科技自主创新、承担国家战略科技任务,是支撑我国高水平科技自立自强的重要力量,要把建设战略人才力量作为重中之重来抓。"(习近平语)战略科技人才属于科技类战略人才,在国家科技创新体系中属于"顶层设计"靶向,是突破关键核心技术破解创新发展难题的"关键少数"、强化国家战略科技力量的当然主体、建设世界科技强国的中坚力量。在强化国家战略科技力量时代语境下,发挥以战略科技人才为主体的战略科技力量在国家科技创新中的引领性作用和策源功能,是突破关键核心技术、建成世界科技强国的关键所在。大学尤其是高水平研究型大学作为战略科技人才学术成长的"母体",应努力建设立足科技精英培育的人才培养体系、基于知识创新的科研创新体系、以高水平实验室为载体的科研平台体系、有利于开展原创性研究的基础研究体系,自觉承担起高等教育为国家输送战略科技人才、赋能世界科技强国建设的历史重任。作为中国乃至世界的"人才高地",为加快推进全球科技创新中心建设,上海要为国家战略科技人才培养贡献应有力量。

第七章
战略科学家的时代召唤与制度催生

第一节　战略科学家的概念演绎与群体镜像

当今世界，国际竞争日趋激烈，其中的核心是科学技术的竞争，而科学技术竞争的关键则在于对掌握科学技术并成为科技创新主体的高层次科技人才的竞争。科技创新作为一个国家科技实力乃至综合国力的重要标志，是国家发展的核心驱动力。因而，基于人类历史经验和社会发展规律，可以得出一个基本共识——国家科技创新能力成为这个国家的核心竞争力。而为国家科技创新能力提升发挥关键作用、做出突出贡献的战略科学家，则成为支撑国家核心竞争力的关键性智力资源，是引领国家科技创新事业发展方向至为重要的技术力量。

2020年1月8日，习近平总书记在"不忘初心、牢记使命"主题教育总结大会上指出，"要把学习贯彻党的创新理论作为思想武装的重中之重，同学习马克思主义基本原理贯通起来，同学习党史、新中国史、改革开放史、社会主义发展史结合起来"。[①] 战略科学家作为广大科技工作者的"最高代表"，是践行党的伟大事业和历史使命的典型职业群体，助力新中国科技、经济与社会发展的"先锋战士"，全面深化改革、扩大对外开放及实现中华民族伟大复兴中国梦的生动实践者，推进中国特色社会主义事业的重要力量和宝贵资源。

---

① 习近平出席"不忘初心、牢记使命"主题教育总结大会并发表重要讲话[EB/OL].（2020－01－08）[2024－07－10]. http://www.gov.cn/xinwen/2020-01/08/content_5467591.htm.

大力培养适应时代需要的战略科学家,成为推进新时代中国特色社会主义伟大事业的必然要求与时代召唤。

理解"战略"的内涵是分析战略科学家的前提和基础,也是划清战略科学家与一般科学家的概念边界、认识战略科学家独特身份及其价值内涵的词源学依据。

一、战略科学家的概念演绎

"战略"一词最早是一个军事术语。普鲁士军事理论家和军事历史学家、战略理论奠基人克劳塞维茨(Carl von Clausewitz)在《战争论》(*The Theory on War*)一书中指出:战略是"利用战斗来达到战争目的"。由此可见,"战略"最早是一个与战争相关、与战术相对的概念。随着战略学研究的深入,"战略"的内涵也不断拓展,从军事领域引申到政治、经济、科技、文化、外交等各领域,并衍生出"发展战略""文化战略""外交战略""战略管理""战略规划"等诸多词汇,战略的重要性日益凸显。时至今日,举凡具有全局性、长远性、指导性的规划、策略、方针等,均可纳入"战略"范畴。基于对"战略"概念的厘定,对"战略科学家"进行讨论和研究也就具有了最根本的方向和基础。

对"战略科学家"的定义,目前主要停留在概念阐释甚至舆论宣传上,而围绕其实际内涵所进行的深入研究尚未开展、规范阐释尚未形成,甚至有"科学战略家""战略科技人才""科学技术的战略家"的说法,导致其概念混乱、内涵不清、语义模糊。这在某种程度上降低了战略科学家的价值高度。只有从深层内涵上揭示战略科学家的群体属性,才能对战略科学家的本质身份进行准确定位,才能真正发挥其在国家科技事业发展中应有的价值和作用。从表述上看,战略科学家有两层含义:一是战略层面的科学家,他们既能深耕专业、探赜索隐,又能跳出专业、总揽全局,在对学科专业发展历史、现状与前景了然于胸的基础上,提出具有前瞻性、开拓性的新理论、新思路、新方法,引领专业发展方向;二是科学领域的战略家,即一方面能够站在科学技术发展最前沿,洞察时代和社会发展基本规律及总体趋势,着眼拓展和维护国家现实需要和根本利益,对国家重大理论和现实问题进行方向性、全局性、先驱性思考,形成具有科学内涵并能用于指导科学实践的战略思想,另一方面能够树立自己在某一科学领域的权威性身份,在统领学科发展基础上,带领科研同行一起为国家科技事业创新发展做出群体贡献。

二、战略科学家的群体镜像

在科学家群体中,战略科学家是科学性与战略性的集成、引领性与典范性的嫁接、专才与通才的统一、创造性知识与创新性思维的结合。美国著名学者柯林斯(John M. Collins)在《大战略:原则与实践》(*Grand Strategy: Principles and Practices*)一书中写道:"如果说在某个领域,通才比专才更为可取,那个领域就是战略。"由此可见,与一般科学家乃至科技领军人才不同的是,战略科学家的重要性更多地在于"战略性"而非"科学性"。就科技领军人才比较而言,在概念上,科技领军人才仅限于"科学"层面,是掌握最新科学技术最前沿领域知识、具有代表性科学话语权的科学家。至于战略科学家——不妨形象地说——是科学领军人才中的"领军人才",属于"领袖型科学家"范畴。因此,战略科学家既是国家各项事业发展的宝贵财富,无可或缺、不可替代,也是国家综合实力的个体呈现,说万里挑一并不为过,有的甚至百年难得一遇,如被誉为"人民科学家"的中国航天事业奠基人钱学森。作为战略层面的科学家,他们必须悟得透、握得准,以掌握的科学技术知识引领未来;作为科学领域的战略家,他们必须站得高、看得远,以科学视野和战略眼光谋划长远。

第二节　战略科学家的基本特质

战略科学家是科研创新工作的主体,在国家创新体系中处于"神经中枢"的位置。就为中国科学事业和中国特色社会主义建设贡献科学才智、提供智力服务而言,战略科学家应具有四重根本特质。或者说,是否具有这些特质,是判断和评价战略科学家的核心标准。

一、政治忠诚,立场坚定,是"民族脊梁"

思想是行动的先导。人们常说"科学无国界,但科学家有祖国",这句话本质上讲的是科学家的政治立场和价值取向问题。钱学森在给一位学术界友人信中的一段话颇具代表性："我近 30 年来一直在学习马克思主义哲学,并总是试图用马克思主义哲学指导我的工作。马克思主义哲学是智慧的源泉。而且一个马克思主义者是绝不会不爱人民的,绝不会不爱国的。"① 对于自己为国家建立的卓越功勋,他非常谦虚地说："我本人只是沧海之一粟,渺小得很。真正伟大的是中国人民,是中国共产党,是中华人民共和国!"② 这句话体现了钱学森作为一位杰出的战略科学家深沉的家国情怀、崇高的政治品格和无悔的科学担当,他堪为战略科学家之楷模。

二、前瞻布局,引领创新,是"国之重器"

战略科学家往往具有前瞻布局的宏大战略视野和引领创新的深邃科学智慧,在所从事的领域有精深的研究成果和学术造诣,做出了公认的学术贡献,是全面建设国家科技创新体系、实施国家创新驱动发展战略的"关键少数"。战略科学家能立人所未立、见人所未见,在科技领域独当一面,在国际上掌握科技话语权,是国家在科技领域的国际代言人。战略科学家对于学科发展规律的探索、对于科学研究本质的理解、对于科学事业所做的贡献,达到了一种"透古通今、了然于胸"的境界;他们对于学科发展方向、科技发展趋势、国家发展战略,有着整体性把握、全局性思考和前瞻性认识,并能提出基于科学实证的战略性规划决策建议。他们能够较好地把握世界科技发展趋势和国家战略需求,敏锐洞察和思考本学科发展的前沿性问题,并创造性地提炼出带有根本性的重大科学问题,不断开拓新的科技领域。钱学森曾在最后一次系统谈话中指出,要成为科技创新拔尖人才,"你所想的、做的,要比别人高出一大截才行。你必须想别人没有想到的东西,说别人没有说过的话,做别人不敢做的事"。③ 这话用在科技创新人才身上如此,用在战略科学家身上更是如此。

---

① 钱学森. 1989 年 8 月 7 日致于景元的信[M]//涂元季,李明,顾吉环. 钱学森书信(第 5 卷). 北京:国防工业出版社,2005:4.
② 钱学森. 在授奖仪式上的讲话[N]. 人民日报,1991 - 10 - 19(1).
③ 涂元季,顾吉环. 钱学森的最后一次系统谈话:谈科技创新人才的培养问题[N]. 李明,整理. 人民日报,2009 - 11 - 05(11).

三、精于谋划,善于领导,是"科技帅才"

"战略"之所以有着日益凸显的重要性,主要是因为战略具有根本性、统领性和决定性作用。中国工程院院士、武警总医院院长郑静晨认为,这取决于两个方面:一是战略在空间上具有左右全局的功用,二是战略在时间上拥有高瞻远瞩的意蕴。① 为此,对战略科学家而言,他们需要具有卓越的领导才能,能够组织大规模科技创新活动和承担国家重大科技任务,并作为"首席科学家"负责决策建议的组织实施,从而解决事关国家建设与发展过程中的重大理论和现实问题。他们要能跳出学科门户之见,以全局视野和长远眼光,站在国家发展的高度,结合国家总体战略布局尤其是科学发展战略(或规划),整合学科科研力量,建立独创性学科体系(基础科学领域)、技术体系(技术科学领域)与生产体系(工程技术领域),在国家大科研体系中不断开疆拓土,引领学科发展新的方向,为国家经济社会发展做出一般科学家难以企及的独特贡献。中国科学院院士、中国科学院理论物理研究所研究员何祚庥指出:"科技发展战略往往是国家经济社会发展战略的核心,而科技发展战略制订得正确与否很大程度上取决于战略科学家对于我国国情以及世界科技发展前景的判断。"②战略科学家在国家科技发展战略制订中的重要作用由此可见一斑。

四、人格高尚、堪为师表,是"时代楷模"

人格魅力也是领导力。一个充满人格魅力的领导者,不怒自威,气宇轩昂,言之有力、足以服人,行之有规、足以示人,召之有法、足以率人,教之有道、足以化人。爱因斯坦曾说过:"大多数人都以为是才智成就了科学家,他们错了,是品格。"对科学家而言尚且如此,对领军型战略科学家而言更是如此。说"千军易得,一将难求",其意义也许正在这里,在于作为领导者的人格魅力或者说人格感召力。只有具有凝聚科技同行的魄力、培育科技新秀的胸

---

① 郑静晨.时代呼唤战略科学家[EB/OL].(2012-06-02)[2024-08-16].http://news.sciencenet.cn/htmlnews/2012/61265023.shtm.

② 陆彩荣,王光荣,齐芳.中国呼唤战略科学家[EB/OL].(2010-10-11)[2024-08-16].https://www.cas.cn/zt/kjzt/11thkexing/wenzi8/8erderg1/201010/t20101011.2984470.html.

怀,以人格塑造人格,以精神引领精神,不断为国家培养高级专业人才,才能实现科学传承与创新。因此,战略科学家不但要有深厚科学素养和崇高科学精神,还要有强大领导魄力和高尚人格魅力,能够团结大批科技工作者为国家科技事业发展共同奋斗、砥砺创新,做出自己应有的贡献。除此之外,他们还应甘于并善于引导、激励、培育和造就国家需要的科技创新人才尤其是国家迫切需要的关键领域的关键技术人才,领导科研团队薪火相传、持续创新,为国家在国际上形成科技竞争优势不断注入新血液、激发新动能。在此意义上,为国育才无疑成为战略科学家"战略性"身份发挥与价值实现的重要标志与本质需求。当前,我国正处于实现中华民族伟大复兴的伟大时期,这离不开一代代科技工作者的接力创新、砥砺奋进,需要战略科学家挺身而出、主动担当作为,勇敢承担起科技创新人才培养的时代重任,充分发挥自身在国家发展历程中作为关键人物在关键历史阶段所起的关键作用。

第三节　发挥战略科学家引领作用的 机制保障

在科技领域的竞争成为国际竞争的"主战场"、成为国家实力和意志博弈核心依托的时代背景下,可以说,谁掌握了科技创新的主动权,谁就掌握了国际竞争的决胜权。科技是强国的支撑,而掌握科技创新的主动权很大程度上有赖战略科学家的培养及其作用发挥。习近平同志指出,科技决定国力,改变国运,是国之利器;[①]科技创新作为提高社会生产力、提升国际竞争力、增强综合国力、保障国家安全的战略支撑,必须摆在国家发展全局的核心位置;只有拥有强大的科技创新能力,才能提高我国国际竞争力。[②]

"火车跑得快,全靠车头带。"战略科学家堪称科学家群体中的"冠军选手",对国家的贡献远非一般科学家所能比拟。打造一支统领科技战线千军万马的战略科学家队伍,一方面可以为国家科技、经济与社会发展提供更多

---

① 习近平. 为建设世界科技强国而奋斗[N]. 人民日报,2016 - 06 - 01(2).
② 中共中央文献研究室. 习近平关于科技创新论述摘编[M]. 北京:中央文献出版社,2016:30.

高水平且具有实践意义的战略咨询，从而提升国家战略决策力、战略执行力和国家科技创新体系整体效能，夯实国家科技实力和综合国力；另一方面有助于他们更好领悟国家战略意志、执行国家战略行动、实现国家战略目标，从而提高国家战略执行力，提升中国在国际上的战略影响力。为保证战略科学家群体在国家各项事业中的作用得到最大限度发挥，有必要建立基于组织引领的政治关怀机制、基于代际传承的战略科学家学术成长机制、基于功能发挥的战略科学家科研激励机制、基于价值彰显的战略科学家权益保障机制。

一、战略科学家政治关怀机制

政治关怀是政治引领的支撑性要素，也是战略科学家价值实现的根本保障。以美国为例，在科技制度层面，美国建立了战略科学家群体与政府首脑之间的稳定联系，形成了战略科学家参与国家重大决策的有效机制，建立了稳定多元的总统科技顾问委员会（PCAST），汇聚了一大批美国国内顶级战略科学家，为制定美国国家科技发展战略出谋划策，在美国一次次站立科技创新潮头中发挥了关键作用。[①]

二、战略科学家学术成长机制

战略科学家的培养乃千秋大业。俗话说，"人无远虑，必有近忧"。对于一个国家而言，不抓紧科学技术这个发展的"命根子"，不培养造就对科技创新、产业变革、国家安全具有决定意义的战略科学家，就难以在未来越来越明显的激烈竞争中掌握战略主动、抢占战略高地、赢得战略先机。为此，需要从国家层面加强顶层设计，制定遵循教育基本规律、适应国家战略需求、符合人才成长规律的科技创新人才培育战略。凡事预则立，不预则废，应从长计议，从战略高度加强对战略科学家学术成长规律的探索研究与实践创新。在这方面，中国科学院早在 2004 年就进行了以培育"战略科学家"为目标的人才建设计划，并取得了良好成效。该计划旨在通过对战略科学家和科技拔尖人才的培养带动人才资源的整体开发，从而提升人才队伍的整体实力。

① 曹雪涛. 充分发挥战略科学家在国家科技创新规划决策中的引领作用［N］. 科技日报，2016－05－29（1）.

三、战略科学家科研激励机制

科研激励作为推动科研人才学术成长的主要激励策略,是国家国际发展战略和科技政策"作用"于科研主体的直观体现,在战略科学家培养体系中发挥着"指挥棒"的作用。对科研组织而言,完善的科研激励体系往往与科研产能存在正相关,这是制度公平与效率提升、物质支持与精神生产相互作用的必然结果。为此,"把钱用在刀刃上"是科研组织的管理者的一堂必修课。一方面,要持续加大科研经费投入,既包括科学研究本身所需要的成本性经费(直接成本,"硬性支出"),如科研设备购置、课题经费等,也包括对科研成果进行物质反馈的奖励性经费。二者在单位有组织科研工作中都以不同形式发挥着科研激励作用。此为其一,即让战略科技人才从经费束缚中解放出来,潜心研究从事科学研究。其二,要建立完善的科研评价体系,坚持目标导向与成果导向并举,切实发挥科研激励的"导向"功能,确保激励公正公平;其三,要建立差异化的激励制度,在发挥学术带头人传帮带作用的同时,在课题立项、经费使用、激励标准等方面适当向处于学术上升期的中青年科技工作者倾斜,切实激发他们的科技创新潜能,确保科学研究"后继有人"。

四、战略科学家权益保障机制

应将科技创新的体制机制改革落实落地,让一代又一代敢立时代潮头、堪当国家重任的战略科学家骈兴错出、不断涌现,助力他们将满腔科学热忱化作实实在在的报国行动;让战略科学家在实施重大科研项目时拥有技术路线决策权,科学尊严得到切实保障;切实赋予战略科学家以科研经费支配权,使其不为细节琐事费力劳神;适度扩大战略科学家学术资源调配权,让经费围着人转而不是人围着经费转,确保他们心无旁骛,将主要精力用于开展科学研究。同时,要尽可能减少行政权力对学术权力的干预,更不能将行政权力凌驾于学术权力之上,将行政工作为科研工作掌舵定向,行政为科研服务、为科学工作者服务的理念落到实处,让科学研究、科研创新回归价值本位。①

充分认识战略科学家这一独特群体在建设科技强国历程中的突出贡献

---

① 汪长明. 为何要培育"战略科学家"[N]. 大众日报,2020 - 06 - 16(9).

及其现实意义,为广大科技工作者树立为党的事业奋斗终身,为改革开放和中国特色社会主义现代化建设贡献科学才智,实现个人价值与社会价值辩证统一、历史价值与时代价值共同彰显,注入了精神动能,提供了根本遵循,成为弘扬科学家精神、为建设世界科技强国汇聚磅礴力量的现实需要。

第八章
战略科技人才的社会角色与高等教育行动自觉

第一节 战略科技人才在国家科技创新
体系中的角色

当前,在新一轮科技革命和产业变革推动下,全球科技创新版图正在进行结构性重组,各国尤其是世界主要大国之间围绕人才即智力资源的战略博弈日趋激烈。在这样的背景下,谁掌握了人才尤其是战略科技人才这个"杀手锏",谁就下得了科技创新的先手棋,从而把握战略发展的机遇期,并赢得国际竞争的主动权。2020 年 12 月 16 日至 18 日召开的中央经济工作会议提出我国 2021 年八项重点任务,"强化国家战略科技力量"成为其中的"一号任务"[①],体现了以习近平同志为核心的党中央对中国当前和今后一段时间发展环境的准确判断,以及战略科技力量在国家发展中重要性和紧迫性的高度重视。2021 年 3 月 12 日发布的《中华人民共和国国民经济和社会发展第十四个五年规划和 2035 年远景目标纲要》提出,要通过制定科技强国行动纲要、健全社会主义市场经济条件下新型举国体制、打好关键核心技术攻坚战、提高创新链整体效能,不断强化国家战略科技力量。[②] 在"强化国家战略科技力量"成为新时代推进我国科技创新工作的重大战略任务背景下,发挥战略科

---

① 新华社评论员:强化国家战略科技力量:学习贯彻中央经济工作会议精神[EB/OL]. (2020 - 12 - 23)[2024 - 07 - 10]. https://www.gov.cn/xinwen/2020-12/23/content_5572795.htm.
② 中华人民共和国国民经济和社会发展第十四个五年规划和 2035 年远景目标纲要[EB/OL]. (2021 - 03 - 13)[2024 - 07 - 10]. http://www.gov.cn/xinwen/2021-03/13/content_5592681.htm.

技力量在国家科技创新中引领性作用和"策源"功能,是我国突破关键核心技术、建成世界科技强国的关键所在。

按照学术成长阶段或工作的"科学含量"划分,科技工作智力梯队一般包括五个层次:一是处于最底层的"一般科技人员",职业性是其基本特征。他们从事的可能并非专业科研工作,而是事务性、管理性、基础性工作,离专业科技人员尚有距离。二是从事科研工作的"科技人才"(多数是青年科技人才),专业性是其基本属性。他们往往具有从事专业领域科研工作的学科与学术背景。但受制于科研工作的长周期属性和人才成长规律,他们还处在岗位适应和职业发展的成长期。三是从科技人才中脱颖而出的"科学家"。与一般科技人才相比,科学家的专业化分工与创造性劳动更加明显,社会价值也因此日益凸显。其以专门知识、专业劳动、专长研究服务国家科技事业的作用发挥体现得更加突出。四是"杰出科学家",他们是科学家群体中的佼佼者,堪称顶尖科学家、科技精英,卓越性为其主要特征。评价杰出科学家的核心标准在于,他们是否属于科学家群体中的"小众",是否做出了得到同行和社会公认的科学成就,在专业领域和学科领域是否拥有代表性话语权。五是"战略科学家",他们往往能够引领一个国家重大科技领域的发展方向,具有万里挑一、百年一遇的排他性,堪称"科技帅才",即能够发挥将帅作用的科技领军人才。基于上述划分标准,战略科技人才并非一个独立的科技工作者群体,而是介于"杰出科学家"和"战略科学家"之间的一个中位概念。也就是说,战略科技人才是具有成为战略科学家的知识储备和专业潜能、能够做出引领一个时代重大原始创新成果、堪当国家科技发展生力军重任的高端人才。

一、战略科技人才是突破关键核心技术破解创新发展难题的"关键少数"

经过数十年发展尤其是改革开放以来的长足发展,我国综合国力如今已稳居世界第二,成为世界上唯一一个拥有联合国产业分类当中全部工业门类的国家。即便如此,我国的发展短板仍然存在,甚至在某些领域特别是科技领域十分突出。我国科技自主创新能力仍不足,尤其是原创高水平研究与主要发达国家相比差距明显,不少领域(如高端芯片)的技术依赖(technological dependence)现象十分严重;中国整体产业创新能力尤其是自主创新能力不足,劳动生产率不高。据《中国科技发展与政策(1978—2018)》提供的统计数据,"从 2001 年到 2010 年十年间,中国在全世界各国的全社会劳动生产率排名中仅仅从第 81 位上升到第 77 位"①。科技创新与产业创新能力"双重不足"的现实依然制约着国家可持续发展,一些涉及国民经济发展和国家安全的关键核心技术没有掌握在自己手上,导致我国参与国际竞争时在战略上和政策上往往处于被动,受制于人。习近平总书记指出:"实践反复告诉我们,关键核心技术是要不来、买不来、讨不来的。只有把关键核心技术掌握在自己手中,才能从根本上保障国家经济安全、国防安全和其他安全。"为此,我们要"敢于走前人没走过的路,努力实现关键核心技术自主可控,把创新主动权、发展主动权牢牢掌握在自己手中"②。

从科学发展规律看,现代科学研究的领域日益广泛和深入,复杂程度大大提高,学科交叉与学科融合现象相互交织。科学研究的"个人英雄时代"即"小科学(Little Science)时代"逐渐被"大科学(Megascience)时代"所代替。现代大科学具有多学科交叉、研究目标宏大、投资强度高、实验设施(设备)配置昂贵且复杂、参与主体与要素多等特点,仅凭单个科研院所或单个企业很难承担,必须依靠国家主导(行为主体),坚持系统思维(思维方法),通过资源整合、全局谋划(实施路径),形成国家战略科技力量,推动大科学工程实施,才能确保实现国家战略目标。战略科技人才作为突破关键核心技术、破解创新发展难题的"关键少数",在提升自主创新能力、实施大科学工程、完善国家科技创新体系方面承担着一般科技人才难以替代的社会责任和时代使命。

二、战略科技人才是强化国家战略科技力量的首要主体

回顾人类历史发展进程,从大航海时代、工业革命时代到信息革命时代,从农业文明、工业文明到信息文明,科技创新始终是推动社会发展的根本动力。当前,我国的科技人力资源总量和研发人员总量稳居世界第一。据《中

---

① 薛澜,等. 中国科技发展与政策(1978～2018).转引自人民网. 国有企业是实现创新驱动发展战略的主力军[3][EB/OL]. (2015 - 02 - 09)[2024 - 09 - 10]. http://politics. people. com. cn/n/2015/0209/c70731-26534840-3. html.
② 习近平. 在中国科学院第十九次院士大会、中国工程院第十四次院士大会上的讲话[M]. 北京:人民出版社,2018.

国科技人力资源发展研究报告(2018)》的数据,截至2018年底,我国科技人力资源总量达10 154.5万人,规模继续保持世界第一。[①] 研发人员数量是衡量一个国家创新能力的重要指标,也是衡量科技人力资源层次与质量的重要指标。我国研发人员总量(174.0万)虽然同样居世界首位,但每万从业人口中研发人员占比仅为22.4人·年,与主要发达国家相比差距明显。提高研发人员数量、提升科技人员质量、培养战略科技人才、夯实战略科技力量,成为未来我国科技人力资源发展战略的重点。战略科技人才在国家科技人才体系中举足轻重,属于"精兵强将"和"主力部队"。他们虽然占比不高,但其知识产能、创新能力远非一般科技人才所能企及,具有典型的高附加值特征。只有不断培育壮大一支忠于党的科技事业、服务国家战略利益、促进国家战略安全的战略科技人才队伍,将发展的主动权牢牢掌握在自己手里,实现中华民族伟大复兴的中国梦才不至成为纸上谈兵。

三、战略科技人才是建设世界科技强国的中坚力量

当今时代,科技创新已经成为提高国家综合实力、增强国家国际竞争力的决定性力量,在党和国家发展全局中举足轻重,具有引领高质量发展、决定世界科技强国建设进程的重大现实意义。在这一进程中,时代赋予战略科技人才独特的历史角色。党的十九大报告明确指出,人才是实现民族振兴、赢得国际竞争主动的战略资源。加快建设创新型国家,要培养和造就一大批具有国际水平的战略科技人才、科技领军人才、青年科技人才和高水平创新团队。[②] 在党的报告中提出"战略科技人才"概念,在我党历史上尚属首次。而将战略科技人才置于国家人才体系"第一方阵"位置,更进一步说明了战略科技人才在国家发展中的重要性。就我国而言,要建设世界科技强国,实现由科技大国向科技强国的历史性跨越,离不开广大科技工作者尤其是身处人才金字塔"塔尖"位置、承担科技创新重任的战略科技人才智力支撑。站在实现

---

① 中国科协调研宣传部,中国科协创新战略研究院.中国科技人力资源发展研究报告(2018),转引自唐婷.我国科技人力资源总量居世界第一,未来提升质量是重点[EB/OL].(2020-08-13)[2024-09-10].https://www.stdaily.com/index/kejixinwen/2020-08/12/content_984245.shtml.
② 习近平.决胜全面建成小康社会　夺取新时代中国特色社会主义伟大胜利:在中国共产党第十九次全国代表大会上的报告[N].人民日报,2017-10-28(1).

"两个一百年"奋斗目标的历史交汇点上,我们比历史上任何时候都更需要拥有一支具有前瞻性科技视野、善于开拓创新、不断向科学技术广度与深度进军的战略科技力量。

四、战略科技人才是践行科学家精神的杰出代表

价值观决定一个人的能力和格局,指引一个人前进的方向和目标。思想决定行动,树立正确的价值观是一个人开展一切社会活动尤其是从事职业性活动的根本前提。古往今来,真正成就一个人的,是正确的价值观,是他(她)对"人为什么"与"为什么人"两大根本问题的正确认识,从而做出相应的行为反馈。求解"人为什么",解决的是人生动力问题;而求解"为什么人",解决的则是奋斗方向问题。有思想动力且方向正确,具有了可靠的思想保障和行动保障,做出一定的职业成就也就成了必然;反之,思想动力丧失或方向出现偏差,奋斗与贡献难免流于空谈。就科技工作而言,"科学成就离不开精神支撑"(习近平语),否则科技工作终将无以为继。战略科技人才作为国家科技人才方阵中的"主力部队",支撑其取得重要科学成就、勇立国家科技创新事业潮头的,正在于他们内化于心、外化于行,将植根于心灵深处的价值信仰转化为服务国家科技事业的"精神因素"。而这种"精神因素"对任何一个国家、任何一个时代而言,都是用之不竭、弥足珍贵的财富。在大力弘扬科学家精神的新时代背景下,我们尤其需要一代代战略科技人才脱颖而出,尤其需要大力弘扬战略科技人才身上体现的科学家精神。如此,科技事业才能薪火相传,建设世界科技强国也会有稳定可靠的智力保障。在此意义上,抓住了战略科技人才这个科技创新的"牛鼻子",国家科技事业行稳致远也就有了"留得青山在,不怕没柴烧"的基础。

第二节　战略科技人才价值实现路径

战略科技人才是具有引领科技创新战略视野,在国家科技事业尤其是重大科技项目中发挥关键性作用、具有战略性价值的科技创新人才。更好发挥战略科技人才在国家创新体系中的举旗定向作用,为强化国家战略科技力量

注入源头活水,需要积极探索战略科技人才价值生成逻辑及其实现路径,打造一支学术队伍整体涌现、科研潜能不断激发、制度保障坚实有力的战略科技人才队伍,不断完善国家人才培养体系和科技创新体系。

一、以学术培育带动战略科技人才整体涌现

党的十九大报告从人才战略价值的高度提出,"人才是实现民族振兴、赢得国际竞争主动权的战略资源"。关于人才梯队化建设,报告指出,要"加快建设创新型国家……要培养造就一大批具有国际水平的战略科技人才、科技领军人才、青年科技人才和高水平创新团队"。[①] 为此,需要从国家层面加强顶层设计,制定遵循教育基本规律和人才成长规律、适应国家战略需求的科技创新人才培育战略,并将战略科技人才培育战略纳入其中。一切"战略"之举,既是现实之需,也是长久之计。应立足现实需求,从长计议,从战略高度加强对战略科技人才学术成长规律的探索研究与实践创新。

在这方面,中国科学院的成功实践颇具代表性。其早在 2004 年就制定了包括"爱因斯坦讲习教授"计划等多项人才计划,以培育"战略科学家"为终极目标,并取得了良好社会成效。该计划旨在通过培养一批适应国家重大战略需求的战略科学家和科技拔尖人才(相当于当前所说的"战略科技人才"),带动人才资源尤其是包括战略科技人才在内的高层次人才整体涌现,力争到 2010 年中国科学院拥有百余名能够率先作出重大科学发现尤其是原始发现、开创科学研究新领域的战略科学家和具有战略眼光与卓越组织管理才能的科技管理专家,借此助力中国科技人才队伍实力和国家科技竞争力的整体提升。其基本经验是,从着力实现人才制度改革突破转向队伍整体创新能力提升,从强调实现人才队伍代际转移转向战略科学家和科技拔尖人才培育,从队伍发展规模总量控制转向队伍的动态优化与持续发展机制建设。[②]

二、以科研激励助推战略科技人才动能优化

2020 年 6 月 2 日,习近平总书记在北京主持召开专家学者座谈会上的讲

---

① 习近平.决胜全面建成小康社会　夺取新时代中国特色社会主义伟大胜利:在中国共产党第十九次全国代表大会上的报告[N].人民日报,2017-10-28(1).
② 汪长明.为战略科学家脱颖而出创造条件[N].学习时报,2020-09-02(6).

话中指出,要深化科研人才发展体制机制改革,完善战略科学家和创新型科技人才发现、培养、激励机制,吸引更多优秀人才进入科研队伍,为他们脱颖而出创造条件。① 为此,应通过建立鼓励包括战略科技人才在内的广大科技工作者潜心科研、勇攀高峰的科研激励机制,不断激发他们的创新动力与创新潜能,以科研激励体制机制创新助力战略科技人才在科学研究中自我激励、自我赋能,实现战略科技人才在国家科研创新体系中的全谱系、全维度成长。目前,虽然我国已经建立涵盖不同成长阶段科技人才的项目资助体系,但对于身居科研创新一线的战略科技人才这一独特群体而言,尚缺乏实质性支持的资助项目。这与战略科技人才的科研创新主体地位很不相称。国家应建立完整的战略科技人才科研激励机制,核心要义包括:其一,强化战略科技人才决策咨询的作用,充分激活和发挥其作为掌握前沿科技知识的知识优势与智力潜能,提高战略科技人才在国家科研决策实施、发展规划制定、重大项目实施等领域的话语权重;其二,适当扩大战略科技人才的科研自主权,精简报批、审定、验收程序,尽可能减少制度上的繁文缛节对其开展工作的束缚,尽可能降低战略科技人才不必要的精力损耗,最大限度发挥他们的智力效能与技术效能;其三,推进战略科学家资助体制机制创新,明确适度的激励机制对于激发科技人才创新潜力的重要性,在资助机制上进一步创新;建立差异化资助体系,并在资助额度有所倾斜和突破,真正做到人尽其才、才尽其用。②

三、以制度保障夯实战略科技人才职业关照

当前,我国正在实施创新驱动发展战略。实施创新驱动发展战略要始终把"人"摆在最根本、最核心的位置,将"才"置于最突出、最优先的位置,实现从"人"到"才"的动能转换,构建让各类人才创新智慧、创业活力、创造潜能充分迸发、集成涌现的发展环境和制度保障。由于各种因素的作用,我国科技人才队伍的整体素质与我国社会经济发展需求还有较大距离,人才供需矛盾尤其是高层次人才供需矛盾突出。其中的根本原因在于,我国科技人才管理

---

① 构建起强大的公共卫生体系:三论深入学习习近平总书记在专家学者座谈会上重要讲话[N].光明日报,2020-06-06(1).
② 汪长明.钱学森为什么能成为战略科学家[N].学习时报,2020-12-30(6).

制度与创新规律、人才成长规律尚存诸多不适应之处，人才作用的有效发挥受制度藩篱的掣肘一直没有得到根本消除。

2018年10月，中国科协发布《第四次全国科技工作者状况调查报告》。报告显示，目前我国科技工作者面临的突出问题体现在三个方面：一是科研项目管理缺乏明确的需求导向，科研人员的获得感不够明显。科技工作者认为科技成果转化的主要障碍是科技成果与市场需求脱节、科技成果转化对提高科研人员收益作用不大、科技成果经济价值评估难导致供需双方难以达成交易、科技成果转化的专业服务体系不健全。二是科研人员工作满意度提升但超时工作情况加剧。由此导致科研工作者自主创业/智力流失现象较普遍，但科研工作者自主创业面临诸多障碍或困难。三是科研人员收入待遇和生活状况不尽如人意。科研人员收入虽有所增加但收入满意度持续下降，形成"倒挂现象"；科研工作者在用人单位劳动过程中劳动报酬等方面的劳动权益保障亟待完善。① 由此可见，一般科技工作者的"制度性关怀"尚且如此，要使作为战略科技人才在社会上享有与其社会作用相匹配的应有地位，更是尚需时日。所有这些问题的解决都需要制度保障这根"指挥棒"的"导航定向"作用得到切实发挥，不断夯实战略科技人才的职业关照。

第三节　强化国家战略科技力量背景下高等教育的行动自觉

大学是人才培养的阵地、科学研究的重镇，也是战略科技人才学术成长的"母体"、成就职业抱负的舞台。在强化国家战略科技力量的时代召唤下，大学应该努力建设立足科技精英培育的人才培养体系、基于知识创新的科研创新体系、以高水平实验室为载体的科研平台体系、有利于开展原创性研究的基础研究体系，自觉承担起不断为国家输送战略科技人才的历史重任，大力培养具有科学家精神、适应国家和时代需要的未来战略科学家，打通从一

---

① 操秀英.中国科协发布《第四次全国科技工作者状况调查报告》：科研人员过得好不好　数据来说话[N].科技日报，2018-10-26(4).

般科技人才向杰出科学家突破、从杰出科学家向战略科学家迈进的"最后一公里"，为建设世界科技强国做出应有贡献。

一、推进人才驱动战略，实施创新型科技人才向战略科技人才转化工程

人才是创新的动力源，创新驱动的实质是人才驱动、智力驱动，突破关键核心技术的关键系于人才尤其是堪称"关键核心人才"的战略科技人才。可以说，谁拥有战略科技人才这个"智力富矿"，谁就掌握了突破关键核心技术的"杀手锏"，掌握了创新驱动的主导权。习近平总书记多次强调："人才是创新的核心要素。"2019 年 6 月 11 日，中共中央办公厅、国务院办公厅印发的《意见》指出，要"大胆突破不符合科技创新规律和人才成长规律的制度藩篱，营造良好学术生态，激发全社会创新创造活力"①。当前，我国创新型科技人才尤其是具有突破关键核心技术潜能的战略科技人才结构性不足与国家紧迫需求之间的结构性矛盾尤为突出，世界级科技大师屈指可数，领军型科技人才供需失衡，高水平工程技术人才培养同生产和创新实践脱节。这是我国高等教育急需破解的瓶颈问题。

在强化国家战略科技力量时代背景下，中国大学需要不断探索创新型科技人才向战略科技人才转化的途径和机制，努力做好人才强校这篇"大文章"：一要通过内生性培养与外生性引进相结合，加大发现、培养和引进人才尤其是"关键核心人才"的力度，让推进新时代高等教育高质量发展这个"巧妇"有"米"可炊；二要营造核心人才潜心研究、厚积薄发、脱颖而出的工作环境和研究氛围，做到人尽其才、才尽其用；三要在科研报酬、工作待遇、职业发展等方面向优秀科研人才倾斜，加大力度祛除"唯论文、唯职称、唯学历、唯奖项"（通称"四唯"）人才评价沉疴痼疾，让成果产能成为衡量和评价人才的核心标准，这也是开展科学研究的应有之义；四要大力弘扬以"爱国、创新、求实、奉献、协同、育人"为核心内涵的中国科学家精神。"科学成就离不开精神支撑"，要大力引导科研人才树立崇高科学理想和职业情操，以热爱本职、矢

---

① 中共中央办公厅　国务院办公厅印发《关于进一步弘扬科学家精神加强作风和学风建设的意见》[EB/OL].(2019 - 06 - 11)[2024 - 07 - 10]. http://www. xinhua net. com/politics/2019-06/11/c_1124609190. htm.

志创新、甘于奉献为根本价值坚守,扮演好攻克关键核心技术先锋的时代角色。唯有如此,大学作为战略科技人才"原生母体"的社会功能才能得到切实发挥。

二、坚持集聚培育模式,将人才技术优势转化为战略科技人才知识创新优势

关键核心技术是在技术系统中科技含量最高、社会价值最大、处于核心地位、发挥关键作用的技术。从核心技术的知识本质角度看,关键核心技术可分为原理性核心技术、性能性核心技术和可靠性核心技术。其中原理性核心技术以产品基本功能实现过程的基础和规律为指向,解决的是核心技术原理"从无到有"的问题;性能性核心技术以产品开发的核心算法、模型、控制策略和设计方案为指向,解决的是实现核心技术原理产品化"从无到有"的问题。这两项核心技术的突破主体是大学尤其是高水平研究型大学。

知识创新代表着科技创新的前沿方向,是科技创新的首要前提。原生性是知识创新的首要特征。任何一种新知识都是掌握不同类型知识、具有相应知识基础或背景的个体和组织,在原有知识基础上创造而成的。关键核心技术尤其是重要领域关键核心技术堪称科技创新领域的"珠穆朗玛峰",代表了一个国家的科技最高水平和产出能力。对我国而言,关键核心技术上的短板及与之带来的随时可能面临被"卡脖子"的风险,成为困扰经济社会发展的一片"洼地",国家经济战略安全存在"断水断电"的不确定性。这促使我们深刻意识到,没有知识创新,没有知识创新引发的原生性知识变革,实现关键核心技术突破、建设世界科技强国将形同一纸空文。

战略科技人才集聚培育的基本规律一般体现为"尖端人才荟萃、创新活力涌现、巅峰知识对决",即在新一轮创新创业浪潮来临之际,通过组织行为将"最聪明的大脑"汇集在一起,相互激荡、共同发力,实现新的知识生产,从而突破重大技术瓶颈制约。在此之后,当科技浪潮向外围扩散即产生溢出效应时,这些已经成长为战略科技人才的科技精英就能统领属于自己专业领域的科技队伍,从而实现科技创新成果的最大规模化和最佳效能化,如此循环往复,不断推进科技原始创新。纵观人类科技发展史,每一项原始创新技术的孕育形成与发展嬗变,无不依从和呈现着知识创新的递进特征和科技创新

的基本规律。原始创新技术的孕育形成,除了需要显性知识外,还需要有包含大量隐性知识在内的知识库作为支撑。原始创新技术绝非凭空产生的,更不是灵光闪现的产物,而是过往知识累积、集成、集合的产物,是不同知识和技术全新组合与创生而成的"高阶知识""高阶技术",体现出颠覆性(对既往知识的扬弃性)、关键性(对现实需求的契合性)、独特性(对已有技术的排他性)等特征。而掌握这些"颠覆性""关键性""独特性"技术的,往往是身处科研一线的战略科技人才。大学作为科技创新的主战场,不仅要传授知识,更要创造知识、生产知识,并以原始性知识创新、智力集聚推动科技创新、成果产出,在国家创新体系中具有无可替代的作用。因此,以知识创新推动关键人才培养,以集聚培育推进战略科技人才集聚涌现,不断实现战略性技术突破,成为高等教育改革尤其是高水平研究型大学建设的一项根本使命。

三、优化科研组织形式,让科研平台成为战略科技人才学术成长舞台

纵观人类社会发展史尤其是自工业革命至 19 世纪中叶的近代科技发展史,科学研究的主要组织形式是以知识探究和自由探索为特点的小科学。不少科学上的重大发现也建立在这种组织方式基础之上。进入现代以来,随着以人类基因组计划(Human Genome Project,HGP)、哈勃太空望远镜(Hubble Space Telescope)等为代表的一批重大科研项目的实施,大科学更多地呈现在人们面前。[①] 科学发现与科技创新成为现代国家支持与组织下展开的系统性科学活动。大科学以其精准的目标指向、庞大的组织体系、注重部门联动与团体协作、面向国家重大需求等特点,成为大型科研项目(或称大科学工程)的主要组织形式。对于高校科研来说,树立大科学观,积极参与国家重大科研项目,有助于打破高校分立的学科体系,促使学科交叉融合,[②]激发科技人才成长,推进重大原始创新。

---

① 1962 年 6 月,科学计量学奠基人、美国科学家普赖斯(D. J. S. Price)发表了著名的"小科学、大科学"(Little Science,Big Science)演讲。他认为,小科学是分散的、个体的、随机组合的小规模的科学,大科学则是规模则越来越大、从企业规模发展到国家规模甚至国际规模(即大规模)的科学;大科学的主要特征表现为:投资强度大、多学科交叉、需要昂贵且复杂的实验设备、研究目标宏大等;"二战"前的科学都属于小科学,从"二战"时期起,进入大科学时代。

② 王晓峰. 树立大科学观　创新跨学科科研组织模式[J]. 中国高等教育,2011(2):24-26.

大学尤其是高水平研究型大学是产学研合作与国家创新体系建设的重要支撑,是增强原始创新能力、攻克关键核心技术的"三大主阵地"之一。习近平总书记指出,成为世界科技强国,成为世界主要科学中心和创新高地,必须拥有一批世界一流科研机构、研究型大学、创新型企业,能够持续涌现一批重大原创性科学成果。以高水平实验室为核心依托的科研平台,是研究型大学科技创新的重要载体和重大原创性科学成果的"发祥地",承载着科学研究、人才培养、社会服务等基本职能,也是其学科建设的核心依托。

党的十八届五中全会提出,要在重大创新领域组建一批国家实验室。党的十九届五中全会更是提出了到 2035 年"关键核心技术实现重大突破,进入创新型国家前列"[①]的宏伟目标。为此,高水平研究型大学要将高水平实验室建设成为青年学生成长成才的重要基地、中青年科技工作者学术成长的重要平台,让青年学生和中青年科技工作者在高水平实验室这个舞台上培育科学精神、塑造创新能力、拓宽知识视野、绽放学术光彩;要以增强原始创新能力、服务国家重大战略需求为重要抓手,以产生重大原创性科研成果为导向,以赋能国家科技事业发展为使命,以承接国家重大科技任务攻关为依托,不断增强自身知识生产能力、社会服务能力建设。高校实验室管理者和负责人发展要直面新一轮科技革命和产业变革带来的挑战,顺应移动互联网、大数据、高级计算、脑科学等新理论、新技术的要求,促进不同学科之间,科学、技术与工程之间,自然科学、人文科学与社会科学之间的交叉融合,真正实现产学研一体化,面向科技主战场,推动原始创新、系统创新、集成创新。

四、依托新型举国体制,以基础研究带动和增强战略科技人才原始创新产能

新型举国体制是在充分发挥市场经济基础上政府集中力量办大事的优势体制,是中国特色社会主义制度优势的重要体现。新型举国体制具有四大"基本优势":依托中国特色社会主义制度的政治优势,能够集中力量办大事;更好发挥政府作用与兼顾市场决定作用的经济优势,能够正确处理好政府与市场关系;统筹"政产学研用"五方面协同攻关的组织优势,能够激发各类主

---

① 中国共产党第十九届中央委员会第五次全体会议公报[J]. 中国人大,2020(21):6-8.

体创新激情和活力,形成自主创新合力,构建协同创新格局;凝神聚力于科技创新的战略优势,能够全面增强国家自主创新能力,推动科技创新和经济社会发展深度融合等。新型举国体制在强化国家战略科技力量、引导科技创新重点突破、实现跨越式创新发展方面,具有一般市场经济下政府所不具备的能力。[①]

关键核心技术的突破源于原创性科学理论的发现,是在所发现并依托的原创性科学理论指引下技术化的结果,而原创性科学理论的发现离不开基础研究的支撑。习近平总书记《在科学家座谈会上的讲话》中指出,基础研究是科技创新的源头。我国基础研究虽然取得显著进步,但同国际先进水平的差距还是明显的。当前,我国正在建设科技强国,科技强则国家强。要实现"科技强"的战略目标,必须找准基础研究跟不上的这根"软肋",突破创新能力不够这个"瓶颈"。

纵观世界主要国家尤其是西方发达国家科技腾飞的历史经验,我们不难发现,高水平研究型大学建设在其中扮演着不可或缺的支撑作用:注重培养科技精英,抢占科技创新高地;注重基础研究,加大基础研究投入,致力于产生重大原创性科技成果;推动高新技术产业的发展,实现基础研究向应用研究的成果转化。这些宝贵经验对于我国高水平研究型大学建设无疑具有重要启示意义。

建设科技强国对推进基础研究提出了紧迫的战略需求和时代召唤。高水平研究型大学是承担国家基础科学研究的重镇,应充分利用新型举国体制的政治优势,充分发挥"政产学研用"五方面协同攻关的组织优势,主动作为,自觉抢占基础科学研究的前沿阵地,为提升国家原创创新能力做出应有的时代贡献。要充分发挥高水平研究型大学在学科建设、人才培养、科学研究、社会服务等方面的集成优势和综合优势,加大基础科学研究整体布局、资源配置、人才培养力度,增强原始创新能力建设,使高水平研究型大学成为我国基础科学研究的主阵地、策源地。为此,一要以"双一流"建设为契机,加强基础科学研究平台建设,加大高水平研究基地尤其是国家重点实验室、国家实验室等的建设力度,增强科研平台的原始创新能力,提高重大成果产能。二要

---

① 武力.发挥新型举国体制优势 强化国家战略科技力量[N].中国纪检监察报,2020-12-24(5).

以问题意识引领学术研究,加强前沿问题"发现能力"建设。

五、结语

科技创新的基本任务乃至首要任务,就是面向世界科技前沿,探索最具未知性、先驱性和挑战性的研究领域,不断突破人类的认知极限,实现人类肢体和工具器物的拓展与延伸,进而促进人类认知边界的动态扩展和工具效能的迭代更新,从而更好认识世界和改造世界。[①] 党的十九届五中全会提出:"坚持创新在我国现代化建设全局中的核心地位,把科技自立自强作为国家发展的战略支撑。"[②]这是我们党放眼世界、立足全局、面向未来,深刻洞察世情、国情作出的重大战略决策,对于我国加快建设创新型国家、开启建设世界科技强国新征程、实现"两个一百年"奋斗目标,具有十分重大的意义。纵观历史经纬,身处百年未有之大变局,科技创新对于国家发展而言从来没有像今天这样迫切和重要。

强化国家战略科技力量离不开科技创新的支撑,离不开作为科技创新"主角"的战略科技人才脱颖而出、薪火相承,凝聚着党中央对科技工作的殷切期望。加强科技人才队伍建设,不断为国家输送战略科技人才,以高等教育高质量发展赋能科技强国建设,是高等教育的时代使命和应有担当。而在更宏大视角和更长远意义上,大力培育战略科技人才是产生战略科学家进而夯实国家战略科技力量的前置条件,是一项功在当代、利在千秋的科技工程和政治工程。有理由认为,在国家如此重视科学、如此重视科技创新、如此重视科学家创造性劳动的今天,一代代钱学森式战略科学家"横空出世"、国家战略科技力量体系坚不可摧的愿景成为现实,当指日可待。

第四节　大力培养战略科技人才
——以上海为例

2024 年 1 月 11 日,上海市委书记陈吉宁前往中国科学院生物与化学交

---

① 汪长明. 坚持"四个面向"的理论逻辑[N]. 学习时报,2020 - 09 - 23(6).
② 中国共产党第十九届中央委员会第五次全体会议公报[J]. 中国人大,2020(21):6 - 8.

叉研究中心、李政道研究所开展专题调研并主持召开座谈会时指出,新征程上加快建设具有全球影响力的科技创新中心,要深入学习贯彻习近平总书记关于科技创新的重要论述和考察上海重要讲话精神,把强化科技创新策源功能作为主攻方向,积极主动顺应科研范式变革,创新基础研究体制机制,加快集聚全球顶尖人才,高质量建好用好国家战略科技力量,更好服务实现高水平科技自立自强,更好助力科技强国建设。① 上海作为"改革开放排头兵、创新发展先行者",应大力培养以一流科学家为引领的高素质人才,不断增强城市发展的人才吸引力、科技创新力和城市竞争力,为加快推进上海"五个中心"②建设提供坚实的人才支撑和科技创新支撑。

一、引育结合、内外联动,做好拔尖科技创新人才本土化与国际化双轨并驱

上海作为我国公认的高等教育强省和国家科技和教育中心城市,一直以来不但培养了一大批具有世界声誉的一流科学家,而且汇聚了来自世界各地、在不同学科领域处于领军地位的一流科学家,保持着对科技人才尤其是对国家科技事业发展具有重要战略地位的顶尖科学家的强大吸引力。这既是上海作为国家科技创新重镇的独特影响力使然,也使上海具有成为汇聚世界"最强大脑"高地的得天独厚的智力优势和资源优势。据 2022 年 8 月 27 日浦江创新论坛成果发布会上发布的《2022"理想之城"全球高水平科学家分析报告》,上海与北京这对中国"城市双雄"排名全球高水平科学家集聚城市前列。特别在对于全球青年科学家和全球 30 岁以下青年科学家两个群体的吸引力方面,上海总排名分别位居所有 20 座城市的第四位和第一位,充分体现了上海作为科技创新开放窗口和网络枢纽的地位。而同样据这份报告,上海顶尖科学家人数居全球第十三名,十年间高水平科学家增长

---

① 张骏. 高质量建好用好国家战略科技力量! 陈吉宁前往这两家科研机构专题调研并座谈[EB/OL]. (2024 - 01 - 11)[2024 - 07 - 10]. https://export. shobserver. com/baijiahao/html/703975. html.

② "五个中心"指国际经济中心、金融中心、贸易中心、航运中心、科技创新中心。"五个中心"是以习近平同志为核心的党中央对上海城市的总体定位,是上海在国家现代化经济体系中的定位要求,为上海推动高质量发展、提升城市能级指明了主攻方向。2023 年 12 月 1 日上午,习近平听取了上海市委和市政府工作汇报,习近平指出,加快建设"五个中心",是党中央赋予上海的重要使命。

约8000人。① 据2023年9月9日浦江创新论坛成果发布会上发布的《2023"理想之城"》全球科学家调查报告（上海市科学学研究所发布），上海进入全球20座主要城市中教育、科技、人才综合发展的"理想之城"前五位之列（另一座入选的中国城市是深圳）和全球科学家心目中的创新人才理想城市前五位（其他入选的中国城市是北京、深圳）。而在全球科学家心目中首选的"工作之城"和"生活之城"两方面，上海均进入前三位。报告还显示，上海作为国际科技创新中心，在全球科学家心目中的地位从五年前的十名开外上升至全球第六，尤其在国际化科技人才培养发展环境、自主培育本土优秀科技人才两方面，上海的表现获评"最佳"。② 未来，上海应继续发挥自身在科研基金支持力度、领先科研机构、科研工作机会、高技术产业和科研基础设施等方面的科技创新资源优势，坚守并彰显具有"魔都特色"、彰显开放胸怀的城市品格，坚持全球视野、做到引育结合、做好内外联动，以拔尖创新人才本土培养促进高水平科技自立自强，以"开放科学"促进科研创新赋能科技强国建设，让城市成为一流科学家成长成才的沃土、干事创业的舞台，大力培养造就一大批在国家科技创新体系中处于中枢地位、具有决定性意义的科学大师和战略科学家。

对上海而言，应放眼天下，通过筑巢引凤不断焕发上海科技工作者的创新潜能和创造热情。除了加强上海本地科学家培育，引进处于行业领导地位的海外高层次科技人才也尤为重要，是巩固上海在中国乃至世界城市地位的重要支撑和可靠保障。一方面，扎扎实实开展"引智"工作能够加快上海本地科学家成长，拓展他们的学术视野和科学研究的国际化水平，使其及时掌握世界前沿科技尤其是关键核心技术领域的发展状况和研究动态；另一方面，"百川归海"可以形成上海对高层次人才的吸纳效应，增强城市的"磁性"，提高高层次人才占比和城市的"科技品味"，满足上海对一流科学家的持久需求；此外，从知识创新角度看，"聚天下英才"来沪安家落户，还能够促进不同

---

① 上海科技.浦江成果发布｜《2022"理想之城"全球高水平科学家分析报告》[EB/OL].（2022 - 08 - 27）[2024 - 07 - 10]. https://sghexport. shobserver. com/html/baijiahao/2022/08/27/837209. html.

② 2023浦江创新论坛｜科学思维、好奇心、自主探索　优秀科学家的三大养成秘方　上海市科学学研究所发布《2023"理想之城"》全球科学家调查报告[N].新民晚报,2023 - 09 - 09.

文化背景、不同学科领域科学家的学术交流、思维碰撞与知识激荡,催生基础性、战略性重大科研创新成果,增强城市创新能力,让上海这座"理想之城"更理想。

二、平台依托、协同培育,发挥国家战略科技力量上海集群优势大力培养战略科学家

战略科学家在一流科学家方阵中处于领军地位,是国家战略人才力量中的"关键少数",是推动科技创新与高技术产业跨越发展的领导型科学家,是建设世界科技强国的中坚力量,在国家创新体系中发挥着举足轻重的作用。上海拥有国家战略科技力量集群优势,具有大力培养战略科学家的丰厚基础。以国家科研机构为例,2023 年 8 月 9 日,自然指数官网发布了最新的中国科研机构百强名单,上海共有 8 家科研机构入围,分别为复旦大学、上海交通大学、同济大学、华东理工大学、华东师范大学、上海科技大学、上海大学、东华大学,占比 8%。[①] 同样据 2023 年自然指数评选的进步最快的 50 所中国科研机构名单,复旦大学、上海交通大学、同济大学、上海大学、华东理工大学名列其中,上海高校占比同为 8%。科技领军企业方面,截至目前,上海共有科创板上市企业 83 家,数量居全国第二,上市企业市值全国第一。得天独厚的战略科技力量条件为一流科学家提供了平台培育和施展创新才华的沃土。[②]

对上海而言,更好发挥包括战略科学家在内的战略科技人才在国家创新体系中的作用,为强化国家战略科技力量注入活力,需要紧紧依托并充分发挥本土战略科技力量优势,积极探索战略科技人才生成逻辑与实现路径,打造一支学术队伍整体涌现、科研潜能不断激发、制度保障坚实有力的战略科技人才队伍。具体可从以下四个方面着手:

一要完善国家战略科技力量在沪布局,探索战略科技人才科研平台培育的"上海经验"。一流科学家创造一流成果离不开科研平台支撑。以国家实验室为例,截至 2022 年,已经建成的国家实验室共 5 家,没有一家位于上海;

———————————

① MBA china 2014.最新!自然指数中国科研机构百强名单,出炉![EB/OL].(2023 - 08 - 12)[2024 - 09 - 10].https://www.sohu.com/a/711185368.101093.

② 前瞻网.权威榜单发布!刚刚,合肥超了深圳[EB/OL].(2023 - 12 - 05)[2024 - 09 - 10].https://www.sohu.com/a/741458673_114835.

而通过科技部批准立项的 6 家国家实验室,同样没有一家位于上海。这与上海建设国际科技创新中心和高水平人才高地的城市职能很不相符。为此,上海需要建设更多、更高水平的科研平台机构,为科学家提供科研创新的良好舞台,让战略科技人才在高水平科研平台上"拔地而起"。

二要以学术培育带动战略科学家群体生成与整体涌现,形成战略科技人才本土培养的"上海效应"。2014 年 11 月,上海市教委启动实施《上海高等学校学科发展与优化布局规划(2014—2020 年)》,其中一项重要政策目标是以"国家急需、世界一流"为根本出发点,培养一流创新人才,加速建立能够冲击世界一流的新优势和新实力。但该计划为阶段性学科建设计划,目前已执行完毕。为此,需要从战略高度加强对战略科技人才学术成长规律的探索研究与实践创新,持续性实施战略科技人才整体性、长远性规划。

三要以科研激励助推战略科学家精神动能优化,贡献战略科技人才本土成长的"上海智慧"。通过建立包括战略科技人才在内广大科技工作者潜心科研、勇攀高峰的科研激励机制,不断激发其创新动力与创新潜能,以科研激励体制机制创新助力战略科技人才在科学研究中自我赋能,实现战略科技人才在国家科研创新体系中的全谱系成长。

四要强化国家战略科技力量中使命担当,彰显战略科技人才本土发展的"上海特色"。将上海的人才资源优势转化为战略科技人才知识创新优势,让以战略科技力量为主体的科研平台成为战略科技人才学术成长舞台。

五要推动上海现有学科建设和人才培养机制落实落地,向全国贡献战略科技人才培养机制"上海方案"。2022 年 10 月 30 日,上海市教育委员会与世界顶尖科学家协会上海中心正式启动"未来科学家"培养计划。根据整体规划,"未来科学家"培养计划旨在以科研精神、以"科学家方法"培养"未来科学家",每年在上海全市遴选 100 名有良好科创基础和科创潜质的中学生,经过一年精心培育之后,评选出 10 名"未来科学家"。

三、战略引领、强化"基础",面向关键核心技术攻关打通人才供需"最后一公里"

当前,在一些基础研究领域和前沿科技领域,我国还存在亟待解决的问题、亟待突破的短板,部分关键核心技术正面临被其他发达国家"断供"的风险和"卡脖子"的威胁。加快原始创新策源地建设、关键核心技术攻关、战略性新兴产业培育和高新技术产业发展,在国际竞争中抢占科技制高点,成为加快建设科技强国、实现高水平科技自立自强的刚性要求。力争实现关键核心技术自主可控,离不开基础研究这个"底座"的支撑,更加需要科学家们甘坐冷板凳、淡泊名利、潜心研究、厚积薄发,勇做新时代科技创新的排头兵。为此,应与时俱进改革创新基础学科建设,培养攻克关键核心技术的一流科学家,打通人才供需"最后一公里",推动建立人才培养和科技创新双轮驱动大格局。

高水平研究型大学作为科技创新的重要主体之一,是承担国家基础科学研究的重镇,具有较强的人才培养、科学研究、社会服务基础和能力。通过核心技术的聚焦,突破关键技术上受制于人的局面,是高水平研究型大学在新的历史时期应有的使命担当。当前,上海正在加快建成具有全球影响力的科技创新中心,而在提升自主创新能力和突破关键核心技术方面,立足人才培养和科学研究这两大"核心职能"的高等院校尤其是高水平研究型大学,是理所当然的创新高地和难以替代的前沿阵地。为此:

一要持续强化上海服务国家战略需求的使命意识,提升前瞻性、战略性、前沿性基础研究,发挥关键核心技术攻坚"尖刀兵""国家队"作用。应充分利用新型举国体制的政治优势,充分发挥"政产学研用"五方面协同攻关的组织优势,充分依托高水平研究型大学集成创新的科研优势,通过平台孵化、岗位培育、项目催生,大力培养勇克难关、能担大任的一流科学家,自觉抢占基础科学研究的前沿阵地,在关键核心技术领域不断取得新的更大突破,更好强化上海的科技创新策源功能,为提升国家原创创新能力做出应有贡献。

二要在坚持全市整体发展"一盘棋"前提下,充分发挥上海高水平研究型大学在学科建设、人才培养、科学研究、社会服务等方面的综合优势,加大基础科学研究整体布局、资源配置、人才培养力度,增强原始创新能力建设,使本地高水平研究型大学成为上海基础科学研究的主阵地、策源地。

具体而言,首先,要加强平台建设,以"双一流"建设为契机,加大基础科学研究平台建设力度,增强科研平台的原始创新能力,提高重大成果产能。其次,要强化问题意识,以问题导向引领学术研究,加强前沿问题"发现能力"建设。"发现问题"是"解决问题"的前提,只有勇于发现问题、敢于大胆假设,科学研究尤其是作为"科技创新源头"的基础科学研究才不至成为无源之水。最后，要重视激励功能，为保证一流科学家群体在关键核心技术攻关中的作用得到最大限度发挥，上海应建立切合上海实际的一流科学家体系化激励机制，包括政治关怀机制、学术成长机制、科研激励机制和权益保障机制，真正做到人尽其才、才尽其用、用有所成。

第四篇　思政引领

——科学家精神价值实现

导　读

　　科学家精神是一代代科学家和科技工作者接力传承的结果。以"科技梦"助推"中国梦",推动中国科技创新实现历史性跨越,尤其需要科学家精神在中国大地上薪火相传、生生不息(科学家精神本身即包括育人精神),需要面向在校学生尤其是在校大学生开展科学家精神教育。这是弘扬科学家精神的根本要求。这一部分主要探讨科学家精神融入大学生思想政治教育的价值与路径,并以"党建思政"这一思想政治教育范式为切入点,将科学家精神教育、党性教育和思想政治教育三者结合起来,为培养造就可堪大用、能担重任的栋梁之才赋能助力。

　　其一,就科学家精神融入大学生思想政治教育而言,科学家精神具有民族特色、谱系特征和教育功能,融入大学生思想政治教育:价值维度,可以为落实立德树人根本任务构建精神支点,为社会主义核心价值体系建设提供价值引领,为建设世界科技强国注入信仰力量;资源维度,科学家精神蕴含宝贵精神因子,内嵌厚重红色基因,凝聚鲜明价值共识,是开展思想政治教育的重要教材;实践维度,可以通过开展"进教材、进课堂、进头脑"活动,将科学家精神融入"五育并举"人才培养体系,把科学家精神蕴含的"道理"讲深、讲透、讲活,实现科学家精神与大学生思想政治教育的融合育人功能。

　　其二,就科学家精神融入高校党建思政(或称"党建＋思政")而言,高校党建工作与大学生思想政治教育都以坚持党的领导为最高原则,以立德树人为根本任务,以坚持马克思主义世界观和方法论为根本遵循,以协同发展为基本要求,以提升育人质量为价值旨归。二者在教育主体、教育内容、教育方法、教育功能等方面存在功能的一致与叠合。党建思政是高校党建工作的新领域、大学生思想政治教育的新形态,开辟了落实立德树人根本任务的新场域和新图景。然而,实际工作存在党建与思政分离、功用与实用脱节的二元分裂困囿。党建与思政深度融合、协同育人,需在认识论、方法论和实践论上进行根本性突破,不断增强二者融入力的探索与实践,努力构建新时代"党建＋思政"二元一体育人体系。其实践路径为：全面贯彻党的教育方针,掌握党建思政领导权;充分发挥思政课主渠道主阵地作用,强化意识形态引领力;把好政治、队伍建设和课程改革方向,占领思政工作制高点;建立党委统一领导、党政齐抓共管、全校协同配合的体制机制,形成"三全育人"协同力。

第九章
将科学家精神融入大学生思想政治教育

第一节　将科学家精神融入大学生思想政治教育的实践价值

　　"把理想信念教育放在首位",培养具有崇高理想、堪当民族大任的时代英才,是高校思想政治工作的根本任务和要求。中央明确提出,要加强"科学精神教育","培育和践行社会主义核心价值观"①。为此,中央于 2019 年 6 月专门印发了《意见》,对科学家精神的内涵、弘扬科学家精神的要求等作出具体规定。广大科技工作者以执着的科学追求砥砺初心、以深沉的科学情怀开拓创新、以骄人的科学才智报效祖国、以无悔的科学担当勇毅前行,是社会主义核心价值观的生动诠释者和自觉践行者。他们身上体现的新时代科学家精神为社会主义核心价值体系赋予了新的诠释,并融入社会主义现代化建设宏伟事业,成为开展思想政治教育的宝贵资源。深入挖掘科学家精神丰富内涵、其中蕴含的红色基因和资源价值及其对高等教育的启示意义,将科学家精神融入大学生思想政治教育,用科学家的成长历程、感人事迹、崇高品质和价值追求引领当代大学生的成长方向,实现弘扬科学家精神与践行立德树人根本任务相互支撑、深度交融,可以为高等教育践行时代使命注入强大精神动能和宝贵核心价值。因而,学习和传承科学家精神,对于当代大学生树立

---

① 中共中央国务院印发《关于加强和改进新形势下高校思想政治工作的意见》[N]. 人民日报,2017 - 02 - 28(1).

理想信念、崇尚核心价值、塑造健全人格、传承科学文化等,具有重要示范价值和导向价值。

关于科学家精神研究,国内方面,其一,目前对科学家精神研究存在三个误区或言三块短板:一是将精神研究局限于意识和思维层面,且以群体性、整体性描述为主,内涵揭示与个体呈现不够;二是媒体驱动而非学术驱动,科学家精神重宣传轻研究,主要服务于党和国家意识形态工作,学术研究与知识生产滞后,社会服务力不够;三是侧重价值揭示而非路径探索,人物精神的社会功能和时代价值难以充分彰显。其二,科学家精神与大学生思想政治教育关联研究,主要停留在媒体报道和舆论宣传层面,研究成果有限,且存在如下问题:一是立论宏观,样本选择模糊,缺少代表性个案支撑,理论说服力和实践操作性均不强,影响教育效果;二是释理抽象,理论深度不够,泛泛而谈,主要聚焦科学家精神内涵阐释,且以对中央文件重复叙述与延伸表达为主;三是概念纠缠,学理解释乏力,对科学精神的理解停留在《科学家精神意见》提出的六个关键词("爱国、创新、求实、奉献、协同、育人")的概念阐释上,科学家精神面向思想政治教育的理论转化力不够;四是避实就虚,实践指向不明,科学家精神与大学生思想政治教育结合度和融入性均欠缺,理论创新与实践创新乏善可陈。国外方面,无论科学家精神研究还是将科学家精神融入大学生思想政治教育的研究,均属中国学术体系和话语体系范畴。据笔者所知,国外学者未进行相关研究及成果产出。

"科学家精神"是一个耳熟能详的词汇,但首次在国家层面以文件形式提出"科学家精神",是《意见》。该《意见》首次对科学精神内涵、价值及新时代弘扬科学家精神的路径和要求进行了制度性界定和规范化阐述。而科学家精神的形成则是在历史发展中逐渐形成的,并深度融入了党的百年奋斗历程。科学家精神是在长期历史发展进程中民族精神和时代精神在科学家身上的群体结晶,是中国当代史中宝贵的精神资源,经历了历史和时代、理论和实践多维度的综合检验。在加快实现高水平科技自立自强和落实立德树人根本任务等新形势下,尤其需要加强科学家精神价值析出和弘扬科学家精神功能揭示,更好地服务包括大学生思想政治教育在内的社会主义核心价值体系建设。

一、科学家精神依附的物质载体为践行立德树人根本任务构建精神支点

常言道,"思想是行动的先导","言为心声",讲的是意识对物质的能动作用。一个人只有把好拧紧思想(意识)这个"总开关",确保认识和观念源清流洁,干事创业才能方向明确、行稳致远。大学生思想政治工作关乎人才培养质量,是高校各项工作中的一项根本性、全局性工作,事关高等教育成败得失。做好大学生思想政治工作的首要问题,在于回答"培养什么样的人、如何培养人、为谁培养人"这一事关千家万户和国家长远发展、拷问当代中国教育及广大教育工作者乃至全社会的根本问题。这是事关新时代中国教育事业高质量发展的一道战略性、纲领性"总命题"。回答好这一"教育时代之问":其一,要注重思想方法,立人先立德,"坚持把立德树人作为中心环节"。其二,要注重工作要求,一要坚持过程导向,过程影响并决定目标,"把思想政治工作贯穿教育教学全过程"[①];二要坚持目标导向,目标反馈并检验过程,做到"坚持全员全过程全方位育人"[②]。其三,要注重工作方法,加强方法论探索,用科学的方法论指导"方法"落实,"把立德树人融入思想道德教育、文化知识教育、社会实践教育等各环节"[③]。

科学是一项承前启后的事业。弘扬科学家精神并非空洞的口号和说教,需要做好精神叙事与物质叙事之间的关系。发挥科学家精神铸魂育人功能,离不开作为"精神载体"的科学家档案的支撑。无论科学家纪念馆、科技类博物馆还是科学家精神教育基地,其发挥教育功能的主要形式是通过自身拥有的科学家档案,面向公众开展各种形式的社会教育活动。档案见人见物见精神,是记录科学家生平事迹、科学历程和反映其精神风范、思想境界的主要形式,是科学家精神的物质表现形式,具有重要历史价值、科学价值和教育价值。在很大程度上,弘扬科学家精神离不开科学家档案支撑。科学家档案既

---

① 习近平. 把思想政治工作贯穿教育教学全过程　开创我国高等教育事业发展新局面[N]. 光明日报,2016 - 12 - 09(1).

② 中共中央国务院印发《关于加强和改进新形势下高校思想政治工作的意见》[N]. 人民日报,2017 - 02 - 28(1).

③ 习近平. 坚持中国特色社会主义发展道路　培养德智体美劳全面发展的社会主义建设者和接班人[N]. 光明日报,2018 - 09 - 11(1).

是文化知识尤其是科学知识(属于科技史范畴)教育和科技发展知识(属于科学范畴)教育的重要基础,是反映科学家成长历程、科学成就、精神品质的厚重教材,也是开展"思想道德教育的有益读本"①。科学家本身就是人才培养的成功案例,加强科学家档案的采集、整理、研究与传播,可以增强科学家档案社会化服务功能,存史鉴今,资政育人。对在校大学生而言,将科学家档案"人格化""教材化",理论上,可以增强他们远大理想信念的塑造。高山仰止、择善而从,档案中科学家崇高而鲜活的时代群像可以引导他们追求科学真理、献身科学事业、服务国之大者。实践上,可以为"全员全过程全方位育人"提供新的方法突破和资源路径,努力培养有理想、有情怀、有学识、有担当的国之大才,为高等教育事业贡献应有力量。

二、科学家精神体现的文化意涵为社会主义核心价值体系建设提供价值引领

中国科学家是社会主义核心价值观的生动践行者,科学家精神尤其是其中的"爱国""奉献""协同"与社会主义核心价值体系存在重要关联(分别对应其中的"爱国""敬业""和谐")。因此,以科学家精神培育社会主义核心价值观,具有逻辑上的关联性和必然性。档案文化作为一种基础文化,在构建社会价值体系中处于基础性地位。如果说科学家档案是科学家精神的物质载体(外在形态),科学家档案彰显的科学文化则是科学家精神的文化意涵(内在品质)。科学家档案作为科学家精神的重要载体,既是社会主义核心价值体系的重要渊源,也因其传播媒介、教育引导和记录传承功能,在构建社会主义核心价值体系中发挥着其他传播载体难以替代的重要作用。科学家档案呈现着科学家科技报国的"精神主线",凝聚着他们思想养成、学术成长的闪亮足迹,永不磨灭,是活的历史,成为科学家生平的载体和科学家精神的"物证",堪称立德树人的"活标本"、培育时代新人的"活教材"、弘扬社会主义核心价值观的"活化石",具有一般教材难以比拟的教育价值。"坚持立德树人,把培育和践行社会主义核心价值观融入教书育人全过程"②,是教育事业发展

---

① 汪长明. 发挥科技名人档案的社会化服务功能[N]. 学习时报,2020-05-22(6).
② 第二十三次全国高等学校党的建设工作会议在京召开[N]. 人民日报,2014-12-29(1).

的根本遵循,成为办好中国特色社会主义大学的根本要求。加强科学家档案开发利用,挖掘并揭示其内在价值要素,发挥科学家档案价值引领作用,促进科学家档案服务社会、服务新时期思想政治工作尤其是大学生思想政治教育,是贯彻中央有关文件和中央领导同志重要指示精神的现实需要。档案的社会价值在于"活起来",能为全体社会成员尤其是世界观、人生观、价值观处于培养期、塑造期、形成期的在校学生所利用。为此,通过开展科学家档案的采集整理、知识管理、学术研究与文化传播,丰富科学档案资源,激活其中蕴含的思想价值和精神内涵,夯实科学家档案社会化服务资源基础,是实现其社会价值的必然要求,是基于思想政治工作的科学家档案社会化服务之根本保障。

三、科学家精神蕴含的价值追求为建设世界科技强国注入信仰力量

"个人与社会之间的本质联系不断催生着个体个性化发展与社会化发展的双重诉求",是"思想政治教育价值追求的两个向度"[①]。理想信念是实现个体个性化发展与社会化发展的"精神纽带",其表现形态为:内化于心,是一种价值信仰,见诸价值追求,无声无息;外化于行,是一种职业追求,见诸精神风貌,可知可感。理想信念构成了一个人的"精神内核",指引着个体的人生志向和奋斗方向。人一旦理想信念缺失、政治立场不坚定、道德防线不牢固,就会失去前进的方向和奋斗的动力,"精神上就会'缺钙',就会得'软骨病'"[②]。将"钙"这种自然元素与人的精神状况形象化结合起来,体现了精神成长在个体发展中所起的重要作用。生理上缺钙影响身体健康,精神上"缺钙"影响心理健康,理想信念因此被誉为"精神之钙"。对全体社会成员尚且如此,对在校大学生而言更是如此,因为"国家的希望在青年",他们使命在肩,承担着民族复兴的重任。科学家精神是实施创新驱动发展战略、建设世界科技强国的一座取之不尽用之不竭的"钙矿"。国家科技事业的未来系于广大在校大学

---

① 王俊斐.生成与化解:思想政治教育个性化与社会化矛盾的后现代审视[J].理论导刊,2022(5):123-128.
② 习近平.紧紧围绕坚持和发展中国特色社会主义　学习宣传贯彻党的十八大精神[N].人民日报2012-11-17(2).

生,要引导他们坚守以自身科学才智成就科学报国的信仰,坚持以学好科学文化知识报效祖国的信念,坚定日后成为可堪大用、能担重任、在国家建设中贡献一份重要力量的时代英才之决心和信心。传承和弘扬科学家精神的历史使命落在了新时代大学生身上,他们责无旁贷。

第二节 科学家精神蕴藏的思想政治教育资源

科学家精神是中国科学家在长期的科学探索历程和科学研究实践中形成的共同精神特质,代表广大科学家和科技工作者"深沉的家国情怀、崇高的政治品格和无悔的科学担当"①等鲜明价值底色和群体镜像。这是科学精神在中国科学家身上的本土化建构、时代化转型与人格化呈现的综合产物。将科学家精神的涓涓细流融入当代大学生的精神血脉,汇聚成奋勇推进社会主义事业、实现中华民族伟大复兴的磅礴洪流,是践行中国高等教育历史使命的时代需要。因而,深入揭示科学家精神蕴藏的思想政治教育资源,成为弘扬科学家精神和落实立德树人根本任务的双重召唤。

一、科学家精神见人见事,蕴含宝贵精神因子,是纳入中国共产党人精神谱系的伟大精神

(一) 民族特色:科学家精神是中华民族的宝贵精神财富

精神"导航"人生,古往今来,崇高精神往往规划着人生奋斗的目标,指引着人生前进的方向,能够产生无穷的奋进动力。对科学家而言,科学家精神是他们共同的价值取向和精神符号,他们为国家作出的科学成就源自内心的"精神支撑"。经过一代代科技工作者接续奋进、薪火相传,我国科技事业走过了以低成本获得高收益的跨越式发展道路,取得了举世瞩目的辉煌成就。"科学成就离不开精神支撑"②,这些辉煌成就的背后,凝聚着广大科技工作者的崇高精神品质,是他们胸怀国之大者、矢志科技创新、坚持实事求是、甘于

---

① 汪长明. 战略科学家的时代召唤与制度催生[J]. 理论导刊,2020(11):100-104.
② 习近平. 在科学家座谈会上的讲话[N]. 人民日报,2020-09-12(2).

无私奉献、提倡大力协同、实现薪火相传的结果，由此凝聚起堪为中华民族"宝贵精神财富"的科学家精神。《意见》指出，要在全社会大力弘扬以科学精神为主体、以"六大要素"为核心归纳的科学家精神。[①] 这"六大要素"或称六种子精神成为中国科学家的群体属性和共同特质。当前，落实创新驱动发展战略，加快实现高水平科技自立自强，仅仅依靠国家加大科技资源投入是远远不够的，需要广大科学家增强历史使命感和社会责任感，而这离不开科学家精神的赋能助力。习近平总书记高度重视科技工作的精神支撑，高度赞许广大科技工作者的崇高精神品质，多次提出要大力弘扬科学家精神。在中央人才工作会议上，总书记强调指出，要"坚持人才引领发展的战略地位""坚持弘扬科学家精神"[②]。

（二）谱系特征：科学家精神隶属"科学类精神"，科学类精神以整体样态融入中国共产党人精神谱系，具有群体色彩和身份共性

包括"科学家精神"在内的五种科学类精神，进入中国共产党人精神谱系（第一批）[③]，科学家精神由此具有谱系化特征，是中国共产党人精神谱系的重要支脉，成为支撑国家科技事业乃至经济社会发展，以及中国共产党百年奋斗光辉历程的伟大精神之一。这样一种支撑关系，宏观上体现了科学类精神鲜明的集体属性，以及党中央对科学家个体与群体、科学家个人特质与群体特质、科学家精神与科学类精神、科技事业与党的事业等多重辩证关系，以及"协同创新"在建设世界科技强国历史进程中重要性的深刻认识。同时，科学类精神以领域形态具象化形式，在中国共产党人精神谱系中"集体登场""群体涌现"，还体现了党中央对科学家群体政治上的关怀、工作上的认可和事业上的期许。微观上，科学家精神作为五种科学类精神中最具包容性的"精神词汇"，是新时代中国特色社会主义背景下产生的"时代精神"（科学家精神因此又称"新时代科学家精神"），在其中的地位尤为突出，是真正属于伟大时代的伟大精神，一方面体现了中国科技工作者与党和国家事业发展、与民族前途命运休戚与共的精神品质和担当作为，另一方面也体现了党中央对科学家

---

① 中共中央办公厅　国务院办公厅印发《关于进一步弘扬科学家精神加强作风和学风建设的意见》[R].中华人民共和国国务院公报,2019(18):20-24.
② 新华社.习近平出席中央人才工作会议并发表重要讲话[J].中国电力教育,2021(10):6-7.
③ 中国共产党人精神谱系第一批伟大精神正式发布[N].人民日报,2021-09-30(1).

和广大科技工作者的充分尊重,凝聚着中国科技事业发展对科技创新的迫切需求和对科学家群体的深沉寄望。

(三)教育功能:弘扬并传承科学家(类)精神理应成为当代大学生的价值遵循

作为中国共产党人精神谱系框架下的一个具有系统属性和群体特征的概括性词汇,"科学类精神"是上述"五大精神"的整体描述与集中归纳,体现了科学类精神在不同时期的历史烙印和时代特色,以及它们之间既相互独立又彼此关联的辩证关系:其一,就内在逻辑而言,"五大精神"中的"两弹一星"精神是科学类精神的源头,标志着"两弹一星"事业完成了从物质到精神、从工程实践到历史经验、从历史经验到时代价值的时空转化;载人航天是"两弹一星"工程的技术延伸和空间拓展,因而,载人航天精神成为"两弹一星"精神的升华,标志着中国载人航天"三步走"战略的"精神定型";探月精神是"两弹一星"精神的当代发展,标志着中国实现了航天大国向航天强国的历史性跨越。三者构成了支撑中国航天辉煌发展历程的"精神体系"。科学家精神是科学类精神的总纲,而新时代北斗精神则是科学类精神的当代呈现。五种伟大精神"五位一体",构成了中国科技的"精神大厦"。其二,就时代价值而言,"五大精神"代表了当代中国科技事业发展的历史镜像,体现了科学类精神时代化和中国化,做到了个性(不同层级、规模和性质的单一性国家大科学工程)与共性(整体性中国科技事业)的统一。

科学类精神的终极归宿和最高价值在于:微观层面,"双轮驱动",将科技报国"内化于心,外化于行",为高水平科技自立自强和国家科技事业发展提供精神和智力"双支撑";中观层面,众志成城,以高水平科技自立自强的科学自信,支撑世界科技强国建设;宏观层面,登高望远,以建设世界科技强国的科学自信和宏伟愿景,助力中华民族伟大复兴。反之,如果没有强大的精神(科学家精神)支撑,高水平科技自立自强将很难真正实现;如果不能实现高水平科技自立自强,关键核心技术受制于人,世界科技强国建设将失去重要支撑;如果离开科技强国梦的实现,国家发展、民族复兴将失去根本动力。当代大学生身处校园、面向社会、头顶苍穹,是中国科技事业的后备军,是中国科学家方阵的"战略储备人才"。在建设世界科技强国的今天,加强和改进大学生思想政治工作,以科学家崇高精神为指引、以科学家典型事迹为"教材",

大力营造热爱科学的浓厚氛围,大力弘扬崇尚科学的社会风尚,引导他们树立科技报国崇高理想信念,以持久的科学热情、扎实的科学知识和深厚的科学素养夯实自己远大人生志向,勇立中华民族伟大复兴时代潮头,是弘扬科学家精神,以科学家精神感召后人、润养当代大学生精神世界的应有之义。

二、科学家精神有血有肉,内嵌厚重红色基因,是大学生思想成长和道德养成的典范教材

(一)科学家精神蕴含厚重红色基因

红色是中华民族的精神底色,发端于中华传统文化,传承于历史发展的滔滔洪流,流淌在亿万中华儿女的精神血脉之中。作为中华民族杰出代表的中国共产党人的精神内核,"红色基因"在中国共产党领导中国人民进行革命、建设和改革百年奋斗历程中发挥着精神纽带和价值枢纽作用,成为中华民族的精神名片与集体遵循。科技事业是党的事业无可或缺的重要组成部分。如前所述,包括科学家精神在内的科学类精神从行业话语升华为公共话语,被纳入中国共产党人精神谱系,表明科学家精神与党的事业一脉相承、同频共振。据统计,科学类精神占中国共产党人精神谱系九分之一,在人物类精神占比方面显得尤为醒目,更是表明科学类精神中蕴含厚重红色基因这一鲜明特质。就对当代大学生的教育价值而言,科学家精神首先是他们应努力学习的"红色教材",可以从中了解中国科学家的价值追求,窥见他们的精神风貌,汲取中国科技发展史宝贵营养。其次,是他们应充分利用的"红色资源",精神可贵、润物无声,他们可以从中找到支撑国家发展的科学元素,将科学家卓尔不群的科学事迹通过自我感召与自我砥砺转化为自觉成长为社会主义建设者和接班人的奋进力量。最后,是他们应自觉传承的"红色基因",他们可以从科学家杰出成就中获得日后以自身所学报效祖国的精神激励。由此可见,科学家精神是教育和引导在校大学生树立崇高理想信念的源头活水。中国科技事业是一项承前启后、来者可追的光辉事业。事业相续,精神永存,要做好科学家精神的当代传承,将历史的接力棒交给即将走向社会、走上工作岗位的万千莘莘学子。

以新中国成立前后科学家精神的红色基因为例,在"冷战"之初国际政治云诡波谲的特殊历史年代,很多科学家远渡重洋探寻救国救民的科学真理,

又冲破藩篱毅然决然回到祖国,将掌握的科学知识付诸新中国建设。为了这份人性中最质朴的愿望,以钱学森为代表的一大批中青年科学家,历经磨难、备受屈辱才如愿以偿。回国后,他们很多人将革命英雄主义与满腔报国热情紧密结合在一起,热血与热情交融、科学与祖国激荡,有的甚至为此付出了生命的代价(如郭永怀、赵九章),谱写了以"两弹一星"这一国家级大科学工程研制为代表的新中国科技事业宏伟篇章,可歌可泣、气壮山河,诠释着"科学家有祖国"的赤子深情。

(二) 弘扬科学家精神成为传承红色基因的典型诠释

红色资源是中国共产党赢得革命胜利、确保长期执政的资源之母、力量之源,是党的事业发展的经验总结、鲜活见证和生动呈现。一部中国共产党历史,本质上是一部红色资源演化史发展史,映照着无数中国共产党人开拓、创造、积聚、传承红色资源,书写中华民族革命、建设、改革事业的光辉历程,凝聚着一个伟大政党、古老民族、复兴大国的价值追求和精神特质。无论过去、现在还是将来,都要把红色资源保存好、整理好、传承好、利用好,使其成为当代大学生思想成长的红色教材。把红色传统发扬好,将凝聚奋进新时代精气神的接力棒交到一代代大学生手上;把红色基因传承好,引领广大青年在报效祖国服务人民的崇高理想中不断升华人生境界,"让革命事业薪火相传、血脉永续"①。大学时期既是科学家求真探索、学术成长的重要阶段,也是他们开展科学研究、践行立德树人的重要场所,大学是科学家精神的"发祥地"和"策源地"。

身处建设高等教育强国时代洪流的今天,我们需要培养一批批、一代代不负时代、不负韶华,具有崇高理想信念、扎实科学知识、高尚道德情操和深厚文化修养的当代大学生。就国家而言,红色基因凝结着全体中国共产党人的政治理想和价值追求;就大学而言,红色基因是学校发展的根与魂,凝聚着学校的办学传统、奋斗精神和家国情怀,并在更广泛意义上参与了中国高等教育的文化构建,成为广大校友、教职工和在校大学生共同的身份标签和价值遵循。无论国家层面还是学校层面的红色基因,科学家精神(包括本校科

---

① 习近平.用好红色资源　赓续红色血脉　努力创造无愧于历史和人民的新业绩[J].求是,2021
(19):4-9.

学家校友和从事科研工作的教职员工的精神叙事)都在其中占有重要的一席之地,是广大科技工作者集体创造并昭启来者的一份至为宝贵的精神财富。作为科学家精神重要物化形式的科学家档案,"具有再现科学家科研实践活动、阐释科学家内在精神品质、书写科学家科技人生履历的鲜活价值张力"①。这些"科研实践活动"本质上是中国共产党的事业一部分,融入了党的百年奋斗历程,因而天然承袭了与党同行的红色基因。因此,充分挖掘科学家馆藏的"红色因子",深入揭示科学家精神的"红色特质",通过馆藏科学家档案不断释放其中蕴含的科学家精神,增强科学家档案的"叙事能力",让科学家精神扎根当代大学生心灵,引导他们自觉传承科学家精神蕴含的红色基因。高校应高度重视本校科学家档案的采集、整理与研究工作,使其成为大学生思想政治教育的源头活水。习近平总书记在全国高校思想政治工作会议上强调,要把思想政治工作贯穿教育教学全过程,实现全程育人、全方位育人。② 在高等教育领域,大学精神的形成、文化血脉的传承,离不开科学家精神的支撑。科学家精神在高校全面推进"三全育人"过程中起着举足轻重的作用。为此,高校应深入发掘以科学家精神尤其是以本校杰出科学家校友为重要叙事对象的红色资源,以主体意识、主动精神保持并发扬本校红色传统,自觉传承具有学校特色、彰显办学特色的本校红色基因,以开展并服务于大学生日常思想政治教育、践行立德树人根本任务为旨归,主动回答办好中国特色社会主义大学的"根本问题",为国家大力培养造就可堪大用、能担重任的"时代新人"。

(三) 传承科学家精神是赓续红色血脉应有之义

为将《关于加强和改进新形势下高校思想政治工作的意见》《高校思政工作意见》精神落到实处,教育部于 2017 年印发文件,提出要从十个方面构建高校思想政治工作一体化育人体系(一般称"十育人"工作机制)③。科学家精神发端于科学家从事教学科研、开展社会实践、参加科研管理、培育科学文化等各种形式的科学实践活动,其中很多因素具有集体属性(科研团队),与培养

---

① 汪长明.充分发挥科学家纪念馆藏的价值功能[N].中国档案报,2023－08－10(3).
② 习近平.把思想政治工作贯穿教育教学全过程　开创我国高等教育事业发展新局面[N].光明日报,2016－12－09(1).
③ 邓晖.教育部发布《高校思想政治工作质量提升工程实施纲要》[N].光明日报,2017－12－07(12).

人才密切相关。因此,科学家精神天然蕴藏着丰富厚重的"育人因子",是"十育人"的重要教材。将科学家精神融入大学生思政教育工作,拓展科学家精神的价值功能,有利于高校贯彻"三全育人"工作要求,完善"十育人"工作机制,实现大学生思想政治教育方式方法创新,扎紧筑牢在校大学生思想防线,培养志向高远、思想纯正、知行合一、不负韶华、面对国家召唤和社会需要勇于挺身而出的时代新人。在校大学生很大一部分毕业后将从事科技工作,以"未来科学家"身份走进中国科学家方阵。在校期间,他们通过耳濡目染、身体力行,以文本研读、口口相传、现身说法、实地调研、亲自参与等不同形式,学习、感悟和践行科学家精神,见贤思齐,可以激扬科学精神、形成远大抱负、砥砺家国情怀,学习真本领、掌握真知识,成为德才兼备的栋梁之材。

三、科学家精神可学可用,凝聚鲜明价值共识,融入大学生思想政治教育具有重要理论和实践意义

(一)拓展立德树人理论内涵,强化育人功能

立德树人是办好中国特色社会主义大学的根本使命,在大学发挥"五大基本职能"方面可谓首要职能。大学作为社会主义先进文化的重要发祥地,既是知识传播的重要平台,也是知识生产的重要"车间",承担着传播正确知识、维护国家意识形态安全的政治任务。传承红色基因离不开"红色知识"的传播和生产。只有不断将"红色知识"植根于大学生心灵,加强"红色知识"研究,拓展立德树人理论内涵,才能确保适应党和国家事业后继有人、生生不息。科学家精神作为高校红色基因重要组成部分,无论长期办学实践打下的"家业家底"(纵向)方面,还是人才荟萃的资源优势(横向)方面,都蕴含丰富的"红色知识",主要包括记录学校办学传统、育人实践、发展历程的校史档案,体现学校文化特色、价值底色、人文精神的校园文化。这些"红色知识"既有显性的,又有隐性的,外在价值与内在价值兼备,与践行立德树人根本任务相互作用、相辅相成:一方面,"红色知识"是立德树人的重要素材和资源;另一方面,立德树人实践反过来又能充实并完善学校"红色知识"体系。用科学家尤其是校友科学家的感人事迹和鲜活故事阐释科学家精神,从学校的科学文化(校园文化的一部分)视角建构具有本校特色的科学家精神,增强科学家精神服务大学生日常思想政治教育的指向性、生动性、真实性和可知度、可感

度、可信度,中国科学家身上蕴含的"红色知识"、中国科技事业蕴藏的红色基因便能够潜移默化地植入当代大学生的精神血脉,于悄无声息中实现科学家精神的代际传承与时代呈现。

(二)推进科学文化传承创新,提高育人质量

大学是研究和传授科学的殿堂,科学文化很大一部分孕育于大学校园并服务于校园文化建设,是大学文化的重要组成部分。文化传承与创新是中国大学的一项基本职能,大学的文化建设、高等教育文化功能的发挥离不开科学文化的支撑。"科学文化的理念和氛围、作为科学文化核心内涵的科学家精神特质与价值追求,是科技创新的必备条件。"①"科学文化培育效果决定青少年精神素养提升的方向和质量。"②没有追求真理、崇尚创新的科学文化氛围,没有科学家精神在大学校园的传播,以培养科技创新人才为己任的大学教育功能的实现,以爱国、创新、求实、协同等精神要素为支撑的大学文化精神都将无从谈起。科学精神决定大学人才培养的方向和质量,为此,应对在校大学生进行科学文化培育,进而塑造他们的科学精神,在大学阶段铸就他们的"精神底座"。将科学家身上蕴含的红色资源转化为文化育人的力量,以"红色"孕育"红色",让科学家精神的"红色"本质成为当代大学生的精神底色,可以增强高校思想政治理论课的教育效果,更好地推进高校文化育人工作。

(三)加强意识形态阵地建设,提升育人实效

各级各类高校是党的意识形态工作前沿阵地,思想自由、知识激荡、文化多元,开展意识形态工作面临着更为复杂的环境和更为重要的任务。大学生在校期间,知识体系、思想体系和价值体系处于基本定型的阶段,面向他们开展马克思主义理论教育、弘扬和传承社会主义核心价值观、塑造大学生高尚的精神品质,是高校承担的意识形态工作任务,是一项事关党和国家事业后继有人永续发展的固本工程、事关"为党育人、为国育才"工作成效的铸魂工程,需要在方法论上下真功、出实招。思想政治工作是意识形态工作的前提和保障,思想政治工作根基不牢,意识形态工作大厦将倾。必须坚持把立德

① 汪长明.充分发挥科学家精神的思想政治教育作用[N].山西日报,2023-02-14(10).
② 汪长明.以科学家纪念馆红色文化提升青少年精神素养[N].中国文化报,2023-05-19(3).

树人、思想引领摆在高校各项工作"头等大事"的位置、置于高校各项工作"重中之重"的高度。思想政治工作要做到大学生心灵深处，既要贯穿教育教学全过程，不留时间盲点，也要落实到他们的学习和生活全维度，不留空间盲区。为此，学校应在如何增强教师的感染力、学生的接受力和教育的转化力方面积极探索，不断加强大学生思想政治教育方法论探索。只有这样，才能真正增强思想政治教育工作实绩，凸显思想政治教育工作实效。高校党委和各下级党组织要将意识形态工作领导权主动权牢牢把握在手里，勇于担当、积极探索、多点发力，以春风化雨、润物无声的耐心，滴水穿石、十年一剑的韧劲，工作不推诿、思想不懈怠，耕好意识形态"责任田"，打好意识形态"主动仗"。将科学家精神融入大学生思想政治教育，对教育对象即学生而言，有利于增强科学报国理想信念，树立求真务实科学精神，对教育主体即学校而言，有利于推进优良校风学风建设，巩固意识形态工作成效。

第三节　让科学家精神走进大学生心灵世界

中央 2019 年 6 月印发《意见》，以及中央 2021 年 9 月发布第一批纳入中国共产党人精神谱系的伟大精神，标志着科学家精神实现了传统话语程式"科学精神"的本土化（中国化）建构、概念化（符号化）拓展、人格化（人本化）诠释、制度化（政策化）转型与时代化（时间化）呈现，成为实现高水平科技自立自强、建设世界科技强国背景下国家话语体系组成部分。弘扬科学家精神由此具有重要战略意义、时代意义和现实意义的国家意志表达与制度宣示。因而，面向大学生开展科学家精神教育，让科学家精神走进大学生心灵世界，已然超越价值诉求与知识自觉范畴，从而成为具有制度刚性需求和普遍教育意义，更好发挥科学家精神社会功能的现实召唤与实践样态。

一、科学家精神具有鲜明红色底蕴和厚重红色基因，蕴含丰富正能量

习近平总书记指出："科学成就离不开精神支撑，科学家精神是科技工作者在长期科学实践中积累的宝贵精神财富。"从语义内涵看，这句话包括两层

含义。"科学成就离不开精神支撑",讲的是精神(科学家精神)对物质(科学成就)的能动作用,对科学家来说,他们"爱国、创新、求实、奉献、协同、育人"的崇高精神品质可以转化为科技报国、为建设世界科技强国贡献个人科技才智的强大物质力量。"科学家精神是科技工作者在长期科学实践中积累的宝贵精神财富",讲的是物质对精神的决定作用,科学家精神的形成源于科技实践活动。科技事业是党的事业重要组成部分,如前所述,科学家精神作为中国共产党人精神谱系的重要内容,成为支撑中国共产党百年奋斗光辉历程的伟大精神。党的二十大报告明确提出科教兴国战略、人才强国战略、创新驱动发展战略。"科技兴则民族兴,科技强则国家强。"实施"三大战略"的核心变量和根本要求是,要大力弘扬科学家精神,为党和国家的事业发展不断提供精神动能、注入精神滋养。

二、科学家精神是时代精神和民族精神的统一,具有鲜明代表性

爱国是科学家精神的基石,创新是科学家精神的灵魂。习近平总书记指出,爱国主义是我们民族精神的核心,创新是中华民族最鲜明的民族禀赋。在建设世界科技强国的今天,我们国家科技事业发生了翻天覆地的历史性变化,取得了举世瞩目的历史性成就,北斗三号、复兴号、大飞机、国产航母、蓝鲸1号等等一批大国重器不断涌现。在以习近平同志为核心的党中央坚强领导下,随着科技体制改革和科技创新不断向纵深推进,我国科技事业正在迎来又一个春天。广大科技工作者要从以钱学森为代表的老一辈科技工作者和以黄大年为代表的新时代科技工作者身上汲取精神力量,以他们为榜样、为标杆,自觉将个人科技创新梦、科学报国梦融入实现中华民族伟大复兴的中国梦的时代洪流之中,高扬爱国主义旗帜,坚定矢志创新信念,勇做科学家精神的践行者,勇当中国科技事业发展的排头兵,建功立业新时代。

科学家精神具有丰富内涵和完整话语体系,不是空洞的词汇和口号,弘扬新时代科学家精神更不能进行简单说教。当代大学生今天是中国科技事业的后备军、志愿军,明天就是中国科技创新的正规军、生力军。他们是国家科技事业薪火相传、后继有人的根本依托和重要保障。面向大学生开展科学家精神传播与教育,是大学人才培养的应有之义。

三、当代大学生要切实把握、准确理解科学家精神的深刻内涵、"中国血统"和时代特征

科学家精神的提出是科学家精神中国化时代化的产物。在《意见》发布之前,无论国家层面还是科技领域,提得更多的,或言全社会知晓度最高的,是"科学精神"。科学精神以"物"即科学创造、科技事业为指向,而科学家精神则以"人"即科学家、科学家的精神品质为指向。这一转向体现的是党中央对发挥科学家主观能动作用的高度重视。《意见》发布后,"科学家精神"成为全社会高度关注的高频词汇,掀起了弘扬科学家精神的热潮,这无疑是一种喜人景象。其社会价值和时代意义首先体现在,科学家精神以中央文件的形式"闪亮登场",体现的是以习近平同志为核心的党中央对科技工作高度重视的战略引领与顶层设计,为广大科学家和科技工作者献身祖国科技事业,为新时期弘扬科学家精神,在全社会营造尊重科学、尊重人才良好氛围,为建设世界科技强国汇聚磅礴力量,提供了根本遵循。

四、当代大学生要努力学习、不负韶华,主动成长为科学家精神自觉传承者和生动实践者

大学生身处学校,接受科学知识熏陶,面向社会,直面科技创新重任。他们即将面临从客体到主体的身份转换,既是科学家精神的教育对象,更应是科学家精神的教育主体。习近平总书记在中央政治局第五次集体学习时的讲话中指出,"要加快建设高质量教育体系","建设教育强国,龙头是高等教育";要"瞄准世界科技前沿和国家重大战略需求推进科研创新,不断提升原始创新能力和人才培养质量"。建好建强高等教育,事关建设教育强国成败得失,而这需要大学校园里即将走向社会的大学生自觉学习科学家精神,从科学家精神中主动汲取宝贵给养,为日后报效祖国积累精神储备、夯实知识基础、提高能力本领。对广大教育工作者而言,无论其身处高校还是科学家精神教育基地,通过讲好中国科学家故事,讲好中国科技故事,进而讲好中国故事,引导他们见贤思齐、知行合一,以广大科学家尤其是榜样科学家为参照,从实践中锤炼科学品质、感悟科学家精神,砥砺报国初心,方能不负时代、不负韶华,夯实知识储备,增强专业本领,筑牢思想根基,勇担时代使命,真正

做到"强国不必在我,强国必定有我"。对广大高等教育工作者尤其是高等教育管理者而言,以科学家精神铸魂育人,是落实立德树人根本任务、勇担"为党育人、为国育才"时代使命、为加快培育适应国家科技事业发展提供高素质人才支撑的迫切需要和应有担当。

第四节　基于大学生思想政治教育的科学家精神践履路径

大学生思想政治教育是科学家精神传播载体之一,也是科学精神在大学这一特定场域的传播目标之一。面向在校大学生开展科学家精神传播,需要与时俱进,积极进行实践探索。具体而言,包括五个维度。

一、课程育人:开展科普教育,实施科学家精神"三进"教育活动

培养适应时代需要的高素质大学生,既要对他们进行科学教育("硬知识",hard knowledge,又称显性知识),也要对他们进行人文教育("软知识",soft knowledge,又称默性知识)。思想政治教育本质上是做人的工作,属于人文教育范畴。科学家精神集"硬知识"与"软知识"于一体,开展思想政治教育可以起到科学知识习得与科学精神熏陶一举两得的作用。长期以来,我国高等教育由于受苏联教育体制(凯洛夫等社会主义教育理论家的教育思想)和计划经济模式影响,在专业设置上过于突出差异性和专业性,专业划分过细、过窄,与科学技术发展的规律和趋势不相容。在这种教育体制下,各科学生的学习内容泾渭分明,专业差异分化明显,知识体系"井水不犯河水",导致学生毕业后社会适应力、岗位表现力较差,知识面狭窄,工作适应能力差(专业与工作难以兼容),综合素质水平不高等缺陷。通过开展科学家精神"三进"(进教材、进课堂、进头脑)系列科普教育活动,可以拓展他们的专业深度和广度;通过编写科学家精神思想政治教育教材,丰富在校大学生通识教育内容,可以打通他们的专业壁垒,不断丰富他们的人文知识素养(科学文化、科学道德等)和自然科学知识(科学知识、科学技能等),使他们达到在不同专业、不同学科乃至不同领域之间融会贯通、游刃有余的境界,实现人文教育与科学

教育"双轨育人"目的。

二、活动育人:培育科学理想,组织在校大学生参加科学家纪念场馆等系列社会教育活动

科学道理的体悟、科学精神的感知、科学创造的实现,离不开科学活动的开展。在大学生思想政治教育教学中,活动育人以教育活动为载体,重在参与;以培育新人为目的,重在养成;以引导参与为方式,重在效能;以课程开发为手段,重在创新。活动育人不仅要贴合大学生思想实际、身心特征、发展需求、兴趣爱好等个体实际(过程导向),而且要力求实现教育效果的实效性(结果导向),能够帮助大学生把社会的价值标准和道德要求,通过活动参与的形式,内化为自身的道德品质,提高思想政治教育效果。就科学家精神教育活动开展及其价值实现途径而言,在思想政治教育实践中,要组织在校大学生参观科学家纪念场馆、重大科技工程纪念馆(遗迹)、科学基础设施、科普教育基地(科技馆)、科学研究基地(国家重点实验室)等,引导他们走进科学家的精神世界,产生对科学的敬畏之心、对科研的探索之欲、对科学家的敬仰之情,树立矢志科技报国、献身科学事业远大理想,提高在校大学生的科学文化素质,以及热爱科学、崇尚科学、尊重科技工作者的社会文化氛围。[1]

三、文化育人:弘扬科学文化,面向在校大学生组织科学家精神文化活动

提高全体社会成员科学文化素质是精神文明建设的重要内容,自然成为作为社会一部分的大学生思想政治教育根本要求。其一,科学文化素质和思想道德素质"各表一枝":二者"一体两面",统一于社会个体整体素质之中。一个人如果科学文化素质不高,必然影响其整体素质的提升,难以适应当今社会科学技术迅猛发展的时代要求。其二,科学文化素质与思想道德素质因果相关:科学文化素质是思想道德素质的智力基础,前者是后者的构成要素。科学文化本身包含科学道德、社会公德等道德标准,社会个体习得科学文化素质的同时,也不自觉地提升了自己的思想道德素质。另一方面,如前所述,

---

[1] 汪长明.弘扬科学家精神要做到"三个结合"[N].学习时报,2021-08-25(6).

科学文化内嵌着思想道德的因子,为规范自身道德修养、评判他人道德素质提供了价值标准。因此,思想道德素质提高应以科学文化素质提高为前提,否则思想道德素质的含金量难免存在瑕疵和水分。一个科学文化素质缺失的人,很难具有个人志向服从国家需要、个人追求关联国家发展的家国情怀与使命意识,不可能有真正意义上的政治思想和健全的政治人格。因此,思想政治教育尤其是对掌握了一定科学文化知识的大学生思想政治教育,不能不注重科学文化素质提高。核心归纳是"三高":高标准——以科学家(尤其是杰出科学家)为参照、高要求——以科学家精神(六个精神词汇)为要素、高层次——以科学素养(科学知识、科学方法、科学功用)养成为目标。

就思想政治教育而言,一方面,在校大学生科学文化知识的习得、科学文化素养的提高可以对他们思想道德素质的提高产生积极影响,形成正反馈;另一方面,他们思想道德素质的提高也离不开科学文化知识的习得和科学文化素养的提高。在此意义上,面向在校大学生组织科学家精神文化活动,例如组织大学生参加科学家精神宣讲团、开展科学家精神宣讲活动,参演科学家精神主题剧目、电影,鼓励他们参加科学文化作品创作活动(电影、电视、话剧、微视频、小说、诗歌、戏剧、漫画)等,不断丰富其科学文化素质,增强思想政治教育的效果,就有了理论和实践维度的双重合理性。

四、实践育人:鼓励并引导在校大学生更多参与科学实践活动,锤炼科学品质

有道是,实践出真知。实践育人是思想政治教育的工作要求,是高校思想道德教育体系一个重要环节,要把立德树人融入以实践教学为主要载体的实践育人之中。实践教学注重理论转化,因场景真实、注重参与及注重互动,对于大学生锻炼意志品质、增强理想信念、提高道德素质等,效果尤为明显。相比活动育人而言,实践育人更注重结果导向,是对活动育人的深化和拓展。实践是将知识习得转化为经验总结、将道德标准内化为行为习惯、将所学所知"物化"为所行所为,实现"求真"向"务实"有效转化的重要过程,是教育的重要手段。对在校大学生而言,科学实践活动是他们参加社会实践的主要内容,也是思想政治教育内容转化的实践场景。将科学实践活动与思想政治教育结合起来,既可以实现科学实践活动的教育功能,又可以赋予思想政治教

育以科学内涵。反之,脱离科学实践活动的思想政治教育如同空中楼阁,难免流于形式主义的空洞说教,而缺少思想政治教育的科学实践活动又使后者的价值输出打了折扣,得不偿失。

在实际工作中,我们一要注重能力培养与实践检验,做好课堂教学与实践教学的衔接与统一,将思想政治教育融入大学生日常学习和生活,突出求真意识、创新精神和核心价值引领,培养核心素养尤其是科学素养和科学实践能力,为他们的职业前途奠定坚实基础;二要注重精神塑造和人格养成,强化思想政治教育的科学精神注入,做到真(理论素养)实(实践能力)相融、知(书本知识)行(社会实践)合一,实现专业知识、思想理论和道德品格的相互补益与实践转化。对大学生而言,科学家精神见诸学校开展的各种科学实践活动,是核心价值的重要内涵、科学精神的人格载体、红色资源的构成要素,不失为除却思想政治理论课(课程思政)之外一本生动而直观的德育教材。鼓励并引导在校大学生更多参与科学实践活动,可以增强他们的科学素养,锤炼他们的科学品质,使他们在科学实践中潜移默化,自觉成长为不负时代的有志青年。

五、协同育人:实现科学传承,思想政治教育和创新创业教育融合推进

"国家科技事业发展离不开一代代科技工作者接续奋斗"。[1] 作为国家科技事业的接力者和后备军,当代大学生脚踏中国大地、胸怀科学理想、心有科学知识,不失为中国科技工作者队伍"战略储备资源",是承担未来国家科技事业发展重任的中坚力量。高校思想政治教育与创新创业教育相结合,在大学生身上实现科学家精神教育由"内化于心"向"外化于行"转化。作为培养高素质、高水平创新人才培养的主要基地,高等教育处在学校教育向社会教育"起承转合"的位置,是学校教育的最后一道关口。高校教学与科研并重,不但承担着提升学生创新创业能力,引导他们学以致用、知行转化,确保创新型国家建设后继有人的时代重任,还承担着强化学生基本素质(含思想道德素质)的教育功能。因此,思想政治教育和创新创业教育成为高校践行自身

---

① 汪长明.科学成就离不开精神支撑[N].学习时报,2021-10-27(6).

教育职能的两个重要方向。

　　具体而言,思想政治教育更加倾向于理论化的教导(即书本知识传授)和认知的培育(即道德素质养成),而创新创业教育则更加偏向甚至偏重实践能力的提升。二者的有效衔接,一方面可以进一步促进理论知识和与实践知识整合,打破"思"与"行"、"学"与"用"之间的壁垒,让教育效果发生从量变到质变的转换,实现教育的社会价值。在活动安排与目标设计上,应充分激发学生潜力,在创新创业教育中切实感悟科学家精神的内在张力。另一方面可以调动学生的创新思维、奉献意识、协同精神等。他们在创新创业教育实践中,可以将融入思想政治教育体系的科学家精神从内在的情感认知与价值认知转化为外在的精神生产与价值析出,成为科学家精神的践行者和传播者,实现科学家精神的传承与创新。

第十章
将基于"大思政课"的科学家精神融入
高校党建思政

导　　论

　　党建工作[①]和思想政治教育是高校人才培养的两个重要支点。二者既有职能上的相对独立性和功能上的相对特殊性,又因教育对象的部分趋同与交叉叠合,相互促进、相辅相成,统一于践行立德树人根本任务之中。近年来,作为党建工作向大学生思想政治教育领域延伸的一种思政新理念、新模式、新方法,党建思政(又称"党建＋思政")正引起马克思主义、人才学、教育学等领域的学者,以及高等教育管理者和高校思想政治教育工作者的高度关注,激发了党建思政对大学生思想政治教育理念变革和方法创新研究的持久热情。以思想政治理论课为主要载体的党建工作与思想政治教育深度融合,搭建了高校党委领导思想政治工作、党建工作引领并助推"大思政课"建设的新平台,催生了党建思政在高等教育领域的理论响应、实践演绎与制度反馈。党建思政的顶层设计、教育模式、工作机制、评价标准、协同体系等的逐步建立,为做好新时期党建工作和大学生思想政治教育提供了重要遵循。

　　关于"党建思政",虽然学术界截至目前尚未形成统一认识及规范话语体

---

① 高校党建工作既包括面向教师的高校基层党建工作,主要组织载体是高校的二级党组织和基层党组织,也包括面向学生的高校学生党建工作,主要组织载体包括课堂教学(课程思政)、管理制度(制度思政)、学习研究(学术思政)、实践活动(实践思政)、网络信息(网络思政)、社团组织(社团思政),以及各种承载思想政治教育功能的思政基地(如爱国主义教育基地、科普教育基地、国防教育基地、科技创新实践基地),思想政治教育是高校基层党建工作和高校学生党建工作的共同要求。本文除特别说明外,高校党建主要指高校学生党建工作。

系,严格意义上的理论共识尚未形成,但总体上包括两层含义:一是学生党支部建设(更广泛的意义上还包括学生团组织建设)与思想政治教育深度融合,以党建的政治特色和理论优势带动思想政治教育的专业建设和教育价值发挥,根本宗旨是"立德树人"(偏重教育属性);二是以更宽泛话语和更宏大叙事维度的高校党建引领大学生思想政治工作,根本宗旨是"为党育人,为国育才"(偏重政治属性)。

关于研究现状,学者们的主要话语方向包括四个方面:**一是高校党建与思政铸魂育人机制研究**。屈林岩指出,发挥高校党建思政铸魂育人功能,需要强化高校党组织政治功能(增强组织力)、增强高校党员干部党建思政工作本领(增强工作力)、完善高校基层党建工作保障措施(增强保障力)。[①]　**二是高校党建与思政融合育人路径研究**。张悦等人以课程思政为具象化载体,认为高校党建引领课程思政协同育人,需做到党建引领、元素互嵌、多方联动、平台搭建、机制保障"五位一体",推动形成党建与思政协同互促、相得益彰的育人新局面。[②]　**三是新技术背景下的高校党建思政研究**,包括网络、新媒体、媒体融合等技术手段与高校党建思政的融合,话语体系为"网络思政"。王亘从微信、微博等微平台(以 H 高校某公众号为研究样本)与高校党建思政相结合视角指出,明确思政类栏目建设目标、以服务大学生为核心、充分重视思政类栏目的更新完善,是开创高校党建思政工作的新局面的重要全新载体,等等。[③]　**四是"大思政课"建设背景下的党建思政创新研究**。王韶婧从"大思政"视角下的 B 高校学生党建工作实践为例指出,夯实学生党建工作高质量发展基础、建强基层学生党组织战斗堡垒、持续推动党建中心工作落细落实、保障基层学生党建工作专业化运行,是新时期高校学生党建工作实践创新的四个维度。[④]

然而,已有研究整体上呈现如下现象:一是工作边界模糊、职能区分不清,将党建与思政混为一谈;二是研究对象不清,概念或泛化(概念扩大,如教

① 屈林岩. 思想之基:高校党建思政铸魂育人[J]. 中国高等教育,2022(7):7-9.
② 张悦,欧阳瑜,杨放琼. 高校党建引领"课程思政"协同育人路径研究[J]. 领导科学论坛,2022(6):95-98.
③ 王亘. 微时空视域下高校党建思政工作的"微"力量[J]. 出版广角,2021(14):94-96.
④ 王韶婧. 基于"大思政"视角的高校学生党建工作实践探究[J]. 北京教育(高教),2022(7):40-42.

师党建)、或微观化(概念压缩,如课程思政),面向大学生思想政治教育的党建工作针对性不强;三是牵强附会、各说各话,出现党建思政"两张皮"现象;四是坐而论道、高谈阔论,党建与思政融合育人的实践操作性不强。本研究基于"大思政"理念,涵括上述两种形态的党建工作,并概以"高校党建"论之,旨在增强思想政治教育有效性,为新时期践行立德树人根本任务提供理论服务。

第一节　高校党建工作与大学生思想政治　　　教育深度融合的逻辑关联

高校党建工作与思想政治教育深度融合,工作职能彼此关照、工作效能相互呼应,既存在逻辑上的必然性,又具有实践上的可行性,为培养党的事业可靠接班人和国家发展坚强后备军,构建了立德树人新模式。

一、党建与思政融合的必然性

(一) 党建和思政都以坚持党的领导为最高原则

坚持党的领导(具体组织形式是党委领导下的校长负责制[①])是办好中国特色社会主义大学的前提条件和根本保证。高校党建工作和思想政治工作都是高校重要的工作领域,是高校的意识形态主阵地,必须坚持党的领导这个"前提"和"根本"。坚持党的领导是高校党建工作与思想政治工作必须共同坚持的最高政治原则。2017 年 2 月,中央印发的《关于加强和改进新形势下高校思想政治工作的意见》指出,要"坚持党对高校的领导","加强和改善党的领导"。[②] 为落实该文件,教育部随后印发《普通高等学校学生党建工作

---

① 2014 年 10 月,中共中央办公厅印发《关于坚持和完善普通高等学校党委领导下的校长负责制的实施意见》,其中规定"要坚持党委的领导核心地位,保证校长依法行使职权,建立健全党委统一领导、党政分工合作、协调运行的工作机制"。这一规定是对高等学校全面实行党委领导下的校长负责制的"集中表述"。资料来源: 教育部网站(http://www. moe. gov. cn/jyb_xwfb/s5147/201410/t20141015_176026.html)。
② 中共中央国务院印发《关于加强和改进新形势下高校思想政治工作的意见》[N]. 人民日报,2017 - 02 - 28(1).

标准》。其中指出,学校应建立党委统一领导、组织部门牵头抓总的学生党建工作组织格局。[①]　由此可见,高校党建工作与思想政治教育在坚持党的领导这个根本问题上完全一致。

（二）党建和思政都以立德树人为根本任务

高校思想政治教育的目标是"培养又红又专、德才兼备、全面发展的中国特色社会主义合格建设者和可靠接班人"[②],党建关注的则是培养合格党员,即《普通高等学校学生党建工作标准》所言"共产党员行为和作风合格"[③]。二者实质相同,都着力培养集政治素质、思想素质、专业素质、综合能力于一体的中国特色社会主义事业合格建设者和可靠接班人。立德树人是高校党建工作的根本任务,高校应加强以学生党支部为载体的基层党建工作,以及以管理、文化、活动和大众传媒为主要载体的思想政治教育建设,发挥学生党员的先锋模范作用,团结全体学生树立为党的事业奋斗终身的崇高人生理想,全面落实立德树人这个根本任务。

（三）党建和思政都以坚持马克思主义世界观和方法论为理论遵循

不管是党建工作还是思想政治教育,都需要学生运用马克思主义的立场、观点、方法去分析问题和解决问题,马克思主义世界观和方法论是党建工作和思政工作的理论法宝。从大的方面看,中国共产党自成立之日起一直注重思想建党,其中一条基本经验是坚持用马克思主义理论教育并武装全党。党建工作和思想政治教育都是马克思主义中国化的重要领域,都需要工作主体在实践中运用马克思主义的思想方法和工作方法,正确认识问题、分析问题并解决问题。

（四）党建和思政都以推进协同发展为职业理念

高校学生党建属于党的组织工作范畴,业务上一般归口学校的组织部门

---

① 中共教育部党组. 中共教育部党组关于印发《普通高等学校学生党建工作标准》的通知[EB/OL].
　(2017－03－01)[2024－07－10]. http://www. moe. gov. cn/srcsite/A12/moe_1416/moe_1417/
　201703/t20170310_298978. html.
② 中共中央国务院印发《关于加强和改进新形势下高校思想政治工作的意见》[N]. 人民日报,2017－
　02－28(1).
③ 中共教育部党组. 中共教育部党组关于印发《普通高等学校学生党建工作标准》的通知[EB/OL].
　(2017－03－01)[2024－07－10]. http://www. moe. gov. cn/srcsite/A12/moe_1416/moe_1417/
　201703/t20170310_298978. html.

（党务系统），而思想政治教育属于教学工作（教务系统），业务上一般归口相关院系（马克思主义学院负责实施，教务主管部门负责管理），但立德树人是二者乃至学校各部门的目标交集。实现立德树人这个共同目标、根本要求和终极任务，需要相关部门相互协调、彼此合作，守正创新、协同育人，在培根铸魂上展现应有担当。《关于加强和改进新形势下高校思想政治工作的意见》特别提到，要加强高校基层党建工作，建立建全高校基层党组织，加强教师党支部、学生党支部特别是研究生党支部建设，探索党组织发挥政治核心作用的有效途径。[①] 因此，党建引领思政，将党的理论优势、政治优势、组织优势和思想优势与思想政治工作的意识形态优势、理论宣传优势和实践优势有机结合起来，实现党务与教务协同发展、党建与思政融合育人，是有关部门的基本工作方法，也是高校推进党建思政工作的职责要求和应该坚持的基本理念。

（五）党建和思政都以提高思想建设水平为工作目标

《关于加强和改进新形势下高校思想政治工作的意见》指出，要"全面提升思想政治工作水平"，"强化思想理论教育和价值引领"。[②]《普通高等学校学生党建工作标准》提出"四个合格"[③]目标要求，旨在"推进高校学生党建工作组织化、制度化、具体化"，落实立德树人根本任务。相较于大学生思政教育工作目标以培养"合格接班人"而言，由于党员是"有共产主义觉悟的先锋战士"（据党章规定），高校学生党建工作目标因而高于思想政治教育工作目标，旨在培养服务于社会主义现代化建设、发挥先锋模范作用的"先进人才"。"先进人才"脱胎于"合格接班人"，二者属于分与总、被包含与包含的隶属关系，因而本质上都关注学生思想觉悟水平提高，以提高大学生思想建设水平为目标。[④]

（六）党建和思政都以提升育人质量为价值旨归

高校党建工作与思想政治教育既存在要素趋同即同向作用的一面，包括

---

① 中共中央国务院印发《关于加强和改进新形势下高校思想政治工作的意见》[N]. 人民日报，2017 - 02 - 28(1).

② 中共中央国务院印发《关于加强和改进新形势下高校思想政治工作的意见》[N]. 人民日报，2017 - 02 - 28(1).

③ "四个合格"分别为：高等学校党的建设实现全面从严治党合格，贯彻落实党中央治国理政新理念新思想新战略合格，共产党员行为和作风合格，改革发展稳定的各项工作合格。

④ 肖辉贇. 高校党建与思政工作何以深度融合[J]. 人民论坛，2018(16)：216 - 217.

服务于立德树人根本任务及工作要求、工作内容、工作方法、工作目标等方面的契合与呼应,也存在效能交互即相向作用的一面,包括党建工作对思政工作的引领作用(功能)和思政工作对党建工作的助推作用(功能)。二者深度融合可以实现工作主体相互学习、工作内容相互支撑、工作方法相互借鉴、工作功能相互补充、工作效能相互强化,进而在终极意义上实现党建工作方式方法创新和思想政治教育工作质量提升,共同为立德树人赋能助力。

然而,实际工作中,很多高校存在党建工作与思政工作分离甚至错位,二者双轨推进、"各行其道",出现"两张皮"现象,背离了协同育人工作要求,影响了立德树人工作成效,值得引起重视。

二、高校党建工作与大学生思想政治教育深度融合的可能性

高校党建工作与大学生思想政治教育都以增强高校思想政治工作的有效性为目标。推动党建工作与思政教育深度融合、协同发展,是新时期推进党的事业不断发展的根本要求。高等院校作为我国"高层次人才培养基地和'蓄水池'"[①],是共产党吸收合格党员、培养优秀成员的重要来源。做好大学生思想政治教育、增强党组织对大学生的吸引力、坚持大学生入党标准,能够把好党员干部素质的入口关,在源头上确保党的队伍纯洁。大学生思想政治教育面向所有学生开设通识教育课程,主要目的是"培养学生多学科的知识与能力,帮助学生实现不同专业知识与能力的融会贯通"[②]。而大学生党建工作作为高校党建工作重要组成部分,离不开思想政治教育这门"必修课"的政治熏陶和价值导向,要通过培养、挑选德才兼备的优秀大学生,并以党员标准对其开展进一步教育,争取吸收他们加入党组织。因此,实现高校党建工作与大学生思想政治教育融合发展的价值目标,既要服务于立德树人这个"根本任务",有利于学生成长成才,使其成为社会主义合格建设者和可靠接班人,又要为党组织建设和党的事业发展培养造就时代新人。

具体而言,面向在校大学生的党建(党员教育)与思政(大学生思想政治

---

① 教育部有关部门负责同志就进一步加强高校学生党员发展和教育管理服务工作答记者问[EB/OL].（2013 - 07 - 15）[2024 - 07 - 10]. http://www. moe. gov. cn/jyb_xwfb/s271/201307/t20130715_154172. html.

② 夏文斌. 通识教育应与课程思政共生发展[N]. 中国科学报,2021 - 07 - 20(5).

教育)两大"工作模块"存在教育内容的相似性、教育主体的交叉性、教育方法的相通性、教育功能的互补性和教育属性的一致性。因而,党建工作融入思政教育具有从理论探讨向实践转化的现实可能性。

(一)合二为一:教育主体的交叉性

无论对于党建工作还是对于思想政治工作,关于工作主体问题,学术界通常使用"主体间性"(intersubjectivity)这一分析工具。主体间性概念繁多,又称"主体际性""交互主体性""交互主观性""主体间本位",指的是两个或两个以上主体之间的交互关系。主体间性基于"主体—主题"关系模式,认为交往实践中存在两个或两个以上的平等主体,各主体相互影响、相互作用、相互沟通,共同存在于现实世界中,推动事物向前发展。这是对传统"主体—客体"关系模式下认识(主体)与被认识(客体)、征服(主体)与被征服(客体)关系的认知超越。理论流派方面,主体间性包括社会学(伦理学)主体间性、认识论主体间性和本体论主体间性。其中本体论主体间性认为,人与世界(由各种活动即活动范围构成的世界)之间的关系存在同一性,二者并非主客对立的关系,而是主体与主体之间的交往关系和理解关系。主体间性的观点有利于理解党员教育和思想政治教育的"主体性"问题,以及二者基于"主体性"导致的教育主体的"交叉性"问题。

一是解决了党员教育和思想政治教育中"何为主体"问题。马克思认为:"无论是劳动的材料还是作为主体的人,都既是运动的结果,又是运动的出发点"。① 有学者据此提出,"教育者和受教育者都是主体,他们都有主体性,这是他们的共同特点。"②党员教育主体间性注重教育者(党员教育工作者)与受教育者(学生党员)的平等地位,视学生党员为"有思想、有灵魂、有要求的另一个主体,充分发挥他们的主体性"③。"思想政治教育主体间性是教育者与受教育者在实践基础上的有机联系"④,将教师和学生视为课堂参与的平等主体,即思政课堂教学中具有平等人格的双主体——作为"教的主体"的教师和作为"学的主体"的学生。

① 马克思.1844 年经济学哲学手稿[M].北京:人民出版社,2000:82.
② 张耀灿,刘伟.思想政治教育主体间性涵义初探[J].学校党建与思想教育,2006(12):8-10+34.
③ 黄冬霞.主体间性理念与高校学生党员教育[J].人力资源管理,2011(6):185-186.
④ 张耀灿,刘伟.思想政治教育主体间性涵义初探[J].学校党建与思想教育,2006(12):8-10+34.

二是解决了党员教育和思想政治教育中"主体为何"问题。这涉及一直被认为是教育对象（客体）的"主体化"问题。

其一，作为主体的"客体化"问题。党员教育的主体即各级党组织（党组织负责人、党员领导干部是其人格化代表）要接受群众（普通党员）监督，这句话表明的实际上是党员教育主体的"客体化"。这种"客体化"是加强党组织自身建设的必然要求。就思想政治教育而言，作为施教者的思政课教师要接受作为受教者的学生在师德师风、教学水平、学生工作等方面的评价，不断提高自身的思政素质、理论水平和专业素养。

其二，作为客体的"主体化"问题。党员教育中有一项基本要求——开展批评和自我批评。这里的"批评"表明党员是党员教育的主体，即党员批评其他党员；这里的"自我批评"表明党员是党员教育的客体，即作为主体的党员批评作为客体的党员本人。习近平同志在学校思想政治理论课教师座谈会上的重要讲话中指出："要坚持主导性和主体性相统一……发挥学生主体性作用。"①这里的"主导性"和"主体性"讲的分别是教师和学生在课堂上的主导地位和主体地位，而"发挥学生主体性作用"体现的恰恰是学生作为传统意义上的教育客体向教育主体的转化。思政课堂如此，其他课堂亦如此。

其三，基于主体"客体化"和客体"主体化"的党员教育和思想政治教育主体交叉性。包括双重主体、两个层次：一是党员教育和思想政治教育施教者的交叉性，党员思政教师是思想政治教育的中坚力量，具有熟悉党的理论知识、了解大学生思想状况、掌握马克思主义和思想政治教育思想方法和工作方法、具有比较丰富的思想政治教育工作经验等多重优势，应该成为大学生思想政治教育教师方阵中的"排头兵"。二是党员教育和思想政治教育受教者的交叉性。在校大学生需普遍接受思想政治教育，这是高等教育人才培养的刚性规定。同时，思想政治教育中表现突出，具有较高政治素质、具备良好党性修养的学生，是党组织考察并吸收的重要对象。此外，通过政治上"先富带动后富"，既可以增强党组织对大学生的吸引力凝聚力，提升高校党员队伍整体素质，也为增强高校思想政治教育有效性注入了"内生动力"。

---

① 新华社. 习近平主持召开学校思想政治理论课教师座谈会[EB/OL]. (2019 - 03 - 18)[2024 - 07 - 10]. http://www.gov.cn/xinwen/2019-03/18/content_5374831.htm.

（二）"四育一体"：教育内容的相似性

就教育对象而言，党建工作的对象是党员，主要形式是对党员进行党的思想理论教育和党性教育；大学生思想政治教育对象是在校大学生，主要形式是通识教育和课程思政。在教育内容方面，虽然二者各有要求和特色，并有不同的教育体系，但在四个方面存在相似性或关联性。

1. 公民精神教育

公民精神乃"公民之魂"，是公民对于公共事务所持有的价值与信念，是公民履行社会义务的精神支撑。这种"价值与信念"的具体体现包括公民作为社会一分子自觉承担公共事务的权利意识、义务意识、责任意识和担当意识。因此，公民精神属于社会核心价值理念范畴，公民精神教育本质上属于核心价值教育体系一部分。建构公民的价值理性精神，必须以社会主义核心价值观为引领。公民精神的培育需要作为社会个体的公民不断进行自我完善，而"个体的完善过程实际就是拥有并展示其良善或美德的过程"①。党建教育和思政教育的共同目标是使个体（党员、大学生）达到精神意义的自我完善。二者都需要对教育对象进行公民教育，使他们不断加深对国家历史、社会规范和政治生活的理解，成为具有公共意识、公共美德和公共理性精神，拥护党、拥护社会主义的合格公民，并以公民主体意识参与并建构公共生活。对党员而言，他们是公民（群众）中的先进分子，理应成为公民中的典范和践行公民精神的表率；对大学生而言，只有成为合格公民才能称得上合格大学生，同样地，只有成为合格大学生才有可能成为合格党员。

2. 理想信念教育

理想信念是一个人世界观、人生观、价值观的集中体现和核心凝结。党建与思政都需要以理想信念教育为核心，对教育对象进行正确的世界观人生观价值观塑造，防止他们出现理想信念缺失、政治信仰动摇、精神支柱倾斜、价值取向扭曲等危险倾向。习近平总书记指出，理想信念就是共产党人精神上的"钙"。② 对每一个共产党员而言，理想信念丧失或者不坚定，他的精神就会"缺钙"，信仰迷失、道德滑坡，迟早会坍塌下来，导致精气神不足、行动力缺

---

① 都冬云. 公民教育与思想政治教育的关系：兼论西方公民教育对我国大学思想政治教育的启示[J]. 教育学术月刊，2011(9)：51-53+60.
② 习近平. 坚定理想信念　补足精神之钙[J]. 求是，2021(21)：4-15.

失。对大学生而言,理想信念是他们成长的精神支柱和力量源泉。大学生是祖国的未来和民族的希望,他们的世界观、人生观、价值观正不正,他们的理想信念坚定不坚定,他们的精神支柱牢靠不牢靠,关系到党的事业、国家发展和民族复兴的兴衰成败。

3. 爱国主义教育

以爱国主义为核心的民族精神是中国精神的重要内容,也是党员教育和思政教育在要求上和内容上的双重交集。党章规定,中国共产党是中国人民和中华民族的先锋队,是中国特色社会主义事业的领导核心。在党、国家、人民和民族的思维话语体系中,中国共产党是最高代表。

对党员而言,应自觉做到爱党、爱国、爱人民、爱民族"四位一体",积极弘扬和践行以爱国主义为核心的民族精神。党员是党组织的一员和党的事业的一分子。中国是社会主义国家,在党员教育中,应坚持爱国主义教育与社会主义教育相结合,引导广大党员自觉将个人爱国主义热情融入参加社会主义建设的时代洪流之中,为党的事业添砖加瓦。

对大学生而言,思想政治理论课是他们接受爱国主义洗礼的主阵地。上好思想政治理论课,可以激发他们的爱国主义情感,升华他们的爱国主义精神,使他们在思想政治教育的理论熏陶下养成爱国主义意识,成长为具有高尚爱国情操的新时代合格公民。对高校而言,加强大学生爱国主义教育,既是促进大学生自由全面发展的一项基础工程,也是确保党的事业后继有人的一项重大政治任务。为此,高校必须站在确保党的事业后继有人的政治高度,保持理论自觉、提高政治站位、强化主体责任,深刻认识加强大学生爱国主义教育的重要意义,将爱国的种子植入每一位青年学子的心灵深处。

4. 党情国情世情教育

《中国共产党党员教育管理工作条例》规定,宣讲党的路线方针政策,解读世情国情党情,回应党员关注的问题,引导党员正确认识形势,把思想和行动统一到党中央要求上来,是党员教育的基本任务。尤其是其中的党情教育,是每一位党员作为党组织一分子必须接受的"刚性教育",只有了解党情才能增强党性。党情教育就是一方面要让全体党员接受党的路线方针政策教育,并在实际工作和生活中与党的路线方针政策保持高度一致,另一方面要教育党员干部了解党的路线方针政策,掌握党的路线方针政策制定的内在逻辑和精髓要义,不断提高科学决策能力,在工作中完整准确全面贯彻党的路线方针政策,真正做到科学决策。

其一,对大学生进行党情教育,可以实现个人成长与党的事业价值关联。就大学生本人而言,对他们进行党情教育,是他们"文明其思想"、增强党性修养、提高政治觉悟的切实需要;就高校而言,是充分发挥党的政治优势、理论优势、组织优势和密切联系群众的优势,能够满足"提高大学生思想政治教育水平,培养高素质人才的迫切需要";①就党的事业而言,加强党情教育是在年青一代中培养造就马克思主义者、为党注入新鲜血液、确保党的事业后继有人的必然要求。

其二,对大学生进行爱国主义教育,是实现现代化强国目标的必然要求、促进大学生自由全面发展的基础工程。高校要引导他们自觉接受爱国主义的精神洗礼,在爱国主义的大课堂内坚定为实现中华民族伟大复兴的中国梦贡献个人力量、实现人生出彩的远大理想志向。

其三,对大学生进行世情教育,可以引导他们形成正确的世界观,树立全球视野、厚植家国情怀;可以帮助他们胸怀"国之大者";正确认识百年未有之大变局时代下国家发展面临的机遇和遇到的挑战,增强"功成不必在我、功成必定有我"的意识自觉和踔厉奋发、笃行不息的行动自觉。

(三)"三维相济":教育方法的相通性

党员教育和思想政治教育虽然属于不同的教育体系,但二者之间存在教育方法的相通性。

1. 理论教育法

无论党员教育还是思想政治教育,开展理论教育都是提高受教育者(党员和大学生)理论水平,增强他们理论自觉、思想自觉和政治自觉的重要内容。

就教育载体而言,党员教育中理论教育的主要形式是党课、理论学习和干部培训等,党课教育是其中最常用的一种教育方法,是严格党的组织生活的一项严肃的政治任务;思想政治教育中理论教育的主要形式为思想政治理论课,是一项旨在使大学生成长为适应党的事业和国家发展需要的有用之才

---

① 乔建政. 新时代加强高校学生党建工作的创新思考[EB/OL]. (2022 - 07 - 23)[2024 - 07 - 10]. https://baijiahao. baidu. com/s? id=1739134559359666023 9&wfr=spider&for=pc.

的社会实践活动。

就教育内容而言，党员教育主要内容一是宣传党的路线方针政策，二是进行党性、党纪和党的基本知识教育。思想政治教育的主要内容是马克思主义理论教育、党的路线方针政策教育（中国化的马克思主义理论教育）、爱国主义和革命传统教育，使大学生树立科学的世界观和健全的公民意识。党员教育与思想政治教育叠加共生，"在政治引导、学理阐释和价值塑造上下功夫"①，让信仰马克思主义、遵守党的路线方针政策、高擎爱国主义旗帜的优良品格和思想作风成为大学生的自觉遵循。以党员教育引领推动思想政治教育，是增强新时代大学生理论素养、构建思想政治理论课新模式新格局的应有之义。

2. 典型②教育法

典型教育法又称示范教育法、榜样教育法。先进典型是社会的精神坐标，代表并引领着社会的前进方向和发展趋向。小至每一个单位、每一个行业，中至每一个社会、每一个民族，大至每一个国家、每一个时代，都需要先进典型，需要榜样发挥引领示范作用，形成向上向善的社会风气，也都会产生先进典型。以典型培育典型、以榜样培育榜样，方能不断推进各项事业从胜利走向胜利。典型教育法是党员教育和思想政治教育的有效手段，旨在发挥先进典型（典型人物、典型案例）的标杆价值，进行价值示范、说明理论观点、揭示精神特质，达到使受教育者形成正确认识的目的。其本质是通过典型人物的言行，对高深的政治思想原理进行人格化阐释、对抽象的道德规范进行具象化表达，使受教育者领略他们的人格力量和道德魅力，从中接受精神熏陶、思想淬炼和价值感染，从而实现自我境界提升。

典型教育案例包括正面典型和负面典型，通过正面典型进行引导示范和激励教育，通过负面典型进行警示提醒和防范教育，正反相济，能实现引领人、激励人、塑造人等多重教育效果。在高等教育场域，党员教育与思想政治教育深度融合：树好先进典型，让优秀人物引领人；讲好先进典型，以鲜活故

---

① 王易. 推进新时代思想政治理论课高质量发展[J]. 红旗文稿，2022(6)：39－42.

② 如同下文所述，"典型"有广义与狭义之分，广义的典型包括正面典型和负面典型，狭义的典型仅指正面典型，其中狭义的典型概念社会认可度最高。为避免赘述，本节除下文特别说明外，典型概念取其狭义。

事感染人;学好先进典型,用榜样力量塑造人。典型教育可以达到在大学生中传递正能量、塑造价值观、涵养精气神等多重目的,教育他们自觉抵制规则意识不强、价值取向不正、入党动机不纯、党性观念不牢、公民意识缺失、模范带头作用不明显等等不良思想状况,更好践行立德树人根本任务。

3. 实践教育法①

"时代是思想之母,实践是理论之源。"②落实立德树人根本任务,离不开理论的实践转化,离不开实践教育的熏陶与磨炼。2018 年 9 月 10 日,习近平总书记在全国教育大会上的讲话中指出:"要把立德树人融入思想道德教育、文化知识教育、社会实践教育各环节。"③2022 年 10 月 16 日,总书记在党的二十大报告中寄语广大青年:"要坚定不移听党话、跟党走,怀抱梦想又脚踏实地,敢想敢为又善作善成,立志做有理想、敢担当、能吃苦、肯奋斗的新时代好青年,让青春在全面建设社会主义现代化国家的火热实践中绽放绚丽之花。"④社会实践教育是立德树人的重要一环,是广大青年将个人理想融入国家发展、进而实现人生价值的根本要求。广大高等教育工作者尤其是大学生思想政治教育工作者要在"实"上下真功夫、花大力气,将实践教育融于高校党建思政,更好落实习近平总书记关于"'大思政课'我们要善用之"工作要求。

古人云:"纸上得来终觉浅,绝知此事要躬行。"与思想道德教育、文化知识教育注重"学"与"知"的习得与教化(知识输入)功能相比,社会实践教育更加突出"用"与"行"的检验与物化(知识输出)功能,在很大程度上是对思想道德教育和文化知识教育的课堂化延伸与社会化拓展。一个人的思想道德素质怎样、文化知识"成色"如何,最终都要接受实践这把尺子的刚性量化,真正做到学以致用、外化于行。而就其学术意义而言,实践教育法又称社会实践法,旨在突破教室与课堂的物理边界,实现教育内容(知)与社会实践(行)相

---

① 实践教育有广义和狭义之分,广义的实践教育包括课堂实践、课外实践(时间)、校内实践、校外实践(空间)等等,狭义的实践教育仅指校外实践,又称社会实践。此处取其狭义,并基于实践教育的时空类型进行划分,别于下文基于教育形态的"实践活动"分类。
② 习近平. 决胜全面建成小康社会　夺取新时代中国特色社会主义伟大胜利:在中国共产党第十九次全国代表大会上的报告(2017 年 10 月 18 日)[N]. 人民日报,2017 - 10 - 28(1).
③ 习近平全国教育大会重要讲话金句速览[EB/OL]. (2018 - 09 - 11)[2024 - 07 - 10]. http://edu.people. com. cn/n1/2018/0911/c1053-30286259. html.
④ 习近平. 高举中国特色社会主义伟大旗帜　为全面建设社会主义现代化国家而团结奋斗:在中国共产党第二十次全国代表大会上的报告[N]. 人民日报,2022 - 10 - 26(1).

结合,是大学生思想政治教育的重要手段和方法。在推进全面从严治党新的历史时期,将实践教育融入大学生党建思政教育,是加强高校意识形态主阵地建设、践行高等教育人才培养历史使命不可或缺、无法替代的组织载体与实践依托。

运用实践教育法,一是导向上,要注重实用。应当结合学生党(团)建工作任务、学生思想状况和身心特点,加强对他们的教育和管理,规范他们的行为习惯,增强他们的政治觉悟。主题党团日活动是当前高校学生党建工作中一种比较常见且教育导向鲜明的工作方法和实践形式。主题党团日活动具有活动目标实用性(注重增强学生能力提升和道德养成的实用导向)、活动内容主题化(结合党团建工作目标设立,聚焦"课题"、围绕主题、旨在"破题"、解决问题)、组织主体阵地化(学生党支部和学生团支部)、参与主体层次化(主要参与者为学生党员和学生团员,党建带团建,同时可视情吸收非党员和非团员参加,使他们在参与实践的过程中切实感受到党组织和团组织的先进性)、组织形式多样化(观摩、学习、讨论、演绎、交流等,形式灵活多样)、活动周期短程化(一般以一天以内为限,当日开展,当日完成,不影响学校整体教学活动)等特点,是一种"焦点"集中、特点分明、优点突出、亮点鲜明的党(团)建实践教育形式,成为高校党建思政的"规范载体"。

二是方法上,要增强实感。习近平总书记在党的二十大报告指出:"全党要把青年工作作为战略性工作来抓,用党的科学理论武装青年,用党的初心使命感召青年,做青年朋友的知心人、青年工作的热心人、青年群众的引路人。"①党是联系广大青年(尤其是青年大学生)、引领他们与时代共鸣的坚实桥梁和牢固纽带。党建与思政融合,构建"党建＋思政"育人体系,是新时代高校党建工作的新形势和新任务,是大学生思想政治工作的新课堂和新要求。增强学生党支部政治功能,以党的事业、党员标准、党性要求引领大学生正向成长,党建促思政,支部带群众,成为推进大学生党支部建设、落实立德树人根本任务的重要着力点和关键发力点。党建与思政融合,把思想政治教育做到青年大学生心坎里去,化为他们的思想自觉和行动自觉,既要务虚,加

---

① 习近平.高举中国特色社会主义伟大旗帜　为全面建设社会主义现代化国家而团结奋斗:在中国共产党第二十次全国代表大会上的报告[N].人民日报,2022-10-26(1).

强理论指引；也要务实，突出实践特色。党建思政融入实践教育，一个关键尺度在于教育对象的实际感受如何。这需要组织者和教育者在方法上下功夫，让党建思政的实践载体转化为教育对象的真实认知，增强他们的接受度和参与度，内化为他们对党组织开展的实践活动的真情实感，增强他们的认可度和满意度。

三是过程上，要联系实际。面向大学生的实践教育是一种旨在通过有目的、有计划、有组织的实践活动①，训练和培养大学生的实践能力、优良品格和行为习惯，检验他们的课堂教育（思想政治理论课学习）效果，使其"在改造客观世界的同时改造自己主观世界"②的方法。关于实践教育对大学生成长的重要性，有学者指出："主体的理性只有在实践的基础上才能形成并显示其价值的意义，得到充分发展。"③这句话道出了主观认知与客观世界、实践主体与实践客体之间的关系。习近平同志指出："我们党最讲认真，言必行、行必果，说到做到。"④实践教育应着重发挥学生党员的先锋模范作用，在他们中间大力倡导"共产党最讲认真"及"从实践中来，到实践中去"的品格和作风，亲自参与、亲身体验、亲力亲为，在实践中拉近课堂与实践、校园与社会之间的距离；应不断创新学生党（团）建实践活动的实践载体和活动形式，在他们中大力弘扬中国共产党人最重实践、最讲认真的务实风格和优良传统。联系实际开展实践教育，就是要通过社会实践引导青年学生通过实践检验理论学习成果、铸牢理想信念、展现青春风采，培养具有务实品格、实干作风、扎实本领的新时代大学生，在党的伟大事业洪流中奋楫扬帆、勇毅前行。

四是目标上，要讲求实效。要高度重视挖掘并充分利用社会生活中丰富多样且具有育人价值的教育资源，积极引导学生参加社会实践活动，增强他们的实践意识、服务意识，为日后走上工作岗位积累宝贵的实践经验。当代大学生身处求知问学的象牙塔，接触社会的机会相对较少，实践体验、社会经验、人生阅历均不足，迫切需要增强对国情民情社情的了解。社会实践成为

---

① 就教育形态而言，实践活动包括课堂实践、社会实践、虚拟实践三种实践形式，本研究主要指社会实践。

② 张耀灿，邱伟光. 思想政治教育原理[M]. 北京：高等教育出版社，2011：221.

③ 李秀林，王于，李淮春. 辩证唯物主义和历史唯物主义原理[M]. 北京：中国人民大学出版社，2004：70.

④ 孙晓晖. 中国共产党最讲认真[N]. 人民日报，2019－08－06(8).

他们了解国情、体察民情、体验社情的重要渠道,是他们实现全面发展的重要途径。同时,以实践教育促进党建工作往深里走、往实里做,不搞形式、不走过场、追求实效,是全面推进大学生思想政治教育工作、践行立德树人根本任务的内在要求和重要步骤。大学生们可以利用自己学习的专业知识和掌握的专业技能,参加基层(社区、农村)服务,这一方面有利于提高他们对国情民情社情的认识,厚植为民情怀,另一方面也能提升他们的核心素养,增强他们的综合能力,更好实现其个人成长与发展。

实践淬炼真知。习近平总书记指出:"要坚持知行合一,注重在实践中学真知、悟真谛,加强磨练、增长本领。"[①]实践教育因其鲜明的实践指向(过程)和独特的问题导向(目标),在大学生世界观、人生观、价值观形成过程中发挥着其他教育方法难以替代的重要作用。将实践教育融入党建思政,有利于增强党建工作的育人功能,使党的理论知识与实践锻炼更好结合起来,在求真务实、身体力行中夯实学习成效、提高感知能力、锤炼过硬本领;有利于提高党组织的战斗力和凝聚力,增强党组织对大学生的吸引力和影响力,为党的事业发展注入源头活水、储备新鲜血液;有利于创新思想政治教育思想方法和工作方法,实现"为党育人"与"为国育才"的平台整合与功能统一,更好培育时代新人。

学生党建(含团组织建设)工作是党员教育与思想政治教育的结合点。实践教育融入学生党建(团组织建设)工作,应始终紧紧围绕"实"字展开,在注重实用、增强实感、联系实际、讲求实效上下真功夫、做真文章。在新的历史时期,高等教育工作者尤其是广大思政课教师应积极探索,不断创新实践教育方式方法,充分利用党建和思政两块意识形态主阵地,教育和引导青年大学生大力发扬奋斗精神和创造精神,从实践中来,到实践中去,磨砺能力本领、激扬青春力量,自觉将个人理想信念融入民族复兴伟大实践中,在全面建成社会主义现代化强国、实现第二个百年奋斗目标新征程上,勇于实践、不懈奋斗,不断书写将青春力量、实践品质和使命担当融入中国式现代化建设的精彩人生华章。

---

① 新华社. 习近平在中央党校(国家行政学院)中青年干部培训班开班式上发表重要讲话[EB/OL]. (2022-03-01)[2024-07-10]. http://www.gov.cn/xinwen/2022-03/01/content_5676282.htm? jump=true.

（四）融合发展：教育功能的互补性

"致天下之治者在人才，成天下之才者在教化，教化之所本者在学校。"①无论党员教育还是思想政治教育，"教化"都是其核心功能，二者在教育功能发挥上都具有相互补充、共同支撑的一面。如何实现党员教育与思想政治教育融合发展、实现二者之间的协同育人功能，是高校党建工作和思想政治工作必须思考的命题。

1. 理想信念塑造：做政治上的明白人

理想信念是人们对未来的向往和追求，指引着人生的奋斗目标，是个体政治信仰和世界观、人生观、价值观在价值追求和奋斗目标上的具体体现。"求木之长者，必固其根本。"理想信念堪称大学生成长的"根"与"本"，成为他们自我激励、不懈奋斗的精神支柱和力量源泉。坚定理想信念是践行立德树人根本任务、培养新时代合格大学生在政治上的根本要求，也是思想政治教育的首要任务。习近平总书记指出，没有理想信念，理想信念不坚定，精神上就会"缺钙"，就会得"软骨病"。②为此，中央提出，要"强化思想理论教育和价值引领，把理想信念教育放在首位"③。无论对于大学生党员还是普通大学生而言，理想信念如何，思想状况怎样，都是衡量其政治认同是否正确、政治立场是否坚定，能否担当大任、肩负重托、干成大事的首要标准。坚定理想信念，必须将重点放在即将完成学业、接受岗位锻炼和社会检验的当代大学生，尤其是大学生党员身上；必须强化大学生理想信念教育，在他们中间大力培养党的事业接班人；必须强化党的组织（党支部）建设和思想政治教育主阵地（课程思政）建设，培养在校大学生马克思主义理论素养，以及用马克思主义立场观点方法分析问题、解决问题的能力，不断筑牢理想信念根基、涵养高尚道德品质、坚守崇高价值追求，坚定为党和人民事业奋斗终身的崇高理想，永远做思想上把得牢、政治立场靠得住、组织上信得过的明白人。

---

① 语出北宋胡瑗《松滋县学记》，原文为："致天下之治者在人才，成天下之才者在教化，职教化者在师儒，弘教化而致之民者在郡邑之任，而教化之所本者在学校。"

② 习近平. 紧紧围绕坚持和发展中国特色社会主义　学习宣传贯彻党的十八大精神[N]. 人民日报 2012－11－17(2).

③ 中共中央国务院印发《关于加强和改进新形势下高校思想政治工作的意见》[N]. 人民日报，2017－02－28(1).

2. 核心价值引领：做社会主义核心价值观的诠释者

为党育人、为国育才，是高校党建和思想政治工作的共同价值旨归。社会主义核心价值观是国家文化软实力的重要组成部分，为铸牢中华民族共同体意识提供了坚实的价值支撑。培育和弘扬社会主义核心价值观是国民教育和社会主义精神文明建设的重要内容，而大学生党员和在校大学生分别作为高校学生党建工作和思想政治教育工作的教育对象，加强对他们的核心价值引领，成为国民教育和社会主义精神文明建设的应然对象。以核心价值引领大学生的思想航向，对于推进高校党建工作和思想政治教育、加强大学校园文化建设，将中华民族的共同价值追求植根于当代大学生心中，坚定他们为中国特色社会主义共同理想不懈奋斗，并将自身价值追求和理想信念融入实现中华民族伟大复兴中国梦的时代洪流之中，是深入推进新时代党的建设新的伟大工程的应有之义。为此，应实现社会主义核心价值体系建设与高校党建和思想政治教育深度融合。党建方面，随着新时期全面从严治党工作不断推进，以及高校党建工作要求不断提高，社会主义核心价值体系建设对于推进大学生党建工作的理论意义更加突出。应将社会主义核心价值体系理论知识纳入党员发展、培训、教育、管理、考核，以及基层党组织（学生党支部）建设、考核与评价全过程之中，不断夯实大学生党员的思想根基和大学生党建工作的理论基础。思想政治教育方面，由于社会主义核心价值体系内涵的多维度和大学生思想政治教育主体和教育内容的多元化，应坚持协同育人工作理念和工作方法，通过建立党员引领与团员跟进协同、隐性课程与显性课程协同、党建工作与业务工作协同[①]的体系化协同机制，全面发挥党建的思想政治教育功能。除将社会主义核心价值观教材纳入思想政治教育体系、发挥思想政治理论课主渠道作用外，还应通过仪式教育、社会实践、校园文化建设、研讨交流等多种形式，全要素参与、多主体联动，将弘扬主旋律、突出高品位作为当代大学生共同的价值遵循与行动自觉，使他们真正做到学深悟透，将社会主义核心价值"内化于心、外化于行"。

---

① 陈婕. 提升高校党建教育功能如何发力[J]. 中国高等教育，2019(Z2)：55-57.

第二节　立德树人背景下党建与思政融合的现实困境

　　党建与思政是大学生思想政治工作的"一体两面"。然而，实际工作中，由于受思想意识、工作内容、管理体制等多种因素的制约，个别高校存在党建工作与学生思想政治教育分离的现象。其中一个直接危害是个别党组织（学生党支部）在吸收学生党员过程中对其思想状况考察不够细致、深入、全面，给了少数思想上不合格者和行动上的机会主义者以可乘之机，即存在"轻思政，重入党"错误思想倾向，而这种现象的出现又助长当代大学生中存在的"群体功利主义"现象。因此，实现党建与思政深度融合，既是新时期党建工作的根本要求（吸收优秀学生加入党组织，充实党的组织肌体），也是大学生思想政治教育的内在需要（践行立德树人根本任务）。

一、党建与思政融合的现实困囿

（一）党建与思政分离，导致部分大学生出现"轻思政、重入党"

　　教育是培养人的事业，应坚持"育人为本、德育为先"，作为发挥"思想引领"作用的思想政治教育更是如此。高校作为我国人才培养的重要基地，为党的队伍不断壮大提供了优秀成员，是党的事业后继有人的重要保障。大学生党员是高校大学生中的先进分子和优秀典型，代表了当代大学生的理想信念、价值追求和精神面貌。高校思想政治教育——如同其他形式的教育——面向所有学生开展，旨在解决"为什么培养人"（培养目的）——为社会主义建设服务，以及"培养什么人"（培养目标）——德智体美劳全面发展，综而言之，培养"德智体美劳全面发展的社会主义建设者和接班人"这两大根本问题。高校党建工作包括两个方面，一是在思想政治教育基础上，遴选优秀大学生加入党组织，充实党的组织肌体；二是对加入党组织的优秀大学生开展进一步教育，不断强化他们的先锋模范作用，并反过来为思想政治教育提供价值引领。由此可见，思想政治教育是党建工作的前提和基础，没有思想政治教育的成功开展、把好"政治首关"，没有优秀大学生脱颖而出、敢为人先，为党的组织建设添砖加瓦,党建工作将如同无源之水、无本之木。

　　然而,部分大学生存在消极对待思政课(轻思政)、积极加入党组织(重入党)的矛盾,出现党的事业后备军不重视党建这一基础性根本性问题的"倒挂现象"。所谓"根基不牢,地动山摇",这种现象值得高校教育管理、党建工作等有关方面高度重视。这种现象的背后,一是外因影响,部分高校思想政治教育工作不到位,意识形态主阵地建设用力不足、基础不牢,二是内因驱动,部分学生思想认识和自我改造不到位,对入党的政治性、严肃性和原则性缺乏正确认知,给了与学生党员这一光荣身份格格不入的错误观念和失范行为的可乘之机。

　　1. 部分教师在"四真"上着力不够,理论储备不足

　　思想政治教育是党建工作的基础,思想政治教育过程中,如果教师的工作做得不到位,不能解决自身"真学真懂真信真用"这一根本问题,学生的学习效果及其思想认识就难免会出现偏差乃至错位,党建工作的"根基"也就难免会缺失或遭到侵蚀。这是造成大学生"轻思政、重入党"现象的主要外因。教师只有"真学",才能"明其理、得其道",从而才能真正承担起立德树人、培根铸魂的历史重任;只有"真懂",才能自信并使人信,才能在思想政治理论课教学中真正做到"以理服人",从而达到"己欲立而立人,己欲达而达人"的育人境界;只有"真信",才能为"真学"注入灵魂,为"真懂"提供保障,为"真用"提供根本动力,从而才能教育在校大学生在思想上自觉守住马克思主义意识形态主阵地;只有"真用",才能将相信马克思主义科学真理性的精神力量转化为教育和引导在校大学生健康成长、在民族复兴征程中贡献个人才智的物质力量。

　　2. 部分学生在"双重"上用力不均,入党动机不纯

　　就学生而言,"轻思政、重入党"现象背后隐含的现象是部分大学生入党过程中的动机出了问题,思想航向出现偏差、理想信念发生动摇,并未真正树立"为共产主义奋斗终身"崇高理想,亦并未做好"建功立业新时代"、当好"社会主义接班人"的思想准备,出现"知识增长,思想滑坡""组织上入党,思想上未入党"等反常现象。这是内因,是学生本人思想层面的问题。加入党组织确实可以提高大学生在学校的"比较优势"和走上社会的"核心竞争力",但这应以自身思想素质和政治素质同步提升为前提。然而,现实中少数大学生入

党并非为了得到锻炼和提高,更好地为人民服务,而是存在一定的盲目性和功利性。他们或因考研、就业等现实需求带来的个人"发展红利",或因入党可以使他们在校期间获得更多的荣誉和自我展示空间,或因有了党员身份可以使他们今后的人生道路更加"顺畅",能够赢得他人更多的认可和更多的自我发展机会而入党。入党动机不纯,主要原因在于总书记讲的世界观、人生观、价值观这个"总开关"在他们身上出了问题,没有扣好人生的"第一粒扣子"。这无论对其本人还是对党组织,乃至大而言之,对党的事业来说,都有百害而无一利,根本谈不上也做不到"把个人的理想追求融入国家和民族的事业中,勇做走在时代前列的奋进者、开拓者"①。

(二) 功用与实用脱节,导致大学生中存在"群体功利主义"倾向

功利主义(utilitarianism)又称"效益主义",属于道德哲学(伦理学)研究范畴。功利主义的产生与市场经济规则息息相关,即行为主体思考问题时将个人利益置于公共利益(集体利益、社会整体)、物质价值置于精神价值之上,追求最小投入基础上的需求最大化,从而实现个人的最大快乐值——"最大幸福"(maximum happiness)。作为为功利主义提供理论依据的代表性学者,19世纪英国著名哲学家、政治理论家约翰·S. 米尔(John Stuart Mill)认为,人类行为的唯一目的是求得幸福,所以对幸福的促进就成为判断人的一切行为的标准。② 功利主义本质上是一种利己主义,或言利益层面的个人本位主义。

随着市场经济发展和国家经济社会发展水平不断提高,功利主义思想开始在高校蔓延,并充斥在学生日常学习生活的方方面面,出现了交友功利、目标功利、学习功利、择业功利等"大学生群体功利主义"现象。教育的"功用"导向与学生的"实用"取向之间出现了鸿沟,学生党建工作与思想政治教育功能被弱化。具体表现包括三个方面。

1. 交友功利,以自我为中心

部分大学生交友并非基于共同的兴趣爱好,而是以自我为中心、以自身

---

① 习近平. 把思想政治工作贯穿教育教学全过程 开创我国高等教育事业发展新局面[N]. 光明日报,2016 - 12 - 09(1).
② MILL J S, On liberty, utilitarianism, and other essays [M], New York: Oxford University Press, 2015:126.

利益为出发点,并以"利益标准"处理人际关系,判定是友非友、孰近孰远,带有明显目的性和功利性。有的大学生在选择异性朋友时,也以诸如双方家庭背景、经济条件等"利益指标"是否吻合为重要参照。更有甚者,有的父母也参与其中,对子女选择恋爱对象进行"把脉问诊",要求对方综合条件门当户对。这种重物质利益、轻精神情感,重个人感受、轻情投意合的交友之道,既容易丧失自我,又容易伤害对方,难免会给朝夕相处的同学带来不适,削弱同学友情的纯粹性。有的在交友过程中还会做出违背伦理、败坏风气甚至违法犯罪的出格之举,如部分大学生谈恋爱仅仅为了排遣寂寞、解决生理需求、满足虚荣心、寻求精神慰藉等,而非出于感情上的水到渠成、精神上的情投意合。如此扭曲的同学关系,对大学生今后走上社会,处理各种更为复杂多元的人际关系必然带来负面影响,应该引起高等教育界乃至全社会的高度警觉,并就此开展大学生文明交往规范与礼仪指导与训练。

2. 目标功利,价值观异化

部分大学生将"挣到钱、当大官"等实实在在的经济和政治利益视为人生成功的标尺,心中充满利益算计和成本权衡,导致其衡量人生成败得失的价值尺度和道德尺度出现与主流价值观和社会道德标准格格不入的偏差甚至错位。他们曲解"学而优则仕""学优登仕,摄职从政"等封建社会文人的济世情结,视读书当官为人生正道,忘了学习本身的"修身"功能及其承载的"齐家、治国、平天下"社会责任。北京大学钱理群教授说过一句广为人知的"警世之言":"我们的一些大学……正在培养一批'精致的利己主义者'……这些人一旦掌握权力,比一般的贪官污吏危害更大。"[①]这句话一针见血,击中了中国高等教育人才培养的要害。精致利己主义的存在既给大学生人生规划和人生目标的实现带来了精神上的沉重负担,导致其价值观畸形、人生观扭曲,甚至引发心理疾患,也给高等教育在"培养什么人"这一问题上敲响了警钟。

3. 学习功利,坚持"成本—收益"实用主义取向

由于受传统文化的当代嬗变与市场经济条件下实用主义的双重影响,部分学生的功利主义倾向在学习方面表现得尤为明显。他们在学习中急功近

---

① 谢湘,堵力.理想的大学离我们有多远　北大清华再争状元就没有希望[N].中国青年报,2012－05－03(3).

利,片面追求学习成本支出最小化与个人价值实现最大化,以期实现个人利益与社会需求快速结合,成为"人生赢家"。具体表现在三个方面:

一是学科专业选择功利化。大学教育是就业的"垫脚石",专业选择与今后就业形势、教育回报和发展空间息息相关。在社会竞争激烈、就业形势严峻、薪资待遇与专业关联度紧密等现实问题面前,很多"准大学生"将实用性而非自身学习兴趣与特长视为大学专业选择优先考虑因素,导致"重理轻文""避冷就热"等现象"高烧不退"。这背离了教育的本质和马克思主义关于人的全面发展学说。

二是学习内容选择功利化。部分学生对实用知识技能类课程"情有独钟",对基础理论课程(包括思想政治理论课)和通识教育课程重视不够甚至敷衍了事。学校的选修课程方面,文史哲等基础学科常常"门可罗雀",而计算机、金融、法律、网络、外语等就业前景好、工资待遇高、自我选择空间大的技能类专业则"门庭若市",一派欣欣向荣景象。这种现象成为大学生学习功利最具代表性的无奈写照,增添了高等教育专业设置的苦涩滋味。

三是学习效果权衡功利化。部分学生注重实用价值产出,看重时间投入与学习效果的"性价比"。其主要表现一在重专业课程、轻公共课程。他们将主要学习时间和精力花在对付专业课程上,其他课程的学习则以"攒积分"——拿学分为目的,拿到基础积分即万事大吉。如此避"实"就"虚"的讨巧之举,既有悖大学课程设计的初衷,又影响了学生知识结构的完善。二在重眼前利益、轻长远利益。不少学生视学习为实现物质目标的手段,将毕业文凭的隐性价值与经济利益的显性价值画等号。他们在学习和生活中重视成本收益,片面追求投入产出比。实际上,一味注重眼前利益、盲目追求学习效果的功利价值属于尺泽之鲵的短视行为,必然影响长远利益的实现和个人人生价值的提升。

4. 择业功利,注重物质利益和短期发展

择业功利现象的出现主要受就业市场由计划经济(定向分配)向市场经济(自主择业)转变的影响,大学生择业在拥有更多公平竞争机会的同时,也暴露出急功近利、将物质利益和短期发展置于社会公共利益和个人长远发展之上等物质主义倾向,从择业到就业均缺少职业设计和人生规划。一是空间取向,出现"三热"现象:大学生就业在往往倾向于热门地区——经济、科技、文化更加发达的东部沿海地区,热门城市——一线城市或地区主要城市,热门行业——市场需求大、工资待遇高、发展空间大的行业;二是时间取向,择业行为短期化,只注重个人就业的短期收益,导致很多大学生就业之后陷入频繁失业、不断跳槽、反复就业的恶性循环,既影响了个人发展的渐进性和稳定性,也增加了就业市场的不确定性;三是价值取向,择业的价值诉求以经济效益为主,职业与专业契合度如何、今后发展空间怎样、是否适合个人特长发挥等,在工资待遇选择面前则往往成为次要甚至不重要的考量因素。

各种形式的功利主义现象虽然在大学生群体中只占很少一部分,代表不了当代大学生整体精神风貌和群体价值取向,但其对中国高等教育的破坏性、对大学生世界观人生观价值观的腐蚀性都极强。所有这一切都与学校思想政治教育缺位、部分学生道德水准不达标有关,而学校思想政治教育缺位或学生道德水准不达标现象的存在,又与学校党建工作的引领功能未能有效发挥存在必然的逻辑关联。破解大学生"群体功利主义"困局,强化在校大学生的价值观引领,成为高校党建工作和思想政治教育共同面临的一道严峻课题。某高校领导为此忧心忡忡:"具有浓厚世俗色彩的功利主义正在逐步侵蚀大学生的思想,并对学生们的健康成长带来了消极影响。"①

二、党领导下党建与思政深度融合的实践路径

党的二十大提出:"全面贯彻党的教育方针,落实立德树人根本任务,培养德智体美劳全面发展的社会主义建设者和接班人。"②坚持党的领导是党建与思政深度融合的总纲和政治话语交集,是加强思政课建设、开展大学生思想政治教育、落实立德树人根本任务的根本保证。在学校思想政治理论课教师座谈会上,习近平总书记强调,要建立党委统一领导下的"四位一体"工作格局,推动形成全党全社会努力办好思政课、教师认真讲好思政课、学生积极学好思政课的良好氛围。③ 党建与思政深度融合,应深化认识、守牢阵地、把

---

① 张彪. 如何应对大学生的功利主义[N]. 光明日报,2014-06-17(13).
② 习近平. 高举中国特色社会主义伟大旗帜　为全面建设社会主义现代化国家而团结奋斗:在中国共产党第二十次全国代表大会上的报告[N]. 人民日报,2022-10-26(1).
③ 用新时代中国特色社会主义思想铸魂育人　贯彻党的教育方针落实立德树人根本任务[N]. 光明日报,2019-03-19(1).

握方向、明确责任,建立全维度、全过程"融合思政"工作体系,不断开创思政育人新格局。

(一)增强使命感,掌握党建思政领导权

教育的本质是一项培养人的社会活动。"国势之强由于人,人材之成出于学。"人才培养是大学的首要任务,就高校思想政治教育而言,回答好"培养什么人、怎样培养人、为谁培养人"这个根本问题,需要始终坚持社会主义办学方向,在"培养人"上下足功夫。其一,"培养什么人",高校应全面贯彻党的教育方针,从党和国家的事业发展和中华民族伟大复兴的战略高度,大力培养社会主义建设者和接班人,努力践行办好中国特色社会主义大学这一时代赋予的光荣使命;其二,"怎样培养人",高校应坚持和完善高校党委领导下的校长负责制,切实贯彻"全员育人、全程育人、全方位育人"工作要求,完善"十育人"工作机制,扎紧筑牢在校大学生思想防线,不折不扣落实立德树人根本任务;其三,"为谁培养人",高校应扎根中国大地努力办好人民满意的教育,"为党育人,为国育才",培养造就一批又一批、一代又一代德智体美劳全面发展、担当民族复兴大任的时代新人。党建工作和思想政治教育是高校人才培养的两个重要支点。二者相互促进、相辅相成,统一于践行立德树人根本任务之中。党建与思政深度融合,本质上是落实立德树人根本任务与坚持为党育人、为国育才的融合,体现了教育事业与党的事业逻辑上的融合统一及其使命担当。

(二)守牢主阵地,强化意识形态引领力

习近平总书记在全国宣传思想工作会议上强调:"意识形态工作是党的一项极端重要的工作。"①意识形态工作的成败得失,事关党的前途命运和国家能否长治久安。加强对大学生的思想引领,筑牢社会主义意识形态主阵地:首先,要用习近平新时代中国特色社会主义思想武装青年学生的头脑。高举伟大旗帜,砥砺家国情怀,激扬青春梦想,让思想的光辉和真理的光芒照亮青年学生的心灵履迹和成长道路。其次,要发挥课堂教学主渠道作用,"用好课堂教学这个主渠道",坚持思政课程与课程思政同向同行,专业思政与课程思政相辅相成。再次,要创新思想政治教育方式方法,"在改进中加强,在

---

① 习近平:意识形态工作是党的一项极端重要的工作[J].紫光阁,2013(9):1.

创新中提高"①。党建育人、实践育人、文化育人与思政育人相互融合，尤其要注重发挥"互联网＋思政"相比传统思想政治教育的独特功能，课内课外一本书，网上网下一堂课，校内校外一盘棋，坚持多维互动，着眼"三全育人"。最后，要不断激发大学生成长成才内生动力。遵循大学生成长规律是高校思想政治教育的根本保障和基本要求。思政课教师要在知识体系建构、价值观念塑造和突出实践导向上下功夫。在课程设计上，应注重思想引领，寓社会主义核心价值观教育于思想政治理论课教材体系与"大思政"课程体系，融入大学生成长成才全过程，使其成为他们自我成长、主动成才的内生动力，在细照笃行中不断锤炼精神品质，真正做到学思践悟、知行合一。

（三）把稳方向盘，占领思政工作制高点

高校党委要加强对思政课建设的领导，在筑牢意识形态主阵地基础上，以高度政治责任感和历史使命感，占领大学生思想政治工作制高点。为此，一要把好政治方向——培根铸魂。在关乎高等教育人才培养这一大是大非的问题上，要旗帜鲜明、理直气壮地讲政治。具体而言，思政课教学要在"两个拥护"（拥护中国共产党领导，拥护我国社会主义制度，即"培根"——信仰之根）、"一个立志"（立志为中国特色社会主义事业奋斗终身，即"铸魂"——思想之魂）上不折不扣、毫不含糊，在加强新时代马克思主义学院建设、办好一流"新马院"、严把思政课建设方向、践行思政育人神圣使命上下功夫。二要把好队伍建设方向——讲深讲透讲活。"思政课是落实立德树人根本任务的关键课程"②，关键在办好思想政治理论课，而办好思想政治理论课，把道理讲深、讲透、讲活，"关键在发挥教师的积极性、主动性、创造性"③。思政课教师是思想政治理论课的主体，责任重大。思政教师队伍建设关乎思政课成败得失，为什么要建设思政课教师队伍（解决功能论问题）、建设什么样的思政课教师队伍（解决目标论问题）、怎样建设思政课教师队伍（解决方法论问题），是高校党委抓好思政课教师建设的关键问题。解决这些问题的基本方法是：厚植家国情怀，既能以理（理论）服人，又能以情感人，提升教学说服力；

① 习近平.思政课是落实立德树人根本任务的关键课程[J].求是，2020(17):4-16.
② 习近平.思政课是落实立德树人根本任务的关键课程[J].求是，2020(17):4-16.
③ 习近平.思政课是落实立德树人根本任务的关键课程[J].求是，2020(17):4-16.

提升职业素养,既有学术视野,又有国际视野,拓展学生知识面;注重人格引领,既有人文精神,又有科学精神,增强课堂感染力。三要把好课程改革方向——入耳入脑入心。提高思政教师理论水平及其驾驭思政课堂的能力,是高校思政队伍建设的关键。高校党委要按照习近平总书记关于思想政治理论课改革创新重要讲话精神,坚持"三性一力"标准和"八个相统一"基本要求①,积极探索新时期加强思想政治理论课思想性、理论性、针对性和亲和力的体制机制与方式方法。教师只有把思想政治理论讲深、讲透、讲活,努力提升驾驭课堂的话语力感染力,才能真正让学生入耳(愿意听)、入脑(听得进)、入心(记得住),不断提高思想政治理论课的"抬头率"和思政教师的"回头率"。

（四）种好责任田,形成"三全育人"协同力

高校思政课建设具有很强的全局性和系统性,涉及总体部署、队伍建设、课程设计、支撑保障等诸多工作条块。关于思想政治理论课建设,学校思想政治理论课教师座谈会上,习近平总书记对各级党委提出了"摆上重要议程""抓住突出问题""采取有效措施","建立'四位一体'工作格局""推动形成良好氛围"等两个方面、六项措施工作要求;对学校党委提出了"坚持管治结合""配齐建强思政课专职队伍""大中小学思政课一体化建设""完善课程体系"等四个方面具体工作要求。② 为此,高校应建立党委统一领导的领导体制、党政齐抓共管的管理体制、有关部门各负其责的工作机制、全校一盘棋的协同机制,推动形成校党委扎扎实实办好思政课、思政课教师认认真真讲好思政课、学生踏踏实实学好思政课的良好氛围,凝聚育人合力,推进协同育人,建立高校思想政治教育生态共同体,为党的二十大提出的"用社会主义核心价值观铸魂育人,完善思想政治工作体系,推进大中小学思想政治教育一体化建设"③做出应有贡献。

党建思政是发挥党建工作政治优势和组织优势及思想政治教育学科优势与专业优势,实现二者在高等教育场域融合发展、协同育人的时代需求,体

---

① 用新时代中国特色社会主义思想铸魂育人 贯彻党的教育方针落实立德树人根本任务[N]. 光明日报,2019-03-19(1).
② 习近平. 思政课是落实立德树人根本任务的关键课程[J]. 求是,2020(17):4-16.
③ 习近平. 高举中国特色社会主义伟大旗帜 为全面建设社会主义现代化国家而团结奋斗:在中国共产党第二十次全国代表大会上的报告[N]. 人民日报,2022-10-26(1).

现了新时期推进全面从严治党和加强大学生思想政治教育双重要义。破解党建与思政分离、功用与实用脱节二元分裂困囿,实现党建与思政深度融合,需要在认识论、方法论和实践论上实现根本性突破,不断增强二者"融入力"探索与实践,努力构建新时代"党建＋思政"二元一体育人体系。概言之,提升政治素养、扣好"人生首扣"、砥砺"青春之我"、筑牢道德底线、做到知行相济,是落实立德树人根本任务的五个基本维度,成为党建思政协同育人的价值诉求与应然归宿。

第三节　科学家精神融入高校党建思政的功能维度与现实之困

一、研究缘起与背景

"科学家精神是中国精神时代出场的新形态"[①],蕴含着丰富多样的"党建因子"和弥足珍贵的思想政治教育资源,天然地具有育人功能。深入揭示科学家精神融入高校党建思政的功能价值与理论内涵,使其成为大学生党建工作与思想政治教育的理论参考和要素支撑,是弘扬科学家精神的价值归宿、开创新时代党建工作新局面的根本要求。科学家精神融入大学生思想政治教育,一方面可以为实施创新驱动发展战略、建设世界科技强国提供坚实的人才支撑,进而为弘扬科学家精神、发挥科学家精神铸魂育人作用开辟新的价值空间和实践范式,另一方面有利于进一步增强高校思政课教学的实效性,开辟立德树人新境界,更好践行高等教育根本任务和时代使命。

受中央和国家部委有关文件[②]以及落实立德树人根本任务交互驱动,科学家精神融入大学生思想政治教育,成为近年来学术界方兴未艾的热点研究

---

① 邱静文.科学家精神融入高校思政课教学的实践路径[J].学校党建与思想教育,2021(22):64-66.
② 包括中央组织部、中央宣传部2018年7月印发的《关于在广大知识分子中深入开展"弘扬爱国奋斗精神、建功立业新时代"活动的通知》,中央办公厅、国务院办公厅2019年6月印发的《关于进一步弘扬科学家精神加强作风和学风建设的意见》,中国科协2022年5月印发的《关于组织中国科协主管期刊开展弘扬科学家精神专题宣传的通知》等。

话题。已有研究主要聚焦四个方向：一是要素研究——科学家精神基本内涵，主要围绕中央印发的《意见》，对科学家精神六要素（爱国、创新、求实、奉献、协同、育人）进行内涵揭示。这是开展科学家精神研究的基本前提和重要基础，相关论述均不同程度地涉及。二是功能研究——科学家精神教育功能。田阳、张苗、骆郁廷等学者指出，科学家精神是铸魂育人的宝贵资源、思政教育的有力抓手、学风建设的重要依托（田阳，2022），在大学生思想政治教育中具有信念引领、价值导向、人格塑造作用（张苗，2021），以及爱国主义教育、学术道德教育、创新文化教育（骆郁廷、余晚霞，2021）等多重育人功能；张吉玉等人认为，科学家精神融入大学生思想政治教育，对于落实立德树人根本任务、培养创新型人才、应对大国博弈与挑战等，具有重要现实意义。三是价值研究——科学家精神对开展大学生思想政治教育的启示意义与价值揭示。杨丽艳等人认为，开展科学家精神教育有利于凝聚大学生爱国奉献的精神力量，培养大学生求真务实的优秀品质，夯实大学生崇尚创新的价值取向（杨丽艳、计阳，2022）；张淑东等人认为，科学家精神融入大学生思想政治教育，有利于净化大学生学风和作风，培养科技后备人才，厚植中华民族共同体意识，促进人才与国家和社会的共同发展。四是方法研究——科学家精神融入大学生思想政治教育路径探索。学者们认为，应将科学家精神融入课程育人、科研育人、文化育人、科研育人、环境育人、实践育人、网络育人等育人体系（张苗，2021；骆郁廷、余晚霞，2021；刘宇，2022），通过对标"三全育人"、强化师生共育、加强资源整合，实现科学家精神融入大学生思想政治教育的深度融合与实践转化，形成科学家精神教育工作合力（田阳等，2022）。然而，已有研究呈现对科学家精神要素间逻辑关系学理阐释不清，对科学家精神教育功能揭示力度不够，观点重复、变通表述、简单雷同甚至机械复制，话语体系尚未形成等表面化甚至片面化现象，尤其在科学家精神融入大学生思想政治教育面临的现实困囿及其破解路径方面，相关成果鲜有涉猎。本研究从科学家精神融入大学生思想政治教育的理论功能和实践路径两个维度，尝试建构科学家精神全景价值体系，面向"三全育人"工作要求，突破科学家精神融入大学生思想政治教育中的多重困境，实现科学家精神教育服务高等教育尤其是落实立德树人根本任务的学术功能与教育目标。

二、科学家精神融入高校党建思政的功能维度

以"爱国、创新、求实、奉献、协同、育人"为核心内涵的科学家精神,既与党建工作高度契合,也与大学生思想政治教育基本要求相辅相成。

就前者而言,伟大建党精神是中国共产党的精神之源,成为新的历史条件党建工作的根本遵循。[①] 科学家精神中的爱国精神,其核心归纳"胸怀祖国、服务人民"体现了伟大建党精神中"对党忠诚、不负人民"的家国情怀,二者都以服务于党的事业为最高价值。科学家精神中的求实精神,其核心归纳"追求真理、严谨治学"体现了伟大建党精神中"坚持真理、坚守理想"的本质要求,二者都坚持以马克思主义哲学指导实践(科学研究、党建工作)的认识论和方法论。[②] 科学家精神中的创新精神,其核心归纳"勇攀高峰、敢为人先"体现了伟大建党精神中"不怕牺牲、英勇斗争"的开拓品格,二者都饱含"敢教日月换新天"的雄心壮志。科学家精神中的奉献精神、协同精神和育人精神,其核心归纳"集智攻关、团结协作""淡泊名利、潜心研究""甘为人梯、奖掖后学",则是伟大建党精神中"践行初心、担当使命"的条件保障与现实召唤。

就后者而言,科学家精神与大学生思想政治教育强调的家国情怀(与"爱国精神"相呼应)、集体主义(与"协同精神"相呼应)、批判精神(与"创新精神"相呼应)、坚持真理(与"求实精神"相呼应)、价值取向(与"奉献精神"相呼应)、使命意识(与"育人精神"相呼应)等相辅相成。这些要素归结到一点,在

---

① 关于建党精神与党建工作的关系,上海市第十二次党代会报告指出,"伟大建党精神是中国共产党的精神之源",要"以伟大建党精神引领新时代党的建设新的伟大工程……把伟大建党精神融入到党的建设全过程各方面","用中国共产党人的精神谱系教育人、激励人、感召人"。参见李强:《弘扬伟大建党精神　践行人民城市理念　加快建设具有世界影响力的社会主义现代化国际大都市:在中国共产党上海市第十二次代表大会上的报告》,《解放日报》2022 年 6 月 30 日。

② 中国航天事业奠基人钱学森既是一位"享誉海内外的杰出科学家"(新华社:《钱学森同志生平》,2009 年 11 月 6 日),也是一位坚定的马克思主义者。他在长期的科研和工作实践中,一直坚持学习并自觉运用马克思主义哲学,做到了科学与哲学的结合。1957 年,钱学森指出:"在技术科学的研究中,我们把理论和实际要灵活地结合,不能刻板行事。我想这个灵活地结合理论与实际也就是辩证唯物主义的真髓了。因此,我认为世界第一流的技术科学家们都是自发的辩证唯物主义者,他们的研究方法是值得总结的。而有了辩证唯物主义我们也可以把它运用到技术科学的研究上去,提高研究的效率,少走弯路!"(钱学森:《技术科学中的方法论问题》,《自然辩证法研究通讯》1957 年第 1 期)钱学森通过对毛泽东《实践论》《矛盾论》两篇马克思主义经典著作的认真研究,形成了以马克思主义哲学为核心的现代科技体系思想。他认为这是"科学真理"。

于科学家精神的"红色"特质,成为大学生思想成长和道德养成的典范教材。主要表现为:科学家精神进入中国共产党人精神谱系,蕴含厚重"红色基因",拥有丰富"红色资源",是当代大学生应该认真学习的"红色教材"。大学作为人才尤其是高素质科技创新人才培养重镇,应深入发掘以科学家精神尤其是以本校杰出科学家校友成长历程、价值追求和精神品质为重要支撑的红色资源,主动保持本校红色传统并在新的历史时期不断发扬光大,自觉继承本校红色基因并使之绵延不绝、代代相传,为开展大学生日常思想政治教育、践行立德树人根本任务进行鲜活而丰富的"校本表达"。

科学家精神具有完整话语体系、鲜明谱系特征和多元价值维度。对大学生而言,弘扬科学家精神、从科学家的科技报国历程和科研创新实践中接受政治教育、思想淬炼和精神洗礼,对于提升他们的科学素养、塑造理想信念、践行社会主义核心价值观、养成良好学术道德、增强实践能力等,具有重要教育价值。

(一)科学素养提升功能

科学素养包括三个方面:一是辩证思维——辩证的自然观。正确认识客观世界,树立辩证唯物主义的世界观,养成辩证的思维方式,是从事科学研究最基本的观念基础,否则只会走向唯心主义,而这与科学的本质背道而驰。二是创新思维——求是的真理观。科学研究中的"求是"包括过程维度的开拓创新(创新精神)和目标维度的求真务实(求实精神)。创新精神是科学家精神的核心,是探索科学真理的必然要求,真正的科学家、真正做出重要科学成就,离不开对既有认知的质疑。只有这样才能在科学研究领域"善于破坏一个旧世界"(核心是质疑精神),从而"善于建设一个新世界"(核心是创新精神)。因此,教授学生创新知识、培养他们的创新精神,进而养成他们的创新思维,成为科学家精神涵养当代大学生科学素养的核心要义。三是系统思维——系统的科学观。科学研究的主体是人(科学家),基本功能是用科学研究成果推动社会发展进步。客观世界是一个相互联系的有机整体,所谓"有机",即系统性。养成学生的系统思维,就是要引导他们正确认识"科学—人—社会"三者之间的互动关系,教育他们用科学研究成果更好服务并造福人类社会发展进步。

要素方面,著名科学家、国家"863"计划倡议者、"两弹一星"功勋科学家王大珩认为,科学素养包括好奇心、试错精神、质疑精神、创新精神、求真求实、冒险精神、合作精神①等七个方面。② 以好奇心(curiosity)为例,好奇心的形成基于"内部驱动的信息寻求"(Loewenstein,1994)。作为一种"喜欢探究不了解事物"的"常见的心理状态和人格特质",③好奇心是"一种为了更好认知的冲动,即驱使人们探索未知事物的欲望"④,成为测量创新型人才典型特征的核心指标。有学者研究发现,好奇心是构成他们成功的主要因素⑤,是他们试错精神、质疑精神、创新精神等的原动力和取得重大科学原始创新的主要内在因素。没有好奇心的驱使,科学研究将失去最根本的精神本源。《意见》指出,广大科学家要"始终保持对科学的好奇心"⑥。

再以其中的质疑精神为例,质疑精神是科学家最重要的职业品格之一。科学的发展是在质疑中实现自我纠正与自我完善。只有质疑权威、质疑经典、质疑定论,才能发现科学创新的盲点和机会。孔子指出:"疑是思之始,学之端。"爱因斯坦认为:"提出一个问题,往往比解决这个问题更重要。"法国哲学家、被誉为"独立思考之父"的笛卡尔说:"如果你想成为一个真正的真理寻求者,在你的一生中至少应该有一个时期,要对一切事物都尽量怀疑。"人类社会发展史上由于质疑带来对科学的突破,有两个事例堪称经典:一个是伽利略通过自由落体实验实现了对亚里士多德"运动论"(物体下落速度和重量成正比)的推翻,纠正了人类认识史上一个持续近两千年的错误结论;另一个是哥白尼"日心说"对"地心说"的颠覆。最近的一个颇具热度

① 王大珩,于光远.论科学精神[M].北京:中央编译出版社,2001.
② 关于科学素养的要素构成,目前学术界认可度较高的有王大珩的"七分法"和李醒民的"五分法"两种要素体系。李醒民在《什么是科学精神》一文(载于《中国科学报》2014 年 12 月 26 日)中指出,科学精神包括怀疑批判精神、平权多元精神、创新冒险精神、纠错臻美精神、谦逊宽容精神。这五种精神"反映了科学的革故鼎新、公正平实、开放自律、精益求精的精神气质"。此外,还有学者提出"六分法",认为科学素养包括求实精神、理性精神、创新精神、竞争精神、批判精神、自由与开放精神六大精神要素(柳洲:《科学精神系统的多维探析》,天津大学 2002 年学位论文)。
③ 黄琪,陈春萍,罗跃嘉,等.好奇心的机制及作用[J].心理科学进展,2021(4):723-736.
④ JAMES W. Talks to teachers on psychology: and to students on some of life's ideals [J]. The School Review, 1899(7):434-435.
⑤ 阎光才.创新型人才的培养需要呵护人的好奇心[J].探索与争鸣,2010(3):5-7.
⑥ 中共中央办公厅　国务院办公厅印发《关于进一步弘扬科学家精神加强作风和学风建设的意见》[EB/OL]. (2019-06-11)[2014-07-10]. http://www.xinhuanet.com/politics/2019-06/11/c_1124609190.htm.

的科学事件是,2022 年诺贝尔物理学奖授予了从事量子纠缠研究的三位科学家①,他们的主要贡献在于"用纠缠光子进行实验,证明了贝尔不等式(Bell's inequality)不成立,并以此开创量子信息科学"。瑞典皇家科学院的官方评价中提到,"他们的实验为当下量子技术革命奠定了基础,真正推动量子力学从理论走向了应用"。媒体在报道中普遍提到,三位科学家的获奖成果证明了爱因斯坦、波多斯基和罗森三人 1935 年提出的"EPR(Einstein-Podolsky-Rosen)佯谬"即贝尔不等式不成立。这一研究成果的取得堪称质疑精神推动科学发现的代表性案例,必将被载入人类科技发展的光辉史册。如果说科学是人类文明进步的根本动力,质疑则是科学发现的根本动力。因此,培养科学家精神的首要任务是培育作为科技事业接班人的青少年学生基于好奇心驱动的科学素养。这在发挥科学家精神思想政治教育功能方面处于首要地位。

(二)理想信念塑造功能

科学家精神是科学精神和人文精神的交汇融合,是科学精神和人文精神在科学家身上的统一与呈现。

相比科学精神这一说法的"古已有之""源远流长",科学家精神更像是一个"初出茅庐"的新鲜事物,社会上甚至出现将二者混为一谈的现象。科学家精神体现得更多的是科学的社会价值所在,即科学的"社会化"问题;科学精神体现得更多的是一种自然价值所在,即科学事业对自然奥秘不懈探索、创新求解的本质属性。人们常说"科学无国界,科学家有祖国",这句话其实包括两个方面:"科学无国界",说的是一种科学精神,即科学的纯粹本质;"科学家有祖国",说的是一种科学家精神,即科学家的情感皈依。② 因此,科学家精神是在科学精神基础上,将科学家的价值取向(社会责任感、奉献精神、协同精神)和情感取向(家国情怀)等"热"的因素植入科学家的科学研究等"冷"的事业之中,从而实现钱学森所言"冷与热的结合"——理想信念与科学事业的

---

① 三位获奖者分别是法国物理学家阿兰·阿斯佩(Alain Aspect)、美国理论和实验物理学家约翰·弗朗西斯·克劳泽(John F. Clauser)和奥地利科学家安东·塞林格(Anton Zeilinger)。据瑞典皇家科学院网站(https://www.kva.se/)。

② 汪长明.科学家精神与科学精神的分化与融合[M]//汪长明科学之帜钱学森.上海:上海交通大学出版社,2022:309 - 310.

结合,"真才实学和献身精神"①的结合。

理想信念与科学事业的结合,本质上是科学研究在个人价值观层面的体现。没有崇高的理想信念和鲜明的价值取向做支撑,科学研究、科学发现、科学创造所承载的社会责任感、奉献精神、协同精神及家国情怀等将无从谈起。而在科学家个人层面,将理想信念与国家科学事业紧密结合在一起的,钱学森堪称典范。他曾在一次讲话中坦言:"我作为一名中国的科技工作者,活着的目的就是为人民服务,如果人民最后对我的一生所做的工作表达满意的话,那才是最高的奖赏。"②对此,习近平同志指出,我们"要学习钱学森同志的光荣感,他把群众的口碑当作自己无上的光荣。"③作为中国科技史上一位举足轻重的人物,钱学森为党的事业奋斗终身的崇高品质,他视祖国和人民利益为自己毕生所图的价值追求,他把自己的光荣感融入科学报国伟大事业的坦荡胸襟和深沉情怀,成为中国科学家精神镜像的真实写照,而他本人也成为践行科学家精神的杰出代表。

科学家应该将科学研究与国家需要结合在一起,将个人价值的实现融入国家发展的时代洪流、将科学的自由探索融入国家科技事业振兴之中。在这方面,最典型的事例当属新中国成立之初的海外留学生归国热潮。20世纪五六十年代,经过长期战争洗礼后建立起来的新中国千疮百孔、积贫积弱,科技、经济、国防等各项事业的开展面临严重的人才匮乏问题。知识分子,尤其是科技人才的严重短缺,成为新中国开展国民经济建设的最大短板。在短期内吸引大量留学海外的青年科技人员回国参加经济建设,成为新中国面临的一项迫在眉睫的任务。在这样的时代大背景下,大规模召回流散在世界各地尤其是西方发达国家的"智力资产"工作,开始进入党和国家领导人擘画新中国各项建设事业的战略视野。在党和政府关怀下,一大批留学海外的爱国青年知识分子积极响应祖国召唤,毅然放弃经过对科学事业的不懈探索和努力拼搏在国外获得的舒适生活待遇和优越工作条件,排除各种艰难险阻,义无反顾地回到社会主义祖国的怀抱,为新中国民族经济的振兴、社会主义建设

---

① 钱学森. 写在《郭永怀文集》的后面[M]//顾吉环,李明,涂元季. 钱学森文集(卷二). 北京:国防工业出版社,2012:302.

② 中共中央文献研究室《文献与研究》编辑部. 钱学森同志言论选编[N]. 光明日报,2009-12-01(2).

③ 习近平. 树立五种崇高情感[N]. 浙江日报,2003-07-17.

事业的开创,在各行各业做出了历史永远不会忘记的重要贡献。① 其中相当一部分科学家投入了举世瞩目的新中国"两弹一星"事业,为捍卫新中国国防安全和民族尊严做出了永不磨灭的历史贡献,功垂新中国科技发展史册。

(三)核心价值引领功能

中国科学家精神的形成,是在历史发展中长期积淀、不断演化的结果,铭刻着特定历史时期、特定发展阶段和特定发展需求的时代烙印。其中,爱国精神和奉献精神是中国科学家精神的主旋律,成为新时代中国科学家的核心价值追求、鲜明精神底色和坚定行动自觉,是当代青年学习的鲜活教材和应有遵循。

其一,爱国主义是中华民族精神的核心,是科学家精神的耀眼底色。从历史维度看,中国科学家身上的爱国主义诠释具有鲜明的时代烙印,与国家发展深度关联,与民族命运紧密呼应。

第一阶段,民族危难,科学救国。西学东渐以来,中华民族身处外敌入侵、国家危难的水深火热之中,一大批心怀"科学救国"理想的爱国科学家,坚信"为学之道,求真致用",立志用科学的力量拯救国家,在中华大地上掀起了"航空救国""实业救国""工业救国""交通救国"等救国思潮,书写了一部爱国主义的科学英雄主义豪迈诗篇。他们远渡重洋,努力学习西方先进的现代科学技术,"洋为中用"、匡时济世,将一己之力融入近代中国民族独立与科技现代化的伟大进程。这一时期,中国科学家爱国主义精神的主要内涵和核心要义是"科学救国"。

第二阶段:民族独立,科学报国。新中国成立之际,一大批旅居世界各地尤其是欧美发达国家的优秀科学家,以民族大义和国家需要为重,自觉响应

---

① 在这股浩浩荡荡的归国热潮中,经历最曲折、最广为人知、影响最大、贡献最突出的非钱学森回国莫属。钱学森回国不仅是新中国外交史上的一次重大胜利,打破了以美国为首的西方国家对新生中国进行技术和人才交流限制与封锁、企图在科技领域"窒息"新中国的政治图谋,而且带动了一大批海外知识分子(主要是国家急需的青年科技人才和留学生)回到祖国,掀起了海外知识分子踊跃回国、投身新中国各项建设事业的高潮。据笔者统计,从 1949 年 8 月至 1955 年 11 月期间,回国参加建设的海外高级知识分子共有 1 536 名;到 20 世纪 60 年代中期,回归祖国怀抱的旅居海外专家、学者和优秀留学人员达 2 500 多名。资料来源:1. 新华社. 中华人民共和国大事记(1949 年)[EB/OL]. (2009 - 10 - 09)[2024 - 07 - 10]. http://www.gov.cn/test/2009-10/09/content_1434220_2.htm;2. 新华社. 新中国档案:20 世纪 50 年代大批留学生回国[EB/OL]. (2009 - 09 - 04)[2024 - 07 - 10]http://www.gov.cn/test/2009-09/04/content_1409229.htm.

党和政府号召,毅然决然地回到祖国,将自己的家国情怀和科学才智奉献给新中国社会主义建设事业,做到了个人理想与国家需要、个人事业与民族前途的交融与呼应。他们立足本职岗位,在国家科技事业中传承和发扬爱国主义精神,影响了一代又一代青年的成长,培养了一代又一代青年科技工作者。在改革开放时期,随着"科学的春天"到来,中国科学家的爱国主义精神主要表现为服务于祖国的社会主义现代化建设,在各行各业贡献自身科学才智,继续为中国科技事业发展进步、为中国早日跻身世界科技强国添砖加瓦。这一时期,中国科学家爱国主义精神的主要内涵和核心要义是"科学报国"。

第三阶段:民族复兴,科技强国。在新时代中国特色社会主义时期,随着科技实力、综合国力不断增强,我国已迈进创新型国家行列,并正在加快构建新发展格局。中国科学家的爱国主义精神主要表现为以自身创新之智、奋进之力,为建设世界科技强国不断注入科技创新的力量,将个人科学之梦融入民族复兴之梦(中国梦)的时代洪流之中。这一时期,中国科学家爱国主义精神的主要内涵和核心要义是"科技强国"。习近平总书记指出,"两院院士是国家的财富、人民的骄傲、民族的光荣";"我们的很多院士都具有'先天下之忧而忧,后天下之乐而乐'的深厚情怀,都是'干惊天动地事,做隐姓埋名人'的民族英雄"。[①] 因此,可以说,两院院士是新时期科技强国战线的主力军和先遣队。

无论哪一历史时期,中国科学家的爱国主义精神都感天动地,他们谱写的中国科技事业壮丽诗篇更可谓惊天动地。

其二,奉献精神是科学家精神的基石,是科学家最可贵的品质。奉献精神是中华民族传统美德,国家科技事业发展进步离不开一代又一代科学家坚守无私奉献的道德理性。如果说爱国主义精神是科学家精神的核心要义,奉献精神则是科学家精神的实践表达,二者统一于以弘扬科学家精神为话语指向的政治生活体系、以科学家精神教育为话语指向的国民教育体系、以科学家精神传播为话语指向的大众传媒体系、以科学家精神生产为价值旨归的社会生活体系之中。奉献与无私相统一,意味着在面向特定对象的实践表达中

[①] 习近平. 在中国科学院第十九次院士大会、中国工程院第十四次院士大会上的讲话[M]. 北京:人民出版社,2018.

功利(回报)与利益(报酬)的自我放弃,甘愿为国家和社会付出劳动、贡献力量。而就科学家个人而言,科技事业是一项漫长艰辛的探索历程,发扬奉献精神需要以一生为时间维度、心无小我、舍身忘我甚至牺牲自我。事业上,如果没有孜孜以求、忘却小我的奉献精神,没有将个人科学梦想与中国梦深度对接、将个人价值追求与国家发展需求紧密联系在一起的强烈使命感和责任感,很难做出真正具有社会价值的科学成就;精神上,一位科学家如果处处以个人名利当先,缺少舍小家为大家的奉献精神,缺少"心底无私天地宽"的崇高境界,以及"面壁十年图破壁,难酬蹈海亦英雄"的使命担当,即便成就再大,也很难得到科学共同体的认可,同样难以赢得自己所期待的学术声望。其人格风范、科学评价也会因此大打折扣。

著名理论物理学家、"两弹元勋"、中国核武器研制与发展的主要组织者和领导者邓稼先,以"别人有的,我们也要有"的科学自信,隐姓埋名,将"三个不能说"抛给妻子,一去二十八年,归来却是病躯,为中国的原子弹事业做出了不可磨灭的贡献,真正做到了"用一生奉献诠释中国脊梁"。[1] "中国核潜艇之父"、"共和国勋章"获得者黄旭华,从 1958 年至 1987 年,因工作保密需要舍家为国,在"默默无闻、寂然无名"中将人生最宝贵的三十年奉献给了中国的导弹核潜艇事业。正是以黄旭华为代表的中国第一代核潜艇人攻坚克难、无私奉献,打破外部技术封锁,铸就了扬我国威的大国重器,使中国成为世界上第五个拥有核潜艇的国家。至于作为中国航天事业奠基人、荣获"国家杰出贡献科学家"荣誉称号的钱学森,他的事迹更是广为人知。由于"两弹一星"研制工作安全和保密需要,钱学森长期对家人隐瞒工作信息,在工作条件异常艰苦的状态下带领第一代航天人开创了举世瞩目的中国航天事业。而他个人的体会是"甜蜜的"。[2] 这是一种何其伟大的奉献精神、何其崇高的精神境界!……中国科学家春蚕到死丝方尽、许身国威壮河山的感人事迹,不胜枚举。

(四)学术风气净化功能

科学家精神蕴含着广大科学家自觉遵守学术规范、模范践行优良学风的

---

① 袁于飞. 用一生奉献诠释中国脊梁:邓稼先先进事迹激励科技工作者爱国奋斗[N]. 光明日报,2018 - 08 - 10(1).
② 1988 年 7 月 8 日,已经退出国防科研一线领导岗位的钱学森在国防科工委科技委兼职委员首次会议上的讲话中指出:"我们所有从事那段工作的同志,对于那一段的回忆,都会是甜蜜的。"

价值要素。《意见》提出,要"崇尚学术民主"(学术作风)、"坚守诚信底线"(学术道德)、"反对浮夸浮躁、投机取巧"(学术操守)、"反对科研领域'圈子'文化"(学术话语)等,加强作风和学风建设,营造风清气正的科研环境。[①] 党的二十大报告提出:"实施科教兴国战略,强化现代化建设人才支撑",需要"完善科技创新体系",需要"培育创新文化,弘扬科学家精神,涵养优良学风,营造创新氛围"。[②] 只有"崇尚学术民主",在科研管理工作中切实贯彻学术民主集中制,提倡观点交锋和思想激荡,才能集思广益、协同创新,也才能激发年轻科技人才的学术热情,使他们敢于陈述学术观点,而不盲从学术权威,思想上自缚手脚;只有"坚守诚信底线",坚持实事求是,才能打破阻碍科研创新的制度藩篱,营造风清气正的科研环境,还学术一片净土;只有"反对浮夸浮躁、投机取巧"等机会主义行为,才能防止形形色色的"科研掮客"混迹各种科研项目之中,出卖科研灵魂,强取豪夺、不当得利:只有"反对科研领域'圈子'文化",大力提倡开放包容的科研氛围、自由竞争的制度环境、身体力行的工作作风、为国育才的师者风范,并将其植入广大青少年的心灵之中,用科学家精神的强大力量抵制拜金主义、享乐主义、利己主义等各种歪风邪气,以及各种扭曲的择业观、金钱观、成才观,感召并引领青少年立志投身科技事业,以青春之我创造青春之中国,自觉肩负起将个人发展融入国家发展之中的社会责任感和历史使命感,科学家精神才能真正做到"落地生根、开花结果"。

(五)实践能力培养功能

"实践是检验真理的唯一标准。"对大学生思想政治教育而言,科学家精神的实践能力培养功能体现在两个方面:

一是科学家精神"源头论"。物质是精神的基础,科学家精神的形成来自科学实践、成于科学实践,"是科技工作者在长期科学实践中积累的宝贵精神财富"[③]。要引导大学生从科学家精神中汲取"实践出真知,实践出人才"的

① 中共中央办公厅 国务院办公厅印发《关于进一步弘扬科学家精神加强作风和学风建设的意见》[EB/OL]. (2019－06－11)[2024－07－10]. http://www.xinhuanet.com/politics/2019-06/11/c_1124609190.htm.
② 习近平.高举中国特色社会主义伟大旗帜 为全面建设社会主义现代化国家而团结奋斗:在中国共产党第二十次全国代表大会上的报告[N].人民日报,2022－10－26(1).
③ 习近平.在科学家座谈会上的讲话[N].人民日报,2020－09－12(2).

"实践认识论","以心怀热爱、充满激情、自由放松的游戏状态"①投身科学实践活动,养成良好科学品质。前述科学素养包含的七大要素——好奇、试错、质疑、创新、求真、冒险、合作,每一项都与实践紧密相关。科学研究、科学创造是实实在在的社会实践活动,任何脱离实践的科学研究与科学创造都如同虚无缥缈的海市蜃楼和不切实际的空中楼阁。《意见》要求科技工作者"深入科研一线,掌握一手资料",这句话讲的其实就是科学家精神的实践指向。"深入科研一线,掌握一手资料"是科学家精神实践表达的价值场域。

二是科学家精神"目标论"。精神对物质起反作用,科学家精神又为科学实践活动的开展提供了宝贵的精神支撑。科学实践活动成功与否、效能如何,与从事科学实践的主体(科学家)精神状态存在正相关。举凡在科学研究领域做出开创性贡献的科学家,其精神风貌、人格品质、道德素养等往往"高人一筹",从而成为他人尤其是年轻科技人员和在校学生学习的榜样。习近平总书记期许广大科技工作者,"要把论文写在祖国的大地上,把科技成果应用在实现现代化的伟大事业中"②。由此可见,科学家精神与科学实践之间存在相互作用、相辅相成的共生关系,是"思想支配行动、行动决定结果"这一哲学逻辑在科学家身上的内化与呈现。对广大青少年进行实践能力尤其是科学实践能力培养,科学家精神不失为一本最好的教科书。《意见》专门指出,高层次专家一要在人才培养上发挥表率作用,做好传帮带,发挥表率作用,引领社会风气,二要在履行社会责任上模范带头,身体力行、言传身教,引领更多青少年投身科技事业。③ 实现科学事业薪火相传,将历史的接力棒一代一代传下去,是弘扬科学家精神的根本要求。在科学探索道路上,科学成就的取得往往离不开"天生我材必有用"的自信、"咬定青山不放松"的韧劲和"不破楼兰终不还"的决心,所有这些最终都离不开科学实践的检验,离不开当代青少年对科学家精神的崇尚、学习、养成与传承。

---

① 何丽君.中国建设世界重要人才中心和创新高地的路径选择[J].上海交通大学学报(哲学社会科学版),2022(4):33-42.

② 央广网.习近平治国理政"100句话"之:把论文写在祖国的大地上[EB/OL].(2016-06-11)[2024-07-10].https://www.chinanews.com/gn/2016/06-11/7900399.shtml.

③ 中共中央办公厅 国务院办公厅印发《关于进一步弘扬科学家精神加强作风和学风建设的意见》[EB/OL].(2019-06-11)[2024-07-10].http://www.xinhuanet.com/politics/2019-06/11/c_1124609190.htm.

三、立德树人背景下科学家精神融入大学生思想政治教育的现实困境

将科学家精神融入高校党建思政,是弘扬科学家精神和开展思想政治教育面临的双重课题。然而,在实际工作中,科学家精神融入高校党建思政存在价值引领功能发挥不畅、内容揭示深度不够、思政课教学方式方法不当等问题,影响了科学家精神育人的力度和效果,科学家精神的教育功能未能得到有效彰显。

(一) 价值引领功能发挥不畅,弱化科学家精神育人力度

2017 年,中央印发的《关于加强和改进新形势下高校思想政治工作的意见》指出,要强化思想理论教育和价值引领,主要发力点包括:一是把理想信念教育放在首位,引导师生坚定"四个自信"[①];二是培育和践行社会主义核心价值观,把社会主义核心价值观体现到教书育人全过程,提升师生道德素养;三是弘扬中华优秀传统文化和革命文化、社会主义先进文化,弘扬以爱国主义为核心的民族精神和以改革创新为核心的时代精神;四是进一步办好高校思想政治理论课,充分发挥思想政治理论课的主渠道作用。[②] 如前所述,科学家精神具有鲜明的理想信念教育、核心价值引领、民族精神培育、时代精神塑造等功能,蕴含着丰富的思想政治教育资源。

然而,在实际运用中,科学家精神在很多高校中发挥的作用很不明显,尤其在核心价值引领方面,未能有效融入"十育人"工作机制,更好服务"三全育人"工作要求。

一是科学家精神教育异化为科学精神教育。科学精神固然属于科学家精神,是科学家精神不可或缺的组成部分。然而,部分高校在价值观引导方面,片面强调"科学无国界"(重知识传授),而忽视了"科学家有祖国"的价值观教育(轻道德养成):

其一,人才生产方面,即就学生而言,一些学生毕业后选择出国深造,以国外学习经历实现对国内学习的"学历加持",但他们出国后将个人利益、物

---

① "四个自信"指中国特色社会主义道路自信、理论自信、制度自信、文化自信。
② 中共中央国务院印发《关于加强和改进新形势下高校思想政治工作的意见》[N].人民日报,2017 - 02 - 28(1).

质待遇、工作条件视为人生选择的重要参考,忘记了学成归来的初心和服务国家的使命。根据清华大学《2018 年毕业生就业质量报告》,该校 2018 届毕业生中,选择出国(境)深造人数占比达到总人数的 16.5%(其中本科生占26.3%,硕士生占 6.7%,博士生占 12.6%)。① 而据某机构统计结果,清华大学毕业生在留学首选目的地美国完成学业之后,回国比例仅为 14%。虽然近年来清华大学留美学生占比略有降低,②但留学生毕业后回国热情依然不高已是事实,与 1981 年清华大学首批派出的 9 名赴美留学生全部回国形成了鲜明对比。这显然背离了高校培养社会主义建设者和接班人这一根本任务,以及高等教育乃至全社会对青年知识分子的殷切期望,也与科学家精神崇尚"爱国""奉献"的价值取向格格不入。

其二,人才评价方面,即就学校而言,很多高校将学生毕业后的"出国率"作为衡量人才培养质量的重要指标,导致无论学生本人、家庭、学校乃至全社会都视出国为一种"教育时尚",形成了"谁能出国留学谁就是高才生"的"出国优越论"。在高校人才培养体系中,本科毕业生国内外深造率是衡量高校人才培养质量的重要参考。根据国内 985 高校 2021 年毕业生就业质量报告公布的数据,当年中国人民大学、电子科技大学和北京大学本科毕业生境外留学率分别为 30.37%、22.4% 和 18.9%,占据前三甲。③ 这种高出国率与高校的办学导向不无关系,也是对高等教育国际化的误读。早在 2013 年,就有全国人大代表和政协委员指出,"教育国际化不等于出国留学","出国留学'镀金'思想不可取","国外的学校不是保险箱"。④

其三,人才使用方面,即就社会而言,国内不少高校和研究机构把是否具有出国留学背景作为人才录用与考核成绩是否"高级"、进而影响人才职业待

---

① 清华大学. 清华大学 2018 年毕业生就业质量报告[EB/OL]. (2019 - 01 - 06)[2024 - 07 - 10]. https://app. gaokaozhitongche. com/news/51236.
② 据清华大学 2022 年毕业生就业质量报告,当年清华大学出国(境)深造比例为 7.1%(其中本科生占比 14%,硕士生占比 4.4%,博士生数据缺)。资料来源:清华大学学生职业发展指导中心网站。
③ 国内 985 高校学生出国人数汇总:高达 20 万人! 哪些高校最受欢迎? G5 最受欢迎! [EB/OL]. (2013 - 02 - 13)[2024 - 07 - 10]. https://www. liuxue86. com/a/4642818. html.
④ 高靓,张以瑾,柯进,张婷. 出国留学"镀金"思想不可取[N]. 中国教育报,2013 - 03 - 11(2).

遇和发展前景的评价标准,导致社会上一直存在"海龟"与"土鳖"之争。[①] 这一评价机制固然有注重人才国际化视野、复合型知识结构、前瞻性科学素养等多重考虑,总体上值得肯定,但在人才输出(出国)与人才引进(回国)之间,往往存在很大的断层,真正有意愿回国的优秀人才虽然近年来占比逐年上升,但与国家对高层次人才的需求相比,还是供不应求。[②] 很多出国学生在颇具诱惑力的薪酬待遇和工作条件面前,往往选择留在国外工作,并一度出现"'留洋'之后再'留'洋"的现象。这与前述建国之初海外科技人才的归国热潮相比形成了很大的反差。此种境况在实现高水平科技自立自强、全面建设社会主义现代化国家对高层次人才,尤其是高层次科技创新人才迫切需求的现实面前,颇有几分无奈。

二是科学家精神教育形式重于内容,思想政治教育的有效性难以发挥。

其一,形式方面,部分高校对科学家精神的理解片面化甚至仪式化,停留在对中央文件学习的"表层理解",而非建立在对科学家精神进行"深层建构"即付诸深入研究与教育实践上。即便在形式上,部分高校对科学家精神的宣传教育也很不到位,或走过场敷衍了事,或服务于学校的整体宣传工作需要。对学生而言,科学家精神教育如果做不到走深走实,就难以发挥精神感召与动员功能,真正入脑入心,从而很容易蜕变成口号式宣传。实际上,利用融媒体时代的信息传播优势,将科学家精神融入思政课堂、将思政课堂融入融媒体(交互融入),建构以科学家精神为教育对象、以思政课堂为教育载体、以融媒体为教育手段的立体多维融入体系,让中国科学家的生动故事、感人事迹、崇高精神,通过融媒体呈现在当代大学生面前,将中国科技事业发展的历史脉络、现实图景和发展蓝图,世界科技发展的前沿动向,建设世界科技强国的历史重任等导入他们的精神血脉,是开展科学家精神教育,实现科学家精神思想政治教育功能的有效手段,也是科学家精神教育"价值化"的实践路径和理想归宿。

---

① 参见:阿员."海龟"VS"土鳖"[J].国际人才交流,2003(10):8-10.
　俞海萍."海龟"VS"土鳖":选择谁?[J].国际人才交流,2012(1):46-47.
　张汉克.优步被并吞,海龟干不过"土鳖"的宿命?[J].南风窗,2016(17):63-65.
② 据智联招聘发布的《2022中国海归就业调查报告》(https://www.doc88.com/p-49559711766441.html.),2020年以来,国内求职者的海归数量明显增长。与2021年相比,2022年应届留学生规模同比增长8.6%。

其二,内容方面,部分高校未将科学家精神教育纳入思想政治教育教学目标之中,科学家精神成为思想政治教育的"选修项",影响了思政课教学的"科学性"、生动性和时代性。立德树人、以人为本、知行合一是高校"大思政课"育人体系"三大"目标,①离不开科学家精神的支撑和赋能。习近平总书记指出:"'大思政课'我们要善用之,一定要跟现实结合起来。"②"科学家精神是科技工作者在长期科学实践中积累的宝贵精神财富",③来自中国实践、直面中国发展、成于中国大地,体现了活生生的"中国现实"。将科学家精神教育融入高校"大思政课"育人体系,将中国科学家(对具体高校而言,校友科学家尤其具有代表性和典型性)的感人事迹、重要贡献、价值追求和崇高风范与立德树人根本任务、以人为本价值取向、知行合一实践品格"无缝连接",才能有效解决高校思想政治教育没有生命、干瘪无力的问题,以科学家精神的鲜活性提升思政课堂的生动性。

(二) 课程教学内容深度不够,降低科学家精神理论深度

1. 思政课对科学家精神"三讲"功力不足

习近平总书记强调:"加强和改进思政课,必须深刻把握思政课的本质是讲道理,要注重方式方法,把道理讲深、讲透、讲活。"④思政课堂上,教师是"讲师",能否讲深、讲透、讲活,关键看教师,看教师的理论功底如何(讲深),教学水平与授课技巧怎样(讲透),教学效果是否令人满意、能否讲到学生心里去(讲活)。科学家精神具有深刻的理论内涵,蕴含着严密的理论逻辑。

例如,理论逻辑上,科学家精神在不同的时代表现出不同的特质(如前文,爱国主义在现代中国不同历史时期分别表现为科学救国、科学报国、科技强国),其基本生成逻辑为:科学家群体与国家命运的时空交织,是科学家精神的出场背景;科学精神与人文精神在科学家身上的结合与统一,是科学家精神形成的思想基础;国家经济社会发展水平和科技事业发展需求,是科学

---

① 郑毅.[思政实践]科学设定高校"大思政课"育人体系目标[EB/OL].(2022-04-01)[2024-07-10].http://www.rmlt.cn/2022/0401/643814.shtml.

② 杜尚泽.微镜头·习近平总书记两会"下团组":"'大思政课'我们要善用之"[N].人民日报,2021-03-07(1).

③ 习近平.在科学家座谈会上的讲话[N].人民日报,2020-09-12(2).

④ 习近平在中国人民大学考察时强调坚持党的领导传承红色基因扎根中国大地走出一条建设中国特色世界一流大学新路王沪宁陪同考察[N].人民日报,2022-04-26(1).

家精神形成的内生动力;世界视野下的现代科学技术发展规律与趋势,以及中国语境下的科学技术发展的体制机制,是科学家精神得以形成并集体遵循的制度规范;社会主义核心价值体系建设为科学家精神的培育及发扬光大提供了价值引领;中华优秀传统文化的熏陶与积淀、科学精神与人文精神的高度统一,是科学家精神内嵌的文化基因。

再如,实践逻辑上,科技工作需坚持"四个面向"[①],其内在机理为:"面向世界科技前沿"是科技工作的智力依托,其核心要义是创新性,自主创新是科技工作的首要前提;"面向经济主战场"是科技工作的职业归宿,其核心要义是实践性,实践指向是科技工作的根本要求;"面向国家重大需求"是科技工作的价值呈现,其核心要义是时代性,呼应时代是科技工作的使命担当;"面向人民生命健康"是科技工作的精神旨归,其核心要义是人民性,人民健康是科技工作的现实归依。[②]然而,科学家精神融入思政课教学,往往会出现教师讲起来吃力、学生听起来乏力的现象,根本原因在于教师"三讲"功力不足。而要将科学家精神讲深、讲透、讲活,要求思政课教师具有丰富的科学知识储备、一定的参加科学实践的阅历,以及能对科学家精神产生共情与认同,只有这样才能引发大学生对科学家精神的精神共鸣和情感激荡。

2. 科学家精神阐释"二力"不强

要讲好科学家精神,让科学家精神走进当代大学生的心灵世界,需要思政课教师具有深厚的科学家精神理论修养、对科学家精神的准确理解、娴熟驾驭课堂教学的能力,以及浓厚的科学情怀和较高的科学素养,能将科学家精神的理论本质"活化"为科学家将自身科学才智融入国家发展历史洪流之中的一个个令学生可知可感的生动案例。然而,实际教学中,科学家精神与思政课堂相结合存在解释力不强、融入力不够的问题,关键原因在于思政课教师对科学家精神的理论内涵"吃不透",具体有以下两点。

一是对科学家精神解释力不强。部分思政课教师以"讲科学家事迹"(讲

---

① 2020年9月11日,习近平总书记主持召开科学家座谈会,听取七位科学家对"十四五"时期及更长一个时期推动创新驱动发展、加快科技创新步伐的意见和建议。座谈会上,总书记殷切希望广大科学家和科技工作者肩负起历史责任,坚持面向世界科技前沿、面向经济主战场、面向国家重大需求、面向人民生命健康,不断向科学技术广度和深度进军。

② 汪长明.坚持"四个面向"的理论逻辑[N].学习时报,2020-09-23(6).

故事、讲案例)代替"讲科学家精神"(讲道理、讲逻辑),以字面理解和文本解读代替内涵揭示(思想深度)与理论阐释(理论高度),粗浅化理解、表层化教学导致科学家精神解释乏力。他们在日常教学中往往对科学家的精神"动能"即科学家精神背后蕴含的动力来源的解释与揭示无处发力,未能以历史眼光、整体视角和系统思维,将科学家精神与国家发展、民族复兴、社会进步有机结合在一起。这就既难以引发大学生对科学家精神的情感共鸣与价值认同,也难以使他们形成对科学家精神全面、系统、准确的理解,弱化了科学家精神融入大学生思想政治教育的教育效果,也影响了学生成长和思想政治教育目标实现。

二是科学家精神"嫁接"思政课的融入力不够。科学家精神服务于思想政治教育,关键在于二者的"融入",在于发挥科学家精神教育与思想政治教育融合育人功能,这就要求深入挖掘科学家精神蕴含的"思政因子",在于实现两种教育的交汇与激荡,让科学家精神走进思政人体系,成为生动的思政教材。实际教学中,往往存在科学家精神教育与思想政治教育目标脱节现象。其主要原因在于:首先,思政课教师多数尚且年轻,缺少教学经验积累、丰厚知识储备和对科学家精神的情感投入与价值呼应,教育感染力很难形成。其次,部分思政课教师在教学内容组织和设计中出现认知偏差,对面向在校大学生讲授和弘扬科学家精神的重要性即科学家精神的教育资源和教育价值认识不够。学校方面,很多高校对科学家精神的"教育力"认识不够,未能将其纳入学校思政课教学体系与课程目标,视其为可有可没有、可讲可不讲的选项,为科学家精神融入思政课教学设置了一道认知屏障和制度门槛。如此认识,讲起课来难免浅尝辄止甚至敷衍了事。因此,选择具备良好科学素养、具有科学家精神特质、热爱科学家精神教育的教师从事思政课教学,成为破解科学家精神与思政课教学"两张皮"现象的理想途径。

(三)思政课教学方式方法不当,影响科学家精神融入效度

"教育的艺术是使学生喜欢你所教的东西"(卢梭语)。要使"所教的东西"即教育内容让学生"喜欢",教学方法至关重要,学生喜欢的程度体现了卢梭所言"教育的艺术"之高度。教学方法是实现课程教学目标的关键。现实中,同一个教师、同一本教材,却教出了不同的学生,很大原因在于作为知识

受体的学生对知识的排斥程度不同,即个体的排斥差异。[①] 教育学领域常说学生存在个体差异,教师应该因材施教,其根本原因在于不同学生对同样知识的接受程度不同,即存在个体"知识排斥程度"差异(知识接受程度不同意味着排斥程度有别)。对思政课教师而言,能否尽量缩小学生的知识排斥程度,关系到思政课教学目标的实现和教学任务的达成。具体到科学家精神教育方面,由于精神"不是附着在具体的器官之上的功能,而是一种高度的抽象,是一种源于行为而高于行为的客观存在"[②],科学家精神教育难免存在理论解释抽象问题,主观认知与客观现象之间存在偏差。这就要求教师在教学方式方法上多下功夫,"把道理讲深、讲透、讲活",提高科学家精神融入高校思政课教学的有效性。为此,思政课教师仅仅具有深厚的理论功底是不够的,还需具有科学有效的教育教学方法。"老师要用心教,学生要用心悟。"思政课教师作为课程施教者和课堂组织者,既要经常琢磨"教材"内容——科学家精神的内涵,知道"教什么",又要时常揣摩学生心理——对科学家精神的接受度如何、关注点在哪里。懂得"如何教",才能让学生从科学家精神中获得知识的教益、精神的熏陶和思想的升华,真正做到习近平总书记所强调的"达到沟通心灵、启智润心、激扬斗志"[③]的教学目的。

实际思政课教学中,部分教师教学或手段固化,形式呆板,"千课一面"、方法单一,或内容枯燥,新瓶旧酒、老生常谈。有的思政课教师固守陈旧教学方法,热衷填鸭式教学,组织课堂"唯我独尊""满堂漫灌""照本宣科",缺少应有的互动与变化,学生在课堂上的主体性地位得不到应有发挥。如此授课,不管教师讲起来多么头头是道、振振有词,不管科学家事迹多么感人、故事多么鲜活,学生听起来仍然难免索然无味、昏昏欲睡。有的思政课教师不善于甚至不愿意尝试现代信息技术手段在课堂教学中的运用,与融媒体教学手段主动绝缘,课程教学设计刻板,科学家精神课堂呈现形式单一。原本以国家需求为导向、以科学事迹为载体、以崇高精神为支撑、以多维档案(学术成长史料、科学活动照片、生平实物、影像资料等等)为形式的科学家精神,其教育

---

① 汪长明."钱学森之问":话语指向、机制纠偏及践履路径[J].高教探索,2022(8):5-14.
② 周其森.关于"精神"的思考[N].中国社会科学报,2020-08-07(7).
③ 习近平在中国人民大学考察时强调坚持党的领导传承红色基因扎根中国大地走出一条建设中国特色世界一流大学新路王沪宁陪同考察[N].人民日报,2022-04-26(1).

功能也会被单一化教学手段、同质化教学案例所弱化,出现"千课一面"现象。学生对内容被动接受,对课程消极应付,对教师心生抵触,自然对科学家精神的认知度和认同感很难提升。信息技术发展引发了课堂教学的根本转向,催生了教育环节、教学理念、教学知识、教学资源、教学评价乃至教育管理等各维度、全流程的革命性变化。作为信息技术用于实践的多媒体普及(即多媒体的普及应用化,又称"多媒体化")是对以纯文本为主要表现形式的教材,以及以纯语言为主要传达模式的教师授课有益且必要的补充,能够"增强思政课的吸引力和实效性"。^① 但多媒体技术的发展对教师教学理念跟进、教学手段优化甚至知识结构完善提出了更高要求。部分思政课教师信息化素养不高,多媒体使用方面与其他教师尤其是年轻教师存在认知和技能方面的"代差",课堂教学中运用数字化教学工具显得捉襟见肘、力不从心。这在很大程度上制约了课堂教学内容的丰富性和手段的生动性,降低了师生交互性和学生参与度,最终影响的是科学家精神在高等教育领域的功能发挥即科学家精神融入高校思政课程教学的教育效果设定及教学目标实现。

第四节 科学家精神融入高校党建思政实践进路

在弘扬科学家精神和推进新时代思想政治教育双重背景下,破解科学家精神与大学生思想政治教育二元分裂现象,有赖于不断强化"大思政课"的载体与教育功能,推进科学家精神"融入力"探索与实践,增强科学家精神融入大学生思想政治教育的有效性。科学家精神融入科学素养教育、培养"三种思维",融入理想信念教育、扣好"人生首扣",融入爱国主义教育、砥砺"青春之我",融入科研诚信教育、筑牢道德底线,融入科技实践教育、做到知行相济,是科学家精神融入大学生思想政治教育的应然目标,成为新时期践行立德树人根本任务的新场域和新图景。

---

① 姬立玲.新媒体环境下高校思政课教学方法创新探究[J].思想教育研究,2016(10):82-85.

一、科学家精神融入科学素养教育，培养三种思维

思政课是落实立德树人任务的关键课程，是加强和改进高校思政工作的灵魂课程。应将科学家精神深度融入大学生党课（侧重引领功能）和思政课（侧重阵地功能，下文简称"思政课"），尤其要注重哲学社会科学与自然科学的融通，重点透视中国科学家参与重大科学活动时体现的辩证思维、创新品质和系统观念，使之成为大学生科学素养教育的源头活水。

（一）培养辩证思维，增强理性精神

辩证思维是马克思主义方法论的精髓，运用矛盾分析法穿透事物现象、直击事物本质是辩证思维的核心。辩证思维既是思想政治理论课教师把道理讲深讲透讲活的重要法宝，也是大学生思政课入耳入脑入心的根本要求。无论运用辩证思维剖析中国共产党治国理政的政理，还是运用辩证思维引导学生树立家国情怀的情理，无论运用辩证思维讲深共产主义远大理想，还是运用辩证思维讲中国特色社会主义共同理想，都应该从中国科技事业发展历程中深入挖掘广大科学家身上最生动的素材和最鲜活的案例。关于辩证思维对科技工作的重要性及其对科学家产生的影响，一个典型案例是钱学森回国后对马克思主义哲学中国化的经典哲学著作《矛盾论》和《实践论》的研习、领悟与运用。作为中国航天事业的技术主帅，对于"两论"对中国国防科研的"方法论影响"，他曾总结道："我们要用'矛盾论'和'实践论'来分析武器和尖端技术的发展过程。总是事出有因，有来龙去脉，这是可以分析研究的。这样，对武器的发展趋向，做到有个预见性。"[1]中国科学家以辩证思维开展工作并做出重要科学成就，此类案例可谓比比皆是，颇富感染力说服力，对于引导学生正确看待、辩证认识、理性分析、合理解决现实问题，具有重要示范价值和教育意义。

（二）培养创新思维，塑造创新品质

创新是科学研究的灵魂，也是科学进步的源泉和科学研究社会价值的体现。没有创新，科学研究只能原地踏步，在既有科学技术基础上简单循环，如

---

① 史秉能，袁有雄，卢胜军.钱学森科技情报工作及相关学术文选［M］.北京：国防工业出版社，2015：38.

同一潭没有生机和活力的死水。因此,科学的发展和进步离不开创造性思维的驱动和支撑。青少年是最具创新热情、创新动力和创新潜质的群体,在实现高水平科技自立自强的今天,培养他们的创新思维、塑造他们的创新品质,是建设创新型国家的切实需要。为此,应将作为科学家精神核心要素的创新精神融入大学生思想政治教育,通过"完善创新人才培养模式,强化科学精神和创造性思维培养",为国家科技事业发展"培养造就一大批青年科技人才"。①

习近平总书记指出:"改革创新是时代精神,青少年是最活跃的群体,思政课建设要向改革创新要活力。"②就科学家精神融入思政课而言,首先,科学家精神中以创新精神为内核的科学精神与研究生《自然辩证法》课程中的科学观、科学技术与社会等教学内容高度契合,具有天然的贴合性和融通性。科学家矢志攀登世界科技高峰、不断开拓科学研究前沿阵地的鲜活案例,可以启迪学生对"科学"这一抽象问题的深入理解,拓展他们的科学视野,激发他们的科学兴趣和对科学研究的热情,从而建立更全面更系统的科学观,激发科学情怀。其次,《习近平新时代中国特色社会主义思想概论》课中习近平总书记关于科技创新的重要论述,很多就是对科学家精神从政治的高度所做的重要阐述,二者本身就是融为一体的。将科学家精神融入《习近平新时代中国特色社会主义思想概论》课程,可以加深学生对作为习近平新时代中国特色社会主义思想重要组成部分、重点关照科技创新的习近平经济思想的深入理解,做到学深悟透。最后,作为科学家精神支撑的著名科学家尤其是新中国成立以来在各行各业做出卓越贡献的杰出科学家的成长故事及其取得的主要科技创新贡献,可作为《马克思主义基本原理》课程"唯物史观"部分相关教学单元的典型案例,将具体、鲜活的事实融入宏观、抽象的道理之中,增强学生对"科学技术是第一生产力""人民群众是历史的创造者"的理解度和接受度,在耳濡目染、潜移默化中锤炼创新品质。

(三) 培养系统思维,强化整体观念

科学本身是一个复杂的自组织系统,由科学主体、科学客体、科学工具、

---

① 习近平.在中国科学院第十七次院士大会、中国工程院第十二次院士大会上的讲话[N].人民日报,2014-06-10(2).

② 吴晶,胡浩.用新时代中国特色社会主义思想铸魂育人　贯彻党的教育方针落实立德树人根本任务[N].经济日报,2019-03-19(1).

制度规范、科学精神等要素构成,并具有不同的层次性,包括知识层、活动层、社会建制层(或称社会层)等。科学与国家结合的完整形态是国家科技创新体系和科学技术体系。作为人类社会的一种客观现象,科学是复杂的自然环境和社会环境交互作用下科学活动主体与客体(外部环境)之间的物质、信息和能量之间互动关系的实践形式。"科学成就离不开精神支撑"①,科学精神在科学活动中的要素作用发挥必然与科学系统的复杂性息息相关,因而离不开辩证法的指导。在科学发展的历史长河中,随着哲学和自然科学的共同发展、相互渗透,科学越来越呈现体系化、理论化趋势,成了一个开放的、不断发展的体系。尤其在世界科技发展进入"大科学"时代的今天,科学研究早已今非昔比,呈现出前所未有的复杂性、系统性和协同性,仅仅依靠个别"科学明星""科技主帅"解决科学、技术和工程中重大技术问题的时代已经一去不复返了。要把包括科学精神在内的科学家精神的实质讲深讲透,离不开系统思维这把"思想的钥匙"。在思政课教学中,要深入挖掘作为"科研团队领导者"②的战略科学家、科技主帅等领袖型科学家以系统思维统领大科学工程研制的重点案例,例如以钱学森为奠基人的中国航天事业的开创、以潘建伟为领军人物的中国量子力学研究、以屠呦呦为代表的青蒿素研究团队取得的新型抗疟药技术突破,引导大学生养成向"科学明星""科技主帅"看齐、以系统思维分析问题并解决问题的能力,形成系统化的知识体系,将崇尚科学、崇敬科学家的良好科学文化和社会风气的种子播撒在大学校园里。

二、科学家精神融入理想信念教育,扣好"人生首扣"

理想信念是一种重要价值观念。"理想指引人生方向,信念决定事业成败。"③理想信念教育关乎人才培养质量,关乎"培养什么人"这一重大时代命题和战略任务,是高校思想政治教育的核心内容。加强在校青年学生理想信念教育,培养良好价值观,引导他们扣好人生的"第一粒扣子",是高校思想政治工作的核心内容和人才培养的根本任务。

---

① 习近平. 在科学家座谈会上的讲话[N]. 人民日报,2020-09-12(2).
② 井润田. 高校科研团队管理与战略科学家能力建设[J]. 上海交通大学学报(哲学社会科学版),2022,30(4):43-56.
③ 习近平. 在同各界优秀青年代表座谈时的讲话[N]. 人民日报,2013-05-05(2).

科学家精神既是民族精神在科学家这个特殊群体身上的群体表达与具象呈现,也是时代精神在中国科技事业发展历程中的当代表达,具有丰富的理论内涵、价值意蕴和时代张力,蕴含着丰富的思想政治教育价值要素,对滋养大学生精神世界、塑造他们的价值取向、落实立德树人根本任务等,具有重要意义。

党课是加强大学生思想政治教育的重要渠道,是他们增强党性修养、坚定理想信念的"第二课堂"。科学家精神融入党建思政,前提是党建工作与思想政治教育深度融合。为此,各高校应打造一支由本校党校从事党史校史研究的专家(侧重文化引领)、校内外马克思主义理论工作者组成的党建专家(侧重理论引领)、榜样导师团队(侧重专业引领)、教学典范(侧重人格引领)、优秀思政教师(侧重价值引领)、优秀青年团员(侧重信仰引领)组成的梯队化党建思政队伍。一方面,以挖掘科学家尤其是本校杰出科学家校友的党性修养和科学家精神中蕴含的"党性因子",将科学家精神融入党课,开发主要面向在校大学生的科学家精神党课教材或案例,开好上好科学家精神主题党课,既"接地气"、通俗易懂,具有可读性,又有张力、感人至深,具有感染力;另一方面,以党课带动思政课"提质升级",实现"科学家精神+党建思政",以党员引领团员和非团员学生正向成长,融合科学家精神主题党日活动、"三会一课"与思政教研,构建"全维度+多元化"党建思政网络,更好实现育人目标。高校尤其应注重充分利用科学家精神校本资源,可以邀请校内科学家教师现身说法上党史课,为学生讲述新中国科技发展史上的高光时刻和精彩瞬间,在教书育人、科研育人中弘扬和传承科学家精神,点燃学生的民族自豪感和坚定科技报国理想信念。

三、科学家精神融入爱国主义教育,砥砺"青春之我"

爱国主义作为一种精神追求,是个体身份与国家身份的交集,是中华民族精神的核心。爱国主义内化为对祖国最深厚、最深沉的身份与情感认同,外化为报效祖国服务人民的实际行动,无论身处国内还是国外。"回国不需要理由,不回国才需要理由。""两弹一星"功勋科学家彭桓武向祖国许下的铮铮誓言,感染了一代又一代海内外中华儿女。爱国是一个人的立言之基、立德之源、立功之本。热爱祖国并将自己的科学才智奉献给祖国,是科学家应该遵循的道德规范和价值取向,成为科学家精神的"首要精神"和核心要义。所谓"根基不牢,地动山摇",对青年学生而言,爱国是他们成才的精神基石。缺少爱国这个"基石"的固本培元,即便知识再多、能力再强、成就再大,他们人生的大厦也终将黯然失色。思政课堂是大学生知识的产房、思想的摇篮,是他们世界观人生观价值观的"生产车间"。爱国主义教育作为全民教育体系重要组成部分,一直都是高校《思想道德与法治》课的重要内容之一。面向在校大学生开展思想政治教育,要把弘扬科学家精神同爱国主义教育紧密结合在一起,深入揭示中国科学家爱党爱国的政治品格,展示他们立足中国大地、讲好科学故事、谱写时代华章的价值追求和精神风貌,提升在校大学生的思想道德修养。

其一,要突出爱国主义的时代主题演化,深入揭示科学家将自身爱国情怀与党的召唤、国家需要和时代发展紧密结合,矢志不渝勇攀科学高峰、"把论文写在祖国大地上"、用热血和汗水奋力书写中国故事的深沉家国情怀;将爱国情操融于青年学生的报国热情之中,自觉肩负起历史赋予的重任,在新时代的中国大地上,以"青春之我",创造"青春之中国、青春之民族"。

其二,要强化爱国主义的精神动员功能,引领青年学生将涵养爱国情怀、树立报国志向、增强效国本领有机结合起来,转化为努力成长为担当民族复兴大任时代新人的政治自觉、思想自觉和行动自觉,在新时代建功立业。我国科技事业取得的历史性成就及发生的历史性、格局性、结构性重大变化,"是一代又一代矢志报国的科学家前赴后继、接续奋斗的结果"①。当代大学生手握沉甸甸的历史接力棒,使命在肩、责无旁贷。

其三,要做好爱国主义素材挖掘的"新老结合",在讲好老一辈科学家"科学救国""科学报国"故事基础上,挖掘青年学生知晓度更高、"体验感"更强的新时代"科学家叙事"典型人物及其典型事迹,如黄大年、南仁东、钟南山、钟扬、黄旭华、袁隆平、张定宇等,以他们看得见摸得着的"科技强国"鲜活案例,培根铸魂育时代新人。

其四,要坚持爱国主义教育的实践指向,引导青年学生做到知行合一、学用结合,在大学校园里、在思政课堂上、在风华正茂时坚定马克思主义信仰,

① 习近平. 在科学家座谈会上的讲话[N]. 人民日报,2020－09－12(2).

教育他们筑牢信仰之基、补足精神之钙、把稳思想之舵,激励他们心怀满腔热情、习得一身才学、锤炼过硬本领,把爱国之心转化成报国之情,为日后投身国家科技创新实践、成长为可堪大用、能担重任的拔尖型科技创新人才、在祖国大地上书写人生溢彩华章打好思想基础、做好精神准备。

四、科学家精神融入科研诚信教育,筑牢道德底线

大学作为人才的孵化器,是孕育科学家的母体。今天的在校大学生很大一部分就是未来的科学家。同时,大学本身还是重要科研基地,加强科研诚信建设、营造良好学术环境、提高科研产出能力和水平,是大学的重要职责所在。因此,加强科研诚信教育,把稳守牢科研诚信这道生命线,既是科学家精神教育的重要一环,也是高等教育的使命所在。科研诚信作为科技领域的伦理道德规范,是高校思想政治教育的重要内容。回望历史,举凡做出重要贡献的科学家,其科学素养皆离不开大学时期所受的教育和锻炼。在卓尔不群的科技人生中,他们身上不仅闪耀着追求真理、勇于开拓、不断创新的科学精神,还展现了严谨治学、实事求是、诚实守信的优良作风。他们大力提倡并自觉践行学术民主,始终坚守科学研究的伦理规范,不骄不躁、"板凳坐得十年冷",淡泊名利、抵制"圈子文化"。正是这种宝贵精神品质激励并引领着一代代青年科技人才潜心科研攻关和技术创新,推动国家科技事业不断发展、薪火相传。

科学家精神已经进入中国共产党人精神谱系,科学家精神由此具有谱系化特征,成为支撑中国科技事业发展,以及中国共产党百年光辉历程的伟大精神之一。① 想要科学家精神融入思想政治教育,就要大力弘扬中国共产党实事求是这一最大的党性和最基本的思想方法、工作方法、领导方法,教育广大青年学生向科学家尤其是党员科学家学习,学习他们注重实践、"从群众(科研一线)中来,到群众(科研一线)中去",着眼讲真话、干实事、解决真问题的职业品格,就要以学术思政和专业思政为平台,把科学家的诚信品质作为活生生的育人教材,教育引导青年大学生热爱科研工作,克服学术浮躁心态和急功近利思想,在科学知识方面穷索极探、求真务实,在科研人格方面淡泊

---

① 中国共产党人精神谱系第一批伟大精神正式发布[N].人民日报,2021-09-30(1).

明志、潜精研思，在科学创新方面大胆假设、小心求证，在科研项目参与过程中感悟科研魅力、净化精神境界、提升科研品质，让科学家精神的道德塑造与思想价值引领功能通过案例呈现、项目驱动、主题宣讲、党（团）建活动等不同形式，在学生的心灵里落地生根，在他们以后的工作中开花结果。

五、科学家精神融入科技实践教育，做到知行相济

实践性是中国共产党人的思想身份、精神标识和品格样态。马克思主义认为："人民群众是历史的创造者、社会物质财富和精神财富的创造者以及社会变革的决定性力量。"这句话体现了人在推动历史发展、创造社会财富、促进社会变革中的主体性身份。推动历史发展、创造社会财富、促进社会变革，本质上都属于社会实践活动，而国家科技事业发展本质上又都是党的事业的一部分。因而，将科学家精神融入科技实践教育，本质上又内嵌着"为党育人、为国育才"的价值意蕴和实践指向。在此意义上，高校思想政治课的实践教学具有培养大学生政治品格的天然功能。

实践教学作为高校思想政治理论课教学重要部分，是巩固学生理论知识，加深他们对理论知识理解和运用（理论结合实际）的有效途径，成为思政课从"用脑"向"动手"转化、从课堂走向实践的重要环节。在大学课程体系中，培养具有创新意识和创新能力的高素质人才离不开实践教学这"关键一招"。相比思想政治理论课教学更加注重人本性、互动性、研究性和思辨性，更加注重互研性讲授等教学方式而言，实践教学的知识情境性更强，包括三种实践形式：

一是课内实践（或称课堂实践），面向课程目标的实践形式，如主题演讲、案例研讨、课堂情景教学、红色主题作品演绎等。课内实践是大学生实践教学的主阵地和主要形式，可以以五四青年节（5月4日）、全国科技工作者日（5月30日）、中国航天日（4月24日），以及中国科技史上其他重要标志性事件如钱学森回国纪念日（10月8日）或诞辰纪念日（12月11日）、中国第一颗原子弹爆炸纪念日（10月16日）、"两弹结合"试验纪念日（10月27日）为契机。

二是社会实践，包括社会调查、公益活动、志愿服务（青年志愿者活动）、勤工助学、"三下乡"（文化、科技、卫生"三下乡"活动）、"青马工程"（青年马克思主义者培养工程）框架下的研学活动，等等。这些形式多样、目标各异、特

色鲜明的大学生实践教学活动均属于作为课堂教学的思想政治理论课的延伸，拓展了课堂教学的边界和课程教育的范围，形式灵活，随机性强。

可以组织大学生赴科学家精神教育基地、科技创新基地和科普教育基地开展社会调查、公益活动、志愿服务、勤工助学和研学活动。具体形式包括参与科学家基本陈列或主题展览讲解、科学家学术成长资料采集工程、科学家精神课题研究、科学家精神宣讲活动、"与科学大师面对面"活动、国家或地方重大科技攻关课题等等，让他们既能增强社会实践能力，又能切实感受中国科学家尤其是"人民科学家"荣誉称号获得者、具有战略科学家超凡特质的杰出科学家，以及国家科学技术最高奖获得者的人格魅力、精神张力和思想伟力。

三是虚拟实践（或称线上实践），即以网络为平台的实践活动，包括线上教学、随机学习等。不受时空限制的随机性和即时性是虚拟实践的最大特点和优势。此外，"一个博物院就是一所大学校"，[①]作为课内实践与社会实践相结合的一种有效形式，高校博物馆因其身处高校、面向社会，既有课内实践的资源优势，又有社会实践的职能优势，开展思想政治教育成为高校博物馆育人（重在文化育人）的一项基础使命。[②] 为此，高校博物馆应充分挖掘并利用本校杰出科学家（教师、校友等）身上蕴藏的精神资源，积极探索并丰富科技实践教育形式，使其成为开展思想政治教育得天独厚的育人平台。为此，思政课教师可以充分利用互联网时代的技术优势和传播优势，开发围绕科学家精神的主题线上课程，通过课内实践与社会实践的'线上转化'，更好实现虚拟实践教学目标。具体而言，以科学家个体叙事与群体镜像为课程靶向，以他们的科学报国故事和学术成长历程为切入点，引导在校大学生向榜样看齐，追寻科学家足迹，在精神共鸣中自我赋能、正向成长。

实践教学融合了"思政小课堂"和"社会大课堂"的课堂属性与教育维度，是对传统意义上的课程思政的必要补充，注重实践性、形式多样化是其显著特征。实践教学的开展应坚持课程思政框架下的理论指导，本质上属于实践育人，是人才走出课堂、走向社会的中间环节。科学家精神融入实践教学，开

---

① 习近平春节前夕赴陕西看望慰问广大干部群众[N].人民日报，2015－02－17(1).
② 张安胜.高校博物馆育人的内涵、定位与路径论析[J].上海交通大学学报(哲学社会科学版)，2022，30(5)：97－106.

发科技实践教育"课程",可以进一步丰富实践教学形式,拓展实践教学的内涵,可以聚焦党建思政,结合主题党(团)日活动,开展形式多样、内容丰富且富有教育意义的实践活动。

六、余论:超越内容体系的"融入力"问题延伸思考

概言之,高校党建工作与大学生思想政治教育都以坚持党的领导为最高原则,以立德树人为根本任务,以坚持马克思主义世界观和方法论为根本遵循,以协同发展为基本要求,以提升育人质量为价值旨归。二者深度融合、协同育人,在教育主体、教育内容、教育方法、教育功能等方面存在功能性一致与叠合。高校党建思政集政治功能与教育功能于一体,实现"为党育人"与"为国育才"的平台整合与功能统一,是高校党建工作的新领域、大学生思想政治教育的新形态。而将科学家精神融入高校党建思政,又在认识论、方法论和实践论维度为践行立德树人根本任务提供了新视角,可以破解党建思政工作中党建与思政分离、功用与实用脱节的二元分裂困囿,弥补科学家精神融入思想政治教育的育人力度、理论深度和融入效度的不足。在弘扬科学家精神和推进新时代思想政治教育的双重背景下,走出科学家精神与大学生思想政治教育"合而不融"困境,有赖于发挥高校党建的平台支撑与政治引领功能,强化"融入力"探索与实践,构建基于"大思政课"的"科学家精神+党建+思政"三位一体育人体系。科学家精神融入科学素养教育、培养辩证思维、创新思维、系统思维,融入理想信念教育、扣好"人生首扣",融入爱国主义教育、砥砺"青春之我",融入科研诚信教育、筑牢道德底线,融入科技实践教育、做到知行相济,是科学家精神融入大学生思想政治教育的应然目标,成为新时期践行立德树人根本任务的新场域和新图景。

将科学家精神的红色基因植入当代大学生心灵土壤,是深入实施科教兴国战略、人才强国战略、创新驱动发展战略赋予科技和教育界的时代使命。将科学家精神融入大学生思想政治教育,当集目标体系(导向设定)、要素体系(内涵支撑)、价值体系(功能揭示)、内容体系(方法探索)、评价体系(成效监测)于一体,是新时期一项关涉推动高等教育高质量发展的系统工程。

在目标体系维度,开展科学家精神教育,服务落实立德树人根本任务,是弘扬科学家精神、实现科技传承与创新的切实需要。大学作为人才高地和创

新高地,应在弘扬科学家精神、着力培育时代新人方面主动作为。因而,科学家精神融入大学生思想政治教育成为科学家精神在高等教育场域价值实现的现实召唤与根本要求。

在要素体系维度,"爱国、创新、求实、奉献、协同、育人"与社会主义核心价值观存在逻辑上的高度契合。例如,科学家精神中的创新精神与社会主义核心价值体系中建设"富强"国家与公民"敬业"精神的要求相呼应,而科学家精神中的求实精神则与社会主义核心价值体系中的公民"诚信"精神相契合,等等。加强对当代大学生的核心价值引领,离不开科学家精神的滋养和熏陶。

在价值体系维度,科学家精神是在长期历史发展进程中民族精神和时代精神在科学家身上的群体结晶,是中国当代史上宝贵的精神资源。将科学家精神融入大学生思想政治教育,大而言之,可以为落实立德树人根本任务构建精神支点,为社会主义核心价值体系建设提供价值引领,为建设世界科技强国注入信仰力量。

在内容体系维度,如前所述,高校在思政课程内容设计上,应从科学素养、理想信念、爱国主义、科研诚信、科技实践五个方面,不断加强科学家精神服务大学生思想政治教育融入力建设,教育引导他们将科学家精神内化于心外化于行,以实际行动践行科学家精神,让科学家精神在大学校园里落地生根、开花结果。

在评价体系维度,加强过程督导与效果评估,是检验科学家精神融入大学生思想政治教育成效的重要保障。一方面,高校应不断完善思政课教学评价机制,以评价促进融入力建设,以融入强化科学家精神的思想政治教育功能;另一方面,高校承载着人才培养、科学研究、文化传承创新等多重重要社会功能,在开展科学家精神教育过程中,既要做到个案研究与群体研究相结合,处理好科学家个体阐释与科学家群体镜像的关系,又要做到科研激励与人文激励相结合,培养一批具有深厚科学素养和深沉教育情怀的高素质思政课教师队伍,不断掀起科学家精神融入大学生思想政治教育、扎根大学生心灵深处的澎湃热潮。

第五篇 现实观照

——科学家精神实践转化

导　　读

　　弘扬科学家精神不能坐而论道，需要做好实践转化，让科学家精神在中国大地上"落地生根、开花结果"。这一部分共两章，探讨科学家精神实践转化问题。第十一章以科学家精神融入社会教育，呈现人民科学家钱学森践行科学家精神，以及钱学森纪念地上海交通大学钱学森图书馆开展科学家精神教育的几个案例，引领读者"触摸"科学家精神；第十二章以科学家精神融入干部教育，阐释科学家精神激励干部在中国式现代化建设中担当作为、增强干部的责任感和行动力的现实需要、理论维度和实践路径。

　　社会教育方面，实现科学家精神"落地"，需要以鲜活案例感染人，以生动叙事打动人，以具体实践教育人。人民科学家钱学森是科学家精神的杰出代表，科普工作和学术民主是他践行科学家精神的具体实践。关于科普工作，与其他科普工作者不同的是，钱学森从事科普工作既具有鲜明的身份依托，又坚持科学的方法论支撑，还基于深沉的情怀驱动。说他是人民科学家，从他长期热忱投身中国科普事业，为中国科技事业长远发展殚精竭虑，亦可窥见一斑。关于学术民主，一个经典案例是他在中国航天初创时期倡导并身体力行的"神仙会"技术决策机制。理论上，"神仙会"属于技术指挥线话语体系，实现了从科学院系统向国防科研系统的沿袭与光大。实践证明，"神仙会"对于攻克"两弹一星"工程研制过程中遇到的紧迫技术难题、规划航天技术发展方向，发挥了重要历史作用。作为钱学森纪念地，钱学森图书馆创作的诗剧《钱学森》和参与创作的话剧《钱学森》，是以艺术形式弘扬科学家精神的成功实践。本馆开展科学家精神教育的基本经验可概括为：聚焦价值引领，立足精神叙事开发课程资源；突出实践导向，创新方式方法丰富活动载体；着眼课程思政，整合多方资源强化师资力量；深化机制建设，围绕馆校合作推进协同育人。

　　干部教育方面，以科学家精神激励干部在中国式现代化建设中担当作为，增强干部的责任感和行动力，既是新时期弘扬科学家精神的需要，也是加强干部队伍建设的需要,更是加强科研管理、实现高水平科技自立自强的现实召唤。理论上,科学家精神激励干部在中国式现代化建设中担当作为,在逻辑、内涵、要素、价值等方面存在深度关联,表现在:科学家精神与中国式现代化存在逻辑呼应与内涵耦合;高水平科技自立自强、高素质干部队伍建设与中国式现代化具有双重关联;以科学家精神提升干部政治素质、执政能力和管理水平,具有以精神教育和党性教育永葆共产党人政治本色的价值功能。实践上,从科学家"爱国、创新、求实、奉献、协同、育人"六种精神要素出发,探索干部教育的路径和方向,涵养为民情怀、增强创新思维、改进工作作风、淬炼初心使命、提升协调能力、加强培养选拔,可以为新时代干部教育培训工作高质量发展提供具有针对性和可行性的实践参考。

第十一章
科学家精神的典型诠释与生动实践

第一节　科学家精神"大众化"
——钱学森做科普[①]

2023 年 7 月 20 日，习近平总书记寄语"科学与中国"院士专家代表，希望他们继续发扬科学报国的光荣传统，带动更多科技工作者支持和参与科普事业。钱学森除了是享誉海内外的杰出科学家和中国航天事业奠基人以外，还是一位热忱的科普工作者，为推动科学普及做了大量工作。尤其在担任中国科协第三届主席期间（1986—1991），他不仅将科普作为重要研究课题，还身体力行参加科普工作，为拉近大众与科学的距离提出了一系列具有普遍意义的真知灼见。

一、科普工作的目标："使科技人才幼苗不断涌现"

钱学森认为，当今世界的经济竞争、科技竞争，归根结底在于人才竞争，而人才的竞争需要后继有人。因此，人才队伍建设是科普工作成败的关键。他经常通过书信等形式与科技工作者分享科普经验并交流存在的问题。针对科普人才队伍建设，他提出，人才培养应从青少年抓起，科普工作的一项重要职能是服务国家人才队伍建设。

改革开放之初，人才培养依然是制约中国经济社会发展的瓶颈问题，"早

---

① 本节内容由汪长明、李红侠联合执笔，发表于《学习时报》2023 年 8 月 30 日"科技前沿"版面。

出人才，快出人才"成为国家当时的迫切需求。1978 年，中国科协等单位联合组织北京市青少年科技参观团参加科学家见面会。钱学森因工作原因未能到场，但他通过书信为参观团全体成员介绍了当今现代科学技术的重大成就。他认为，用现代科学技术最新成就启发青少年的头脑，使青少年的成长过程和现代生产、现代科学技术的迅速发展进程结合非常有意义。

除此之外，1988 年，钱学森作为时任中国科协主席，在中国科协成立三十周年大会上做了《为科技兴国而奋力工作》的报告。他在报告中提出，面临世纪之交，一个席卷全球的改革浪潮正在震荡着世界，各国都在对本国的政治、经济、军事、外交进行改革和调整，一种新的世界格局正在形成。"其中一个最为深刻的重要原因，是科学技术的迅猛发展所引起的社会生产力的巨大飞跃。"钱学森认为，面向未来的战略优势不能只着眼于军事，还要放眼包括军事、政治、经济、科技、教育在内的综合国力的竞争；科技和教育将在其中成为影响发展的关键因素，而一个国家的科学技术要取得良好的发展，其根本在于劳动者的素质和全民族科学文化水平的提高。为此，钱学森提出："应当更加重视科学技术的普及工作，把它提到关系着国家现代化建设的战略地位来对待。"他将科普工作提高到关系国家现代化目标能否实现的高度，认为不但要"扫除文盲"，而且要"扫除科盲"，因为科普工作是社会主义精神文明建设的一项基本工作。为此，钱学森提出，面向 21 世纪的人才培养，必须从青少年抓起；中国科协要支持和协同教育部门大力开展青少年科技活动，使科技人才幼苗不断涌现；同时，要充分发挥科协和学会在促进人才成长和参与社会教育中的作用，促进各学科富有创造才华的人才脱颖而出。

二、科普工作的方法："三言两语讲清问题"

关于科普工作的方法，钱学森于 1996 年 6 月 17 日在家中会见科普作家汪志。在这次见面会上，钱学森指出：科学技术很重要，既然重要，就需要"大家都懂"，而让"大家都懂，都重视，就需要科普"。即便身为大科学家、做科普的行家里手，钱学森依然认为："做好科普工作并不那么简单，科技人员要把一个专业化的问题向外行人讲清楚并不容易"。他多次提出，科技人员要"用形象的语言来表达你要说的科技问题"，"用形象、通俗易懂的语言表达好专业科学知识"，也就是具备"三言两语讲清问题"的能力。

　　钱学森深深地感到,作为一个专业的科技人员,如果不能够向非本专业、不在行的人,说清楚一个科学技术问题,那么他受到的学习教育是不完全的,专业知识亦没有学好。鉴于此,他曾给西北工业大学提过一个特殊的建议,即在学位论文里加一个"副篇",也就是"学位论文内容的科普"(致西北工业大学自然辩证法教研室傅正阳),通过简短的"副篇"对一个不在行的人讲清楚论文内容。钱学森在此所言"副篇"实际上属于"学术科普"工作,这得益于他留美期间来自导师冯·卡门"学术科普"高超能力的启发。虽然此法在高校并未广泛施行,但"三言两语讲清问题"的训练,不失为建设科普人才队伍的重要方式。

　　在此基础上,钱学森对科普工作者提出更高要求:"讲话、报告或文章,必须能够吸引人,吸引不了人,那你就别干了。"事实上,做好科普工作并不简单,干巴巴地讲科普极易造成观众昏昏欲睡或提前离席,而把一个专业化问题向外行人讲清楚,必须深入浅出,不仅要求科技人员用形象的语言来表达科技问题,还需要将科普和文学、艺术有机结合,从而使科普工作达到更好的效果。正因此,2001 年,钱学森在家中再次与科普作家汪志畅谈科普工作。在长达一个多小时的谈话中,他结合亲身经历阐述科普工作的重要意义,并着重指出,科普工作的"要害"是让人喜欢看、听得懂。

三、科普工作的要求:"必须实事求是"

　　凡事皆有原则,科普也不例外。"搞科学必须实事求是",这是钱学森一生坚守的原则。虽然钱学森一直提倡科学与艺术结合,但实际上他指的是逻辑思维(科学)和形象思维(艺术)两种思维方式的结合,也就是科学与艺术的相互启迪。对于科普工作,他认为,科学普及同样要坚持实事求是的原则,科普工作者对于科学内容进行"艺术加工"时,尤其应当注意实事求是。1978 年3 月 25 日,钱学森同几位出版社编辑就科普读物亲切交谈,当谈及当时社会流行的油画《亲切的关怀——毛主席接见科学家李四光、钱学森》中几点不实之处时,他指出,反映真实人物活动的艺术创作,要尊重起码的事实。不久,上海科学教育电影制片厂筹划拍摄航天科普电影《空间科学》(后改名《向宇宙进军》)。翌年 2 月,钱学森在上海延安饭店接见影片摄制组,针对片名、提纲等发表意见,并提出"科教片一定要讲科学"的原则。不过,众所周知,影片有艺术创作,观众才感兴趣。为此,他提倡"搞电影的同志,要多跟科学技术人员交朋友",达到科学与艺术相结合的效果。

与此同时,钱学森对当时流行的科学幻想小说持有异趣。他认为,科学小说不是科幻小说,科幻小说可以任由作家想象,而科学小说要有科学依据;科幻小说常把已知的事情夸大,出了格,而一个真理如果把它夸大了一点,就不是真理了,往往成为对青少年头脑的"污染"。这是因为青少年容易接受新的东西、记忆力很好,但因为辨别能力不强,所学不准确的东西极易导致对其未来产生负面影响。1991 年 6 月 29 日,他在致北京大学资民筲的信中,再次提及科学小说与科幻小说的区别:"我认为科学小说是用小说这种文艺形式讲科学,是一种科普工作。科学小说不能超越今天掌握的科学,要实事求是。我赞成发展科学小说如同我赞成发展科普。但科幻小说就不同,是作者加入他个人的臆想,也就是不科学的东西,所以不是科普作品。而且人的臆想代表他的意识形态,有进步的,也有反动的。"因此,钱学森提出,出版工作要认真规划,切实搞好青少年需要的科普读物,尽量避免一些在科学上陈腐、不准确、效果不好的书籍。对于科学问题,要尽量说得准确、恰如其分!

不难发现,与其他科普工作者不同的是,钱学森从事科普工作:既具有鲜明的身份依托——他是杰出科学家,是中国科技战线和科普战线德高望重的领导人;又坚持科学的方法论支撑——他一贯提倡科普工作要坚持实事求是这一马克思主义的根本观点,并注重马克思主义世界观的传播;还基于深沉的情怀驱动,说他是人民科学家,从他长期热忱投身中国科普事业,为中国科技事业长远发展殚精竭虑,亦可窥见一斑。

第二节　中国航天初创时期协同精神管窥
——钱学森倡导的"神仙会"

习近平总书记在给孙家栋、王希季、戚发轫等 11 位参与"东方红一号"任务的老科学家的回信中指出:"老一代航天人的功勋已经牢牢铭刻在新中国史册上。"①吃水不忘挖井人,在以航天梦助力中国梦的新征程中,我们要时刻牢记以钱学森为代表的老一辈航天科技工作者为我国航天事业建立的丰功伟绩,"以老一代航天人为榜样,大力弘扬'两弹一星'精神",②踔厉奋发、笃行不息,早日实现建设航天强国的伟大梦想。本文从中国航天初创时期以钱学森为发起者、创造者、践行者和倡导者的"神仙会"这一微观视角,探讨航天技术民主决策机制的实践逻辑、历史流变及其对新时期航天强国建设的启示意义。

一、"神仙会"的文本溯源

中国航天事业创业伊始,需要攻克的难关接踵而至、层出不穷,而由于建国伊始科技人员严重缺乏、国家科技教育体系很不健全、中苏关系破裂导致苏联撤走全部在华工作专家等原因,拥有相关领域专业知识储备、具有真正参加过航天工程实践经验的专家非常匮乏,可谓凤毛麟角。在开创中国航天事业的历程中,为突破航天型号研制面临的重大技术瓶颈,钱学森作为技术主帅,借鉴留美期间组织开展学术民主讨论的成功实践,充分发扬技术民主,最大限度发挥专家的专业优势和技术特长,激发专家精神动力,做到研制效能与管理效能(技术与行政)、技术民主与集中决策(民主与集中)的辩证统一,为中国航天事业攻克技术难关、突破技术壁垒积累了宝贵经验。据钱学森回忆,在"两弹一星"研制攻关阶段,他每个星期日下午便把"任屠黄梁"(代指任新民、屠守锷、黄纬禄、梁守槃四位元老级总设计师,中国航天界一般尊称他们为"航天四老"),以及庄逢甘、林爽等专家召集到自己位于航天大院的家里,以茶话会形式讨论导弹研制过程中遇到的重大技术问题,研究解决方案。这样的会议包括"求同""存异""纠偏"三个层次。所谓"求同",即"有什么问题,大家提出来,共同研究解决";所谓"存异",即大家有"不同的意见要尽量发表,但议定的事都要执行";所谓"纠偏",即"执行中发现有什么差错,

---

① 新华社. 习近平给参与"东方红一号"任务的老科学家的回信[EB/OL]. (2020 - 04 - 24)[2024 - 07 - 10]. http://www. gov. cn/xinwen/2020-04/24/content_5505620. htm.

② 新华社. 习近平给参与"东方红一号"任务的老科学家的回信[EB/OL]. (2020 - 04 - 24)[2024 - 07 - 10]. http://www. gov. cn/xinwen/2020-04/24/content_5505620. htm.

要尽快改正。"他不无感慨地说道:"我们中国的导弹就是这么干出来的!"① 而钱学森的家则成为"神仙会"的发祥地,睹物思人,他说道:"直到今天我仍住在这几间房子里,它使我常常回忆起那个时代每星期天下午的会。"②

钱学森将各路航天"神仙"请到自己家里,除了技术背景因素外,还有一个"地理背景"因素。当时国防部五院下属航天一院(全称国防部第五研究院第一分院,中国运载火箭技术研究院前身,1957 年 11 月 16 日成立,现隶属中国航天科技集团有限公司)位于北京丰台区南苑,下属航天三院(全称国防部第五研究院第三分院,我国第一个综合性的导弹专业培训机构,1961 年 9 月 1 日成立,现隶属中国航天科工集团有限公司)位于北京丰台区长辛店,但因两院刚刚成立,"家属宿舍都未盖好,科技人员们只好每星期六上午坐班车回阜成路的大院的家,星期一早上又乘班车去上班",据钱学森回忆,"于是我想了一个办法,每个星期天下午把各个型号的技术负责人请到我宿舍去讨论问题","这对明确许多问题、解决问题起了很大作用"。③ 创业维艰、同甘共苦,航天初创时期工程研制任务的困难与紧迫由此可见一斑,正是这样的战友情谊铸就了"神仙会"留给中国航天的丰功伟绩。

此外,钱学森倡导的"神仙会"还是中国科学院全院系统"神仙会"的一部分,既有原创性(个性),又有一致性(共性)。据时任中国科学院党组书记张劲夫回忆,中国科学院当时每半个月将本院著名科学家召集起来,召开一次"神仙会","学森同志在五院的工作虽然很忙(钱学森当时还是国防部第五研究院院长——笔者注),但'神仙会'他总是参加并积极发言。"钱学森对科学院的"神仙会"这种技术议事方式非常赞许,并向张劲夫提出,"可以作为经验介绍出去"。④ 由此不难发现,钱学森组织的航天"神仙会"很大程度上是受了中国科学院系统"神仙会"的启发(他当时兼任中国科学院力学研究所所长),是将科学院系统的"神仙会""介绍出去"的实践形式。这既是一种自觉传承,也是一种发扬光大。

钱学森热情倡导并在工作中付诸实践的"神仙会"并非一般意义上的民

---

① 钱学森.一切成就归于党归于集体[J].党建研究,1989(7):32 - 33＋45.
② 钱学森.在授奖仪式上的讲话[N].人民日报,1991 - 10 - 19(1).
③ 钱学森.在授奖仪式上的讲话[N].人民日报,1991 - 10 - 19(1).
④ 张劲夫.让科学精神永放光芒:读《钱学森手稿》有感[N].人民日报,2001 - 09 - 24(1).

主讨论会或学术研讨会,而是一项基于国家重大战略需求导向、关乎"两弹一星"工程型号研制顺利与否乃至是成是败的政治任务,稍有不慎或技术决策失误就有可能带来重大技术风险,并由此承担相应责任。此外,作为中国航天事业初创阶段一种攻克重大技术难关的成功经验,"神仙会"还是国防部第五研究院科学技术委员会(以下简称五院科技委)的"母体"和肇端。钱学森基于"神仙会"的技术决策模式,曾向主管航天事业的国务院副总理聂荣臻提议成立五院科技委,让更多"神仙"(科技专家)参与进来。1962年2月2日,五院科技委成立。钱学森任主任委员,任新民、屠守锷、梁守槃、庄逢甘、吴朔平、蔡金涛任副主任委员。科技委聘请149名院内外各专业的专家学者为委员,其中包括郭永怀、陆元九、卢庆骏等特邀委员。五院科技委成立后,充分发挥领域专家对重大技术问题的决策咨询作用,对"两弹一星"研制顺利推进起着技术上掌舵定向的重要作用。而从五院科技委"领导集体"名单可见,七位"常委"中,"神仙会"成员就占了五位(钱学森、任新民、屠守锷、梁守槃、庄逢甘),可以说它沿袭了"神仙会"的班底。

二、"神仙会"的实践逻辑

这一技术讨论会具有当下的科研论坛性质,其实践逻辑包括三个方面:一是学术权力,坚持话语权平等。作为组织者和实施者,钱学森请每位总师就技术问题充分发表意见。专家发言不分主次(即身份平等)、不论对错(即不设立场)、不受限制(即表达自由),大家畅所欲言、各抒己见、各显"神通",将枯燥的学术讨论会开成了集思广益、心情舒畅的"神仙会",体现了学术话语自主和学术人格平等原则。二是决策模式,坚持"程序正义"。"神仙会"的决策模式包括三重假设:讨论过程中,专家们如果意见一致,则现场定案,由钱学森果断决策确定,决定技术方案(即形成定案);如果意见不一致,且无须现场定案(有充裕时间预留和决策选择空间),则留待下周继续讨论,争取专家意见统一的最大化,用现在比较流行说法就是求得"最大公约数";如果事情紧迫,有决策时间限制,则由钱学森在综合大家意见基础上,并结合他自己的理论分析与经验认识,做出"终极判断",形成最终方案,并遵照该方案执行。三是风险责任,坚持首长负责制。"两弹一星"研制是一项充满风险和不确定性的国家级大科学工程,"决策最优"成为"技术最优"进而实现"工程最优"的重要保障。钱学森提出,按照经民主讨论形成的方案,如取得成功,功劳归大家,体现了成果认定的客观性原则;如果失败,责任由作为决策者的他本人承担,体现了风险评估的科学性原则。对此,钱学森的学生、中国第一颗人造地球卫星技术总负责人、总设计师的孙家栋院士深有感触:钱学森"勇于负责、善于听取群众意见的工作作风""让我丢掉了许多顾虑"。实践证明,这种做法实际上是将党的民主集中制决策制度创造性移植到"两弹一星"(行政管理—工程管理)这一国家大科学工程研制之中,做到了集体即航天科研组织的最大发言权与个人即航天技术主帅最终决策权的最佳配置、敢于放权(博采众长、兼收并蓄)与勇于担责(领导胸怀、技术远见)的有机结合、技术民主化(发扬民主)向决策科学化(坚持集中)的合理转化,对于攻克工程研制过程中遇到的紧迫技术难题、规划工程技术发展方向等方面发挥了不可替代的作用。① 这一做法堪称学术民主运用于航天实践的典范。

从"神仙会"的成功实践可以看出,这种工作方式方法体现了钱学森作为中国航天事业奠基人的大师风范和战略眼光,实非一般科学家所能企及。时任国防部第五研究院二分院第一设计部主任的黄纬禄回忆说:"钱学森同志是技术权威,但他在工作中非常相信和尊重群众意见。"时任五院一分院研究室副主任戚发轫回忆说:"在导弹和原子弹结合过程中,钱老非常民主,广泛征求大家的意见,集中大家的智慧,同时满足了导弹试验和安全性检测的多项要求,对以后的工作起到了很好的启发作用。"在时任五院自动控制研究室主任、曾任七机部总工程师的梁思礼看来,钱学森既很谦虚,又很民主。在钱学森直接领导大家研究航天工程的岁月里,"他的技术民主传统发扬得特别好,很多问题跟大家一起讨论商量"。他的这种工作作风奠定了中国航天技术民主决策的优良之风。

三、"神仙会"的历史源流及其演绎

从历史维度看,"神仙会"这一民主决策机制并非无中生有,而是渗透着中国共产党人治国理政的政治基因,注入了中国共产党自我革新的红色血脉之中。据考证,"神仙会"发端于抗日战争时期毛泽东在延安整风时期一次会

---

① 汪长明.钱学森为什么能成为战略科学家[N].学习时报,2020 - 12 - 30(6).

议上的讲话,旨在通过和风细雨的会议形式,勉励大家抛弃顾虑,自由交谈、讨论和辩论,以达到全党范围内提高认识、统一思想的目的。据曾任政协第五届全国委员会副主席的李维汉回忆,大约在1942年秋季,毛泽东邀集陈云、博古、凯丰、康生、李维汉等人谈话时说,老干部也要整风,学习《六大以来——党内秘密文件》(中共中央书记处编印,1941年12月出版)、《六大以前——党的历史材料》(中共中央书记处编印,1942年10月出版)两本书(均由毛泽东亲自组织编辑)。一是联系党的路线斗争的历史进行学习,学习形式主要靠自学;二是成立一个小组,通过开小组会的形式互相交换意见,通过和风细雨地开展批评与自我批评,达到弄清是非、团结同志的目的。毛泽东在会议结束时指出:"我们这个会,也可以说是个神仙会。"[①]这是中国共产党历史上首次明确提出"神仙会",体现了毛泽东的革命浪漫主义情怀和在整风运动中驾驭复杂政治局面的伟人气概。

中华人民共和国成立之初,我国各民主党派和工商联在召开中央会议及全国代表大会时(1959—1962年),也曾成功运用"神仙会"议事决策方式,既在党派内部通过发扬民主、公开讨论和自由交谈,做到了提高认识、统一思想,又通过对党和国家方针政策及各项工作提出批评建议、献计献策,促进了国家各项事业顺利发展。"神仙会"在当时得到了毛泽东的高度赞扬。在此期间,"神仙会"形成了"自己提出问题、自己分析问题、自己解决问题"的"三自"方针和"不戴帽子、不打棍子、不抓辫子"的"三不"主义,用"三不"保证"三自",用"三自"达到敞开思想、提高认识这一目的的工作模式。这一会议模式在被人民政协采纳后,成了我国政治协商的一种民主精神和制度模式,对于中国共产党统战工作开展和民主政治建设,发挥了重要的历史作用。在1962年的全国科学工作会议(1962年2月16日至3月12日在广州召开,简称"广州会议")上,陈毅受周恩来嘱托,代表党中央作了为知识分子"脱帽加冕"的讲话,宣布为知识分子摘去"资产阶级知识分子"的帽子(即"脱帽"这一形象说法),戴上"劳动人民知识分子"的桂冠(即"加冕"这一形象说法)。[②] 彼时,中国知识分子在思想上消除了资产阶级的精神顾虑和思想疙瘩,活跃了当时

---

① 李祥营. 人民政协历史上的"神仙会"[J]. 政协天地,2008(9):47-49.
② 曾宪新. 周恩来为知识分子"脱帽""加冕"的曲折历程[J]. 传承,2008(5):4-7.

的思想氛围。

20 世纪 60 年代,随着中国民主建国会和全国工商联的全国代表大会的成功召开,"神仙会"这一民主议政形式受到了与会人员的一致肯定。会议结束后,代表即赶赴各地,积极宣传中央精神,并将"神仙会"这种具有中国特色和时代特征的会议组织形式推介到各地,使之成为统战系统、工商界、知识界(尤其是学术界)、各民主党派及政协系统等领域开展民主协商、建言献智的基本范式。今天看来,其时代意义与历史价值日益彰显,尤其在调动包括民主党派在内的全国各种社会力量参加国家建设的积极性,对中华人民共和国顺利度过三年困难时期(1959—1961 年)和进行社会主义建设产生了积极影响。

四、余论:"神仙会"的理论本质与时代价值

回到中国航天事业筚路蓝缕的初创阶段,如前所述,钱学森热情倡导的"神仙会"本质上是党的民主集中制原则成功运用于中国航天事业初创的经典案例,性质上属于航天系统技术民主集中制。而就这一技术决策机制本身而言,宏观上,从中国航天"两条指挥线"组织管理体制维度进行考察,"神仙会"决策机制属于技术指挥线下的微观范畴(案例实践)。就本质意义而言,"两条指挥线"是行政权力与学术权力的相对分离,既合中有分,责任明晰;又分中有合,统一于整体性"两弹一星"工程研制之中。在"合中有分"与"分中有合"的辩证互动中,实现行政层面的组织与管理体制向技术层面的科研与试制体制让渡"技术性权限",即技术赋权。这在综合性、系统性和专业性都极强,以"两弹一星"为标志的大科学工程管理实践中的"跨界移植"无疑业已取得并自我验证了其空前巨大而毋庸置疑的、具有世界史意义的成功。

回溯航天科技发展中国模式的历史经验及其话语体系,客观而论,这既离不开聂荣臻等主管航天事业的政治领导人在领导决策过程中的政治气度和人格魅力,也离不开作为技术领导人的钱学森在处理工程研制重大技术难关时的技术魄力和科学视野。在政治与科学的亲切对话中,"两弹一星"工程所取得的辉煌成就成为举国体制应用于航天领域的成功典范,饱含着共和国领导人对科技作为认识世界和改造世界的工具的应然敬畏、对科技事业在新中国各项事业发展中所处地位的高度重视,以及对中国科学家爱国情怀和创

新精神的本色尊重。在此意义上，"神仙会"称得上是"两条指挥线"体制的"代际次生"（即从宏观组织领导层面向微观技术实践层面转移），也是航天精神的技术表达及其在研制实践中的辐射。随着中国航天事业不断发展，"神仙会"的历史意义和时代价值必将在建设航天强国的新征程中不断得到彰显。

第三节　话剧《钱学森》、诗剧《钱学森》：舞台上的科学家精神

将科学家写进剧本、搬上舞台，实现科学家精神的舞台化呈现，是弘扬科学家精神的落地实践与实际举措。通过剧本的艺术化加工和舞台的艺术化演绎，可以增强观众近距离"触摸"科学家精神的直观体验，实现从舞台叙事到情景感知的价值转化、从思想政治教育传统单向传授（以讲授为主）模式向立体传授模式的方式方法创新，增强科学家精神传播的有效性和可及性，进而提升科学家精神的宣传效果和教育价值。为此，近年来，钱学森图书馆通过科学家精神传播与艺术教育（尤其是美育教育）嫁接，不断丰富钱学森精神表达载体与传播形式，引导公众认识钱学森身上蕴含的精神之美，以及钱学森精神的艺术之美。校园原创话剧《钱学森》和大型原创诗剧《钱学森》就是其中的代表性作品。

一、话剧《钱学森》是弘扬科学家精神的精品力作

（一）校园原创话剧《钱学森》

校园原创话剧《钱学森》由上海交通大学 100 多位师生参与、历经 8 个月创作完成，作品规格之高、参加人数之多、创作时间之长、社会影响之大，在学校校园文化建设方面并不多见。全剧由"序幕""国难当头""毕业歌""冯·卡门家的圣诞夜""归心似箭""冲破黎明前的黑暗""戈壁惊雷""难忘那一夜"和"尾声"等八部分组成。剧情以钱学森赴美留学、从青年学子到学术翘楚、艰难归国路、投身国防科技事业等重要历史事件为外在主线，以他赤胆忠心的爱国情怀、开拓创新的求真品质、许身为国的奉献精神、彪炳史册的杰出贡献为内在主线，艺术地再现了这位享誉海内外的杰出科学家和我国航天事业奠

基人波澜壮阔的人生历程,歌颂他此生惟愿长报国,将个人科学报国梦融入党和国家事业发展的"无我"之境与"大我"人生。

该剧是中国科协发起的科学家主题宣传活动"共和国的脊梁——科学大师名校宣传工程"的一个子项目。上海交通大学作为钱学森的母校,承担该剧创作任务,责无旁贷。该剧最早于 2011 年启动,2012 年首演,演出团队包括上海交通大学大学生话剧团、上海交通大学国旗护卫队、上海交通大学阳光剧社,是真正意义上的"交大作品"。该剧凝聚着全体交大人的科学情怀与文化智慧,赢得了上至中央领导、下至社会各界的高度认可,引发了观众的热烈反响与情感共鸣,出演十多年来获得了包括第三届中国校园戏剧节最高奖——中国戏剧奖·校园戏剧奖(2012 年 10 月,该奖项是唯一由国家设立的校园戏剧最高奖)在内的很多荣誉,并入选中国科协"科学大师名校宣传工程"首批剧目,光明网曾专门对该剧进行介绍。2013 年 1 月 14 日,该剧在北京举行专场演出,刘延东同志前往观看,并给予高度评价。据公开报道,该剧曾在北京、上海、武汉、西安、重庆、南京、呼和浩特等地巡演 16 轮 48 场,央视网、凤凰网、光明网、人民网、《中国青年报》、《解放日报》、《文汇报》等 40 余家媒体对演出进行了报道。2020 年起,话剧《钱学森》配套网络传播作品先后在微博等线上平台展播,线上线下观看量累计近 20 万。

2023 年,这项工程进行了升级,发起单位由原来的中国科协一家增加至中国科协、教育部、共青团中央、中国科学院、中国工程院五个国家部委,可以说是一项中央级重大文化工程,目的是通过科学家故事剧目演出形式,建强用好科学家精神数字化教育阵地,大力弘扬科学家精神,深入贯彻落实党的二十大精神。为此,上海交通大学对这部话剧进行了提质优化、升级改造。2022 年 12 月 14 日,全新版本的首场演出在上海交通大学闵行校区菁菁堂成功举行;12 月 28 日,该剧作为"时代精神耀濠江"2022 科学大师名校宣传工程项目,首次走出内地赴澳门演出,在澳门大学精彩亮相。学校曾以《十年磨一剑,大师剧〈钱学森〉焕新回归》为题,以"十年心血,启航时代新征程;十年德育,书写青春新答卷",报道该剧的改编历程、剧情亮点及该剧在学校文化育人方面发挥的重要作用。可以说,这部话剧是以舞台形式呈现钱学森身上闪现的科学家精神光辉的精品力作,是中国老一辈科学家以身许国的典型呈现。

（二）大型原创诗剧《钱学森》

大型原创诗剧《钱学森》由上海交通大学钱学森图书馆精心策划，创作过程历时多年，经钱学森图书馆与上海市朗诵协会多轮打磨最终完成。本剧创作团队阵容强大，由著名剧作家薛锡祥担任编剧，著名戏剧人、剧作者、导演、演员曹禹担任导演，著名语言表演艺术家、国家一级演员兼译制导演丁建华、上海电影译制厂著名配音演员程晓桦担任领诵，上海人民广播电台齐歌担任画外音。作为庆祝上海交通大学建校 127 周年纪念活动之一，本剧于 2023 年在上海交通大学闵行校区菁菁堂举行首演。该剧以钱学森赴美留学、毅然归国、投身国防的传奇人生为主线，以他与夫人蒋英患难与共、相濡以沫的爱情佳话为辅线，艺术再现战略科学家钱学森波澜壮阔的人生图景。

《钱学森》运用音乐诗剧形式，以弘扬钱学森的爱国主义精神和科学精神为主题，采用高度凝练的诗化象征、诗意情节，书写钱学森信仰的坚守、不懈的追求、使命的承载，着力刻画钱学森的家国情怀、大师风范和人格魅力。本剧的成功首演倾注了钱学森图书馆的资源，凝聚了创作团队的艺术智慧与使命意识，也离不开演出单位的辛勤付出。诚如本剧编剧、国防大学政治学院教授薛锡祥所言："七年之前，我接受钱学森图书馆创作邀请时，就感受到了剧本创作之艰难。一是题材宏大，二是历史跨度长，三是背景复杂……创作过程中，我追求真实、本源、细节、故事性，着重展示钱学森的高尚情怀。在诗意表述上，以剧情发展、推进为轴，依据'两弹一星'重大事件展开情节，把握人物性格特征，刻画人物舞台形象，并在上海交通大学钱学森图书馆各位领导、老师，以及全体演职人员的共同努力下，终于在上海交通大学的舞台上向社会亮相。"

本剧由上海市朗诵协会与上海交通大学学生合唱团共同演绎。整场演出分为"与雕像的对话"（序幕）、"风云乍起"（第一章）、"依依惜别"（第二章）、"王者归来"（第三章）、"生死关头"（第四章）、"横空出世"（第五章）、"隔空相逢"（第六章）、"永恒的思念"（尾声）等八个部分，台下观众跟随演员在场景转换中感受钱学森"爱国、创新、求实、奉献、协同、育人"的科学家精神，领略钱学森将爱国之心、报国之志、效国之行、强国之情融入党和国家的伟大事业，引领中国航天走出独立自主发展之路，最终实现自己科学报国伟大理想的闪亮人生足迹。

上海交通大学学生合唱团张睿同学表示："参与诗剧演出是一次难忘的经历,钱学森学长具有卓越的学术成就和高尚的品德风范,也凭着一颗对祖国的赤子之心,突破重重困难,毅然回国投身现代化建设。他的每一次人生选择都与国家命运紧密相连,如今伟大事业的接力棒传递到我们手上,我们要接续奋斗,做出自己的贡献。"来自上海交通大学机械与动力工程学院"钱学森班"的同学表示:"这是一场与钱学森学长跨越时空的对话,钱老的拳拳爱国之心深深感染和触动着我们,我们交大学子要矢志不渝地传承钱老的风骨,争当兼具家国情怀和严谨科学精神的新时代青年。"

二、"两剧"《钱学森》是活生生沉甸甸的思想政治教育教材

无论是校园原创话剧《钱学森》还是大型原创诗剧《钱学森》,创作目的都在于弘扬科学家精神,对广大公众尤其是学生开展思想政治教育。剧本主人翁的典型性、先进性及其教育价值,通过舞台这种可感可触的鲜活形式,能够以直击心灵的效果激发情感呼应与价值认同。因此,说这两部戏剧是一部活生生的思想政治教育教材,并不为过。两剧中钱学森回国的曲折经历跌宕起伏,他的爱国主义情怀感人至深,他"为中国科技事业、为国防和军队现代化建设建立的卓越功勋将永载史册"(新华社《钱学森同志生平》),完全可以说是感天动地、前无古人。党和国家历代领导人都对钱学森给予高度评价。今天我们大力弘扬科学家精神,而钱学森可以说是践行科学家精神的杰出代表。习近平总书记《在科学家座谈会上的讲话》中指出,"从李四光、钱学森、钱三强、邓稼先等一大批老一辈科学家,到陈景润、黄大年、南仁东等一大批新中国成立后成长起来的杰出科学家,都是爱国科学家的典范。"上海交通大学作为一所拥有128年光荣办学传统、以"饮水思源、爱国荣校"为校训的大学,为国家培养了成千上万科学家和优秀人才。无论创作话剧《钱学森》对上海交通大学而言,还是创作大型原创诗剧《钱学森》对钱学森图书馆而言,都既是一种传承、一种情怀,也是一种担当、一份使命。榜样是社会的精神坐标,代表并引领社会的前进方向和发展趋向。钱学森无疑是中国科技界的一面旗帜,是中华民族的精神星座。让以钱学森为代表的中国科学家崇高精神品质在当代大学生心灵深处薪火相传、生根发芽,是上海交通大学承担这部话剧创作任务的根本初心和职责所在。

三、"两剧"《钱学森》是社会主义核心价值体系教育的生动蓝本

包括科技工作者和在校学生在内的广大公众,可以从这两部戏剧中接受思想洗礼和政治淬炼,汲取爱国奋斗的精神力量。我们常说,榜样的力量是无穷的。榜样的力量来自他们的杰出贡献、道德情操和精神品质,来自他们的先进性、崇高性和示范性。"两剧"《钱学森》处处渗透着钱学森的家国情怀、理想信念和使命担当,处处折射出钱学森的人格魅力、精神风采与思想光芒。他曾在回国的邮轮上对记者说过这样一句话:"今后我将竭尽全力,和中国人民一道建设自己的国家,使我的同胞过上有尊严的幸福生活。"这句话堪称钱学森的"报国宣言",是他爱国主义的生动写照。钱学森用九十八载光辉人生,用"我的事业在中国,我的成就在中国,我的归宿在中国"的赤子之心,诠释着自己科学报国理想信念与家国情怀。"两剧"以钱学森的爱国主义精神为内核,以他的卓越贡献为支撑,无论对科技工作者,对在校学生,还是对广大公众而言,这都是两种至为可贵的精神品质,是我们社会最不可或缺的精神资源。在全面建设社会主义现代化国家、实现中华民族伟大复兴的中国梦历史新征程上,我们每个人都是这个时代的主角,都是这个时代的参与者和见证者。弘扬爱国奋斗精神,培育和践行社会主义核心价值观,以小我之力成就大我之功,建功立业新时代,"两剧"无疑提供了一个鲜活的微观视角。对受众而言,无论他从事的是何种职业,无论他有着怎样的教育背景、审美标准和价值取向,都值得一看、值得多看、值得常看,从钱学森这位科学大师身上汲取精神的力量和社会主义核心价值观的丰富滋养。

每一部艺术作品,呈现给广大观众的,除了艺术熏陶与美学体验外,更重要的是思想洗礼、精神淬炼与价值启迪。就"两剧"《钱学森》而言,诚如钱学森本人所言,"社会主义建设需要更多的钱学森"。这是加快建设教育强国、为中华民族伟大复兴提供有力支撑,加快建设科技强国、实现高水平科技自立自强的双重现实召唤。有以习近平同志为核心的党中央对科技工作的坚强领导和对科技工作者的深切关怀与殷切期望,有集中力量办大事的新型举国体制保障,有国家战略科技力量不断增强的有力支撑,有中国科技和教育事业日新月异的蓬勃发展,以钱学森为代表的科学家精神一定能在新时代科

学家身上实现传承发展、发扬光大。笔者认为,这也是"两剧"《钱学森》的创作初衷所在、艺术指向所在和社会价值所在。

第四节　科学家纪念馆红色资源铸魂育人的生动实践[①]

习近平总书记指出:"'大思政课'我们要善用之,一定要跟现实结合起来。"近年来,上海交通大学钱学森图书馆深入学习贯彻习近平总书记关于"大思政课"建设和博物馆文化育人重要论述,紧紧围绕科学家精神培根铸魂,立足红色文化弘扬基地,坚持将馆藏红色资源融入青少年思想政治教育,着力建好博物馆这所"大学校",有力推动科学家精神融入"大思政课"建设各项工作做深做细做实。

钱学森图书馆红色文化弘扬基地扎根上海交通大学"文化之根"徐汇校区,具有依托学校历史文化底蕴的天然优势。基地坚持科学文化铸魂育人功能发挥,聚焦以钱学森为代表的科学家精神传播,围绕价值引领、文化育人主线,构建"四位一体"育人体系,努力实现馆藏资源向教育资源转化、用好用活主体馆藏、科学家精神传播向红色文化引领转化、做大做强社教品牌,"钱馆特色"向"交大特色"转化、融通融入学校发展。

一、聚焦价值引领:立足精神叙事开发课程资源

(一)编研精神读本,做好资源转化

钱学森图书馆文物藏品总量6.2万余件/套,是开展核心价值教育的宝贵资源。在深入开展文物研究的基础上,围绕以科学家纪念馆红色文化提升青少年精神素养,图书馆编研并推出《钱学森精神读本》《羁绊与归来:钱学森回国历程(1950—1955)》《听馆长讲钱学森故事》等面向不同年龄层次的读物,带领读者重温钱学森成长成才之路和艰难回国历程。以科学家精神主题读本为基础,钱学森图书馆开展"大思政课"资源转化,为大中小思政课提供教

---

① 本节内容由张文珺、汪长明联合执笔。

育资源包：与媒体合作形成播客课程，结合阅读推广打造阅读课程，跨学科开发科学家精神艺术课程，自主开发线上短视频课程"走近钱学森"系列。

（二）聚焦教育目标，开发思政课程

结合新时代学校思政课培养目标差异，"因材施教"：大学阶段重在增强使命担当，钱学森图书馆推出"青春告白祖国"主题活动，结合校内小课堂与社会大课堂，组织在校大学生对话科学家和专家学者、前往科研一线参与社会实践等形式，增强他们以真才实学报效祖国的使命意识和社会责任感；高中阶段重在提升政治素养，钱学森图书馆推出志愿服务、职业体验系列活动，组织高中生校外实践，通过参与科学家精神教育基地服务、讲解科学家精神与科学家故事，引导他们从科学家精神中汲取宝贵政治营养和强大精神力量；初中阶段重在打牢思想基础，引导学生把党、祖国、人民装在心中，钱学森图书馆推出"星际航行学院"课程，将思政教育融入不同学科，组织初中生在日常学科学习中增强科学探索的好奇心，帮助他们树立正确的人生观世界观价值观；小学阶段重在启蒙道德情感，引导学生形成爱党、爱国、爱社会主义、爱人民、爱集体的情感，钱学森图书馆推出仪式教育、"重走学森路"、"星空少年讲解团"等项目，启发他们的爱国情感和高尚情操。

二、突出实践导向：创新方式方法丰富活动载体

根据《全面推进"大思政课"建设的工作方案》要求，钱学森图书馆突出实践导向，不断创新日常思政教育方式方法，以重大纪念日、重大历史事件为契机，通过主题宣讲、艺术演绎、阅读推广、科创教育等，不断丰富科学家精神融入"大思政课"的教育载体。

（一）主题宣讲，厚植家国情怀

作为一座高校博物馆，钱学森图书馆承担着以社会教育开展公共文化服务、以学校教育助力校园文化建设的双重职能。为充分挖掘馆内丰富的宣传展示资源、学术研究成果和生动育人素材，策划组织丰富多彩的科学家精神宣传展示活动，钱学森图书馆于2021年成立钱学森精神宣讲团，组织专家开展宣讲主题内容研讨与开发，在全国各地先后推出专题讲座、专场报告会超过百场，激励广大党员干部和青年师生以钱学森等老一辈科学家为榜样，厚植家国情怀，激发报国热情。

（二）艺术演绎，打造情境课堂

2012 年 9 月，上海交通大学原创话剧《钱学森》首演成功。翌年，该剧入选中国科协"科学大师名校宣传工程"首批剧目。此后十年间，该剧赴全国多地巡演，引起热烈反响。话剧的成功催生了多元艺术形式的实践，钱学森图书馆由此开展以科艺相融为特色的教育活动，先后推出融合美育与德育的特色教育活动"星空少年讲解团"、"春之永恒"上海交通大学学生合唱团专场音乐会、"向人民科学家致敬"刘育熙小提琴独奏音乐会、"纪念蒋英教授诞辰100 周年"主题音乐会、原创儿童剧《追梦少年·钱学森》、原创诗剧《钱学森》"行走的音乐党课"，将思政"小课堂"成功搬上社会"大舞台"，为"大思政课"育人体系建设提供了情景式鲜活载体。

（三）阅读推广，创新学习体验

钱学森图书馆牵头联系若干中小学现有读书角、图书室，输出科学家精神主题出版物，以学校或班级为单位开展故事分享会、主题班会，并与上海世外教育附属浦江外国语学校深度合作开发"钱学森主题阅读空间"，发挥空间"专题展览""主题阅读""交互学习""公益展示"四大模块育人功能，创新"大思政课"学习体验。"专题展览"展出《钱学森的人生选择》图文展板；"主题阅读"模块汇集钱学森著作、文集、传记、画册以及钱学森图书馆近年重要读物；"交互学习"包括电子出版物、线上展览、视频课程、互动问答等内容；"公益展示"打造全新类型的宣传展示阵地，结合"大思政课"教育、科学家精神教育和校园主题文化活动进行更新迭代成为校园"常看常新"的公益宣传展示空间。

（四）科创教育，启迪创新思维

经过 10 余年创新发展，钱学森图书馆的科学创新教育"航天动手做"公益课堂全面升级为"星际航行学院"系列课程，课程体系已实现模块化、多元化、定型化："航天动手做"品牌课程持续开展，侧重实践操作，强调寓学于"做"，定位为能力提升；"手绘相对论"公开课侧重理论学习，定位为知识普及；"火星任务"系列公开课启发学生思考环境变迁、星际移民等"人类大问题"，定位为视野开阔；"穿越星际"暑期电影课堂侧重兴趣激发，激励学生从科幻走向现实，定位为思维启迪。

三、着眼课程思政：整合多方资源强化师资力量

为上好"大思政课"，钱学森图书馆积极开展师资人才培养，一方面积极组织馆内专家学者、讲解员、志愿者加入思政课专兼职教师队伍，另一方面主动引入社会资源，整合各方师资力量助力场馆建好"社会大课堂"。

（一）整合资源，建好"大基地"

2023 年 4 月，围绕共建"大思政课"实践教学基地，钱学森图书馆与上海交通大学马克思主义学院、徐汇区教育局、上海交通大学出版社签订四方合作协议。协议明确，四方将以全面推进"大思政课"建设为使命，充分整合各方资源优势，通过共赢共建的方式形成工作合力，积极推动"大思政课"实践教学基地与大中小学校对接，共同建设具有示范性、引领性、创新性的"大思政课"实践教学基地。

（二）凝聚合力，做强"大师资"

以此次共建为基础，钱学森图书馆逐步探索形成了包括场馆资源开发（基地）—实践教学课程设计（高校马克思主义学院）—馆校合作机制建设（教育主管部门）—案例成果转化推广（出版机构）四大环节的"大思政课"育人链条。四方联合组织专家学者、思政名师、场馆教育专员，共同开展合作研究，钱学森图书馆实现资源整合共享。通过开发现场教学课程，开展实践教学，钱学森图书馆综合提升了"大师资"队伍教学育人能力，完善高校与中小学校"手拉手"一体化思政育人体系。

四、深化机制建设：围绕馆校合作推进协同育人

《全面推进"大思政课"建设的工作方案》明确提出："大中小学要主动对接各级各类实践教学基地，开发现场教学专题，开展实践教学。有条件的学校可与有关基地建立长效合作机制，加强研究和资源开发。各基地要积极创造条件，与各地教育部门、学校建立有效工作机制，协同完成好实践教学任务。"为此，钱学森图书馆在通过馆校合作做好课程开发的同时，努力实现馆校课程衔接融合育人。

（一）课程开发，发挥集成效应

根据方案要求，钱学森图书馆主动靠前响应、向前对接，在多年探索思政

实践教学基础上,依托场馆资源、课程资源、师资资源、藏品资源,推出全国首个以"博物馆+大思政课"为主题的综合性思政教学体验空间——"学森·思政讲堂",定位"四室一库"(思政教室、思政图书室、思政备课室、思政工作室和思政资源库)、五大功能。相较于传统的"一校+一馆"合作机制,钱学森图书馆提供了一个基于馆校合作的公共服务平台,既对教师敞开大门,也为学校提供了一整套"博物馆+大思政课"解决方案,同时兼顾顶层设计、师资培训、课程建设等,走出了一条以博物馆为主体建立馆校合作机制的新路。

(二)课程衔接,实现馆校融合

解决好各学段思政课内容衔接是"大思政课"一体化建设的关键。针对不同学段的思政教育目标,钱学森图书馆联合教育主管部门、各学段学科教师,坚持问题导向、做好"程序设计",根据学生成长规律,结合不同年龄段学生认知规律和特点,建立纵向维度不同学段层层递进、横向维度不同课程相互配合、必修课选修课相互协调的思政课程体系,通过仪式教育、学科教育、活动教育、实践教育、项目化学习等方式,实现大中小学课程目标、课程设置的有效贯通、"无缝连接"。

五、结语

总结科学家纪念馆红色资源融入青少年思想政治教育的钱学森图书馆实践,作者认为,始终坚持科学文化铸魂育人功能发挥,聚焦以钱学森为代表的科学家精神传播,围绕价值引领、文化育人主线,构建"四位一体"育人体系,努力实现馆藏资源向教育资源转化、用好用活主体馆藏,科学家精神传播向红色文化引领转化、做大做强社教品牌,"钱馆特色"向"学校特色"转化、融通融入学校发展,是钱学森图书馆作为集八大"国字招牌"(即钱学森图书馆从 2011 年 12 月 11 日开馆至今获得的八项国家级行业资质与社会身份,分别为:全国爱国主义教育示范基地、全国科普教育基地、全国中小学生研学实践教育基地、全国关心下一代党史国史教育基地、国家国防教育示范基地、首批"大思政课"实践教学基地、首批科学家精神教育基地、国家二级博物馆。此外,钱学森图书馆还获得上海市爱国主义教育基地、上海市科普教育基地、上海市国防教育基地、上海市社会科学普及示范基地等称号。)于一身、连续三年蝉联上海市博物馆社会影响力指数(MII)高校博物馆榜首的"基本经验"。

概言之,包括四个方面:第一,坚持精神育人,用活红色资源。充分挖掘科学家馆藏的"红色因子",深入揭示科学家精神的"红色特质",组建钱学森精神宣讲团,编研出版《钱学森精神读本》等科学家精神主题读物,等等。第二,坚持课程育人,推进课程建设。打造彰显钱学森图书馆特色、契合行业规律、符合教育规律的社会教育品牌项目,开展"走近科学家精神""重温红色校史"等主题教育活动。第三,坚持阵地育人,构筑育人平台。利用馆藏文化资源优势,发挥文化载体育人功能,以沉浸式情景剧、校史舞台剧、主题微电影、科学家校史剧本体验、专题导览、仪式教育、行走的音乐党课等形式多样化、受众多元化的活动,实现一馆多用、一馆多能。第四,坚持宣讲育人,提升师资能力。建设一支以红色文物为传播载体,集研究、展示、宣讲为一体的高校博物馆红色文化宣讲队伍,做到讲解(日常接待)、讲课(知识输出)、讲座(学术交流)一体化,推动红色文化进展厅、进课堂、进社区、进学校,以"讲"育人、以文化人。

第十二章
科学家精神增强干部责任感和行动力

　　坚持中国共产党的领导是中国式现代化的本质要求，而坚持党的领导，提高党的执政能力，关键是加强干部队伍建设。李强总理在 2024 年全国两会《政府工作报告》中指出，在肯定成绩的同时，我们也清醒看到，"有的干部缺乏担当实干精神，消极避责、做表面文章"；为此，"广大干部要增强'时时放心不下'的责任感，并切实转化为'事事心中有底'的行动力，提振干事创业的精气神，真抓实干、埋头苦干、善作善成，努力创造无愧于时代和人民的新业绩"。① 在以中国式现代化全面推进中华民族伟大复兴历史新征程上，大力弘扬以"爱国、创新、求实、奉献、协同、育人"为核心内涵的科学家精神，以科学家崇高精神品质涵养和提升广大干部尤其是领导干部政治素质、执政能力和管理水平，是新时代全面建设社会主义现代化国家的现实需要。

第一节　科学家精神增强干部责任感
和行动力的现实召唤

　　科学家精神激励干部在中国式现代化建设中担当作为，既是新时期弘扬科学家精神的需要，也是加强干部队伍建设、增强广大干部担当作为的需要。

---

① 李强.政府工作报告：二〇二四年三月五日在第十四届全国人民代表大会第二次会议上［N］.人民日报，2024－02－13(1).

一、现实观照：弘扬科学家精神，赋能干部勇担新时代使命

科学家精神进入中国共产党人精神谱系，成为支撑党的百年奋斗历程的伟大精神之一。与进入中国共产党人精神谱系的其他"精神词汇"一样，科学家精神在制度和源流上具有党性色彩，植入了观照现实、与党同行的红色基因。全面建设社会主义现代化国家、推进中国式现代化，亟需建设一支理论知识丰富、业务技能精湛的复合型、专业化干部队伍。面向广大干部尤其是科技战线领导干部加强科学家精神教育，以科学家的学术思想厚植干部的知识储备和理论修养，以科学家的科学方法提升干部的执政能力和管理水平，以科学家的专业造诣增强干部驾驭专业领域尤其是科技管理领域复杂性问题的能力，是弘扬科学家精神的应有之义，也是以科学家精神提振干部干事创业精气神的核心要义。

科学家精神是以爱国主义为核心的民族精神和以改革创新为核心的时代精神在中国科学家身上的统一，是科学家以自身科学才智为党和国家科技事业奋斗终身的精神诠释，是政治认同、价值认同和身份认同的集成。2021年5月28日，习近平总书记在两院院士大会、中国科协第十次全国代表大会上的讲话中指出，新时代更需要继承发扬以国家民族命运为己任的爱国主义精神，更需要继续发扬以爱国主义为底色的科学家精神。① 在干部队伍建设中，弘扬科学家精神，首先要大力弘扬科学家的家国情怀，做忠诚、干净、有担当的新时代干部。

二、实践转化：学习科学家崇高精神品质，增强干部履职尽责本领

《意见》对科学家精神的内涵进行了制度化表述："胸怀祖国、服务人民的爱国精神""勇攀高峰、敢为人先的创新精神""追求真理、严谨治学的求实精神""淡泊名利、潜心研究的奉献精神""集智攻关、团结协作的协同精神""甘为人梯、奖掖后学的育人精神"。② 科学家精神既是广大科学家和科技工作者

---

① 习近平. 在中国科学院第二十次院士大会、中国工程院第十五次院士大会、中国科协第十次全国代表大会上的讲话[N]. 人民日报，2021-05-29(2).

② 中共中央办公厅　国务院办公厅印发《关于进一步弘扬科学家精神加强作风和学风建设的意见》[J]. 中华人民共和国国务院公报，2019(18)：20-24.

的"精神写照",也在很大程度上具有推而广之的一般意义。对广大干部而言,他们在工作中同样离不开"服务人民"的为民情怀、"敢为人先"的进取意识、"淡泊名利"的价值取向、"团结协作"的工作作风等等。党的二十大提出"坚持科学执政""创新和改进领导方式"等新时期干部队伍建设重要要求,广大干部可以从科学家精神中汲取丰厚宝贵的精神营养,更好真抓实干、履职尽责。

三、队伍建设:着眼高水平科技自立自强,提升干部尤其科技管理干部水平和能力

科学家精神植根于科学家的科学实践,是科学精神和人文精神在科学家身上的内化与沉淀,并反作用于科学实践,在科学实践中得以外化与呈现。因此,实现科学家精神的功能外化,发挥科学家精神的教育价值,是科学家精神作为"宝贵精神财富"承载的社会职能,也是弘扬科学家精神的必然要求。

科学家精神是干部教育的生动教材。在加快建设科技强国、实现高水平科技自立自强的新时代背景下,广大干部尤其科技领域干部尤其需要主动、自觉、坚持学习科学家精神,学习科学家爱党爱国、心无物念、求真务实、严谨细致的崇高品质,学习他们学思用贯通、知信行统一的科学方法论,实现科学家精神的内化与个人境界的升华;要以科学家尤其是为国家做出历史性贡献的科学家为参照系,心怀"国之大者"、砥砺执政初心,不断提升管理工作的水平和能力,在本职岗位上建功立业,为高水平科技自立自强、为中国式现代化做出自身应有贡献。

第二节 科学家精神增强干部责任感
和行动力的理论观照

理论上,科学家精神激励干部在中国式现代化建设中担当作为,在逻辑、内涵、要素、价值等方面存在深度关联。将科学家精神融入新时期干部教育,为新时期建设堪当民族复兴重任的高素质干部队伍,提供了一个新的理论视角。

一、科学家精神与中国式现代化的逻辑呼应与内涵耦合

科学家精神是中国式现代化的动力之源,弘扬科学家精神是中国式现代化的现实召唤。一方面,科学家精神是中国科技事业发展的重要保障。科学家精神,小而言之,是科学家从事科学实践活动的动力,为科学创造、科研创新注入了精神力量。习近平总书记指出:"科学成就离不开精神支撑,科学家精神是科技工作者在长期科学实践中积累的宝贵精神财富。"[①]大而言之,科学家精神是中国科学家的群体镜像,为中国科技事业发展提供了重要内生动力。可以说,没有中国科技事业的跨越式、历史性、高质量发展,就没有中国式现代化建设的顺利推进,更没有中华民族伟大复兴的中国梦的最终实现。

另一方面,科技事业为中国式现代化提供了重要支撑。"科技兴则民族兴,科技强则国家强",[②]盖因根本上,科技事业是党的事业,广大科学家心怀"国之大者"、情系党之大计,从事的是实现中华民族伟大复兴这一千秋伟业,而这正是科技事业何以重要、科学家精神何以成为"伟大精神",以及何以赋能中国式现代化之所在。

因此,研究科学家精神与中国式现代化在逻辑上的呼应与内涵上的耦合,探讨科学家精神融入并服务中国式现代化的内在动因,是科学家精神激励干部在中国式现代化建设中担当作为在逻辑上的重要关联。

二、高水平科技自立自强、高素质干部队伍建设与中国式现代化的双重关联

高水平科技自立自强与中国式现代化的关系,既有赋能支撑的一面,又有协同呼应的一面。中国式现代化离不开科技的现代化,科技的现代化离不开高水平科技自立自强。高水平科技自立自强需要高水平科技管理,这离不开高水平科技管理干部队伍建设。只有深谙科技发展规律和科研管理规律,才能在现代科技发展瞬息万变、日新月异的背景下增强自身驾驭复杂性和不

---

① 习近平主持召开科学家座谈会并发表重要讲话[EB/OL].(2020－09－11)[2024－07－10].http://www.gov.cn/xinwen/2020-09/11/content_5542851.htm.

② 习近平.为建设世界科技强国而奋斗:在全国科技创新大会、两院院士大会、中国科协第九次全国代表大会上的讲话[N].人民日报,2016－06－01(1).

确定性的能力。《科学家精神意见》提出"深化科技管理体制机制改革""优化科研项目评审管理机制""改革科技项目申请制度,优化科研项目评审管理机制""改进内部科研管理"等体制机制改革方面的要求,所有这些都离不开"管理"二字,离不开科技领域干部队伍建设。

第三节　科学家精神增强干部责任感和行动力的实践路径

2023 年 9 月 19 日中共中央发布的新修订的《干部教育培训工作条例》指出,坚持用以伟大建党精神为源头的中国共产党人精神谱系教育干部,加强铸牢中华民族共同体意识教育,开展社会主义核心价值观教育、中华优秀传统文化教育、中华民族传统美德教育,开展政德教育、警示教育,引导党员干部提高思想觉悟、精神境界、道德修养,树立正确的权力观、政绩观、事业观,做到对党忠诚、个人干净、敢于担当,永葆共产党人政治本色。① 从"爱国、创新、求实、奉献、协同、育人"六种精神要素的文本视角出发,探索干部教育的路径和方向,可以为新时期干部队伍建设高质量发展提供具有针对性和可行性的实践参考。

一、弘扬科学家爱国精神,涵养干部为民情怀

科学家"胸怀祖国、服务人民的爱国精神",体现的是个人(科学家个体)与国家的关系,是"热"的人文精神与家国情怀的交汇与凝练。科学家只有与祖国同频共振,"板凳甘坐十年冷","把论文写在祖国的大地上",将科学报国理想志向转化为扎扎实实、为国家和社会所需的科研创新成果,才能真正实现无愧职业初心、具有社会意义的人生价值。科学家爱国精神对干部队伍建设的启示意义在于,强化政治引领、坚定理想信念、砥砺公仆意识、厚植为民情怀,在党和国家事业大舞台上书写人生答卷、绽放职业光彩。

---

① 中共中央印发《干部教育培训工作条例》[N].人民日报,2023 - 10 - 16(1).

二、弘扬科学家创新精神,增强干部创新思维

大而言之,创新是一个民族进步的灵魂,是一个国家兴旺发达的不竭动力,也是一个政党永葆生机的源泉。2023 年 9 月 20 日至 21 日,习近平总书记在浙江考察时指出,要把增强科技创新能力摆到更加突出的位置,整合科技创新力量和优势资源,在科技前沿领域加快突破。[①] 在实施科教兴国战略、建设科技强国的今天,我们要以思想创新推动理论创新,以理论创新推动科技创新,以科技创新推动产业创新,不断提升国家创新体系整体效能。对科技工作而言,创新是科学技术和经济发展的原动力;对领导工作而言,创新是领导干部必备的能力素质以及做好工作的重要保证。以科学家的创新精神,"在独创独有上下功夫,在解决受制于人的重大瓶颈问题上强化担当作为",可以增强干部创新思维,不断展现新作为、创造新业绩。

三、弘扬科学家求实精神,改进干部工作作风

党的二十大报告指出:"一些党员、干部缺乏担当精神,斗争本领不强,实干精神不足,形式主义、官僚主义现象仍较突出。"[②]科学家是攀登科学高峰的先行者、破解科学奥秘的实干家。科学家推演出的每一项公式、定理,取得的每一次创新、突破,获得的每一项专利、发明,无不是经过实验反复验证、科学求证的结果。广大干部尤其是党员干部学习科学家精神,就是要树立正确的政绩观和方法论,工作中注重调查研究、科学分析问题、切实解决问题,不走过场、搞形式主义,不深入一线、搞瞎指挥,不"拍脑袋"、想当然办事。要在广大干部队伍中"大力弘扬追求真理、严谨治学的求实精神",大力提倡奋发有为、真抓实干,不断改进工作作风,提高科学决策能力,在工作中完整准确全面贯彻党的路线方针政策,真正做到科学决策。

四、弘扬科学家奉献精神,淬炼干部初心使命

古人云:"种树者必培其根,种德者必养其心。"奉献精神是一种美德,更

---

① 把增强科技创新能力摆到更加突出位置[N]. 新京报,2023 - 09 - 26(3).
② 习近平. 高举中国特色社会主义伟大旗帜　为全面建设社会主义现代化国家而团结奋斗:在中国共产党第二十次全国代表大会上的报告[N]. 人民日报,2022 - 10 - 26(1).

是一种责任和担当,是一种精神力量(于己,内在)和价值示范(于人,外在)。奋斗是奉献的外化形式,是将个体内在奉献精神以职业追求的形式呈现在社会公众面前的一种行为表达与情怀示范。唯有不懈奋斗,才能有所作为;唯有不断作为,才能大有作为。2018年,习近平总书记对王继才同志先进事迹作出重要指示:"要大力倡导爱国奉献精神,使之成为新时代奋斗者的价值追求。"[①]对科技工作者而言,应具有以自身科学才智报效祖国、将自身科研实践与国家发展相结合的奉献精神与现实情怀。对干部而言,可以从科学家"淡泊名利、潜心研究的奉献精神"中得到精神洗礼和思想感召,真正做到"特别能吃苦,特别能战斗,特别能攻关,特别能奉献",做敢于担当、踏实做事、不谋私利的好干部,可以养成全心全意为人民服务,勤于付出、不怕吃苦的优秀职业品质,想干事、能干事、干成事,为人民群众多办事、办实事、办好事,真正成为人民的公仆和勤务员。

五、弘扬科学家协同精神,提升干部协调能力

科技事业涉及众多部门、领域和学科门类,参与者成千上万,是一项千军万马参与的大兵团作战。尤其是随着大科学时代的到来(以美国"曼哈顿计划"为标志),科学的发展进入了一个全新的阶段,结构越来越复杂、发展速度越来越快、规模越来越庞大、对社会的影响更加明显。科学研究涉及的主体和参与的群体众多,不再是以往(第二次世界大战以前)单一个体研究者或实验室能够承担的任务,而是需要大规模人员参与、分工合作才能完成。现代科技工作管理工作点多面广,跨区域(区域协同)、跨行业(行业协同)、跨专业(专业协同)现象比较普遍,需要不断提高协同思维、增强协同能力,科技工作尤其是大科学工程实践中的协同配合正是干部学习锻炼的舞台、施展抱负的平台。只有不断增强协同意识、提高协调能力,才能在面对复杂多变的领导工作时驾轻就熟、从容应对。

六、弘扬科学家育人精神,加强干部培养教育

育人是科学家精神的源头,是科学家精神价值实现的重要形式之一。以

---

① 习近平对王继才同志先进事迹作出重要指示强调　要大力倡导爱国奉献精神　使之成为新时代奋斗者的价值追求[J]. 中国纪检监察,2018(16):65.

科学家精神涵育科学家精神,大力挖掘科学家精神蕴含的丰富育人价值、弘扬科学家精神的传承效应和示范效应,引导广大青年科技工作者自觉学习和传承科学家精神,让他们在老一辈科技工作者崇高精神品质的熏陶下不断成长,是弘扬科学家精神的应有之义,也是干部队伍建设的经验来源。党的二十大报告指出,要"抓好后继有人这个根本大计","建设堪当民族复兴重任的高素质干部队伍"。①党的事业需要薪火相传,干部队伍需要后继有人。年轻干部是党和国家事业发展的生力军,培养年轻干部是干部担当作为的重要方面。推进新时期干部队伍建设,要引导广大干部从科学家精神中汲取干事创业的精神力量和在本职岗位上建功立业的丰厚滋养,甘为人梯、奖掖后学;要加强对年轻干部的发现、培养和使用,引领年轻干部脱颖而出,在科学家精神滋养下成长为可堪大用、能担重任的栋梁之才。

为此,不妨从四个方面发力,打好科学家精神激励干部在中国式现代化建设中担当作为"组合拳":一是合作共建,科学家精神教育基地与干部教育基地双向挂牌,实现"一举两得";二是教材编研,开发基于干部培养教育的科学家精神定向读本,做到"因材施教";三是主题教育,开设面向广大党员干部的科学家精神专题党课,传承红色基因;四是学术支撑,开展弘扬科学家精神与干部队伍建设耦合研究,切实深挖细掘。

---

① 习近平.高举中国特色社会主义伟大旗帜　为全面建设社会主义现代化国家而团结奋斗:在中国共产党第二十次全国代表大会上的报告[N].人民日报,2022-10-26(1).

附录一
习近平总书记关于科学家精神和钱学森的重要论述

一、习近平总书记关于科学家精神的重要论述			
序号	时间	场合	重要论述节选
1	2013 年 7 月 17 日	在中国科学院考察工作	要创新，就要有强烈的创新意识，凡事要有打破砂锅问到底的劲头，敢于质疑现有理论，勇于开拓新的方向，攻坚克难，追求卓越。【创新精神】① 要有强烈的爱国情怀。这是对我国科技人员第一位的要求。科学无国界，科学家有祖国。要热爱我们伟大的祖国，热爱我们伟大的人民，热爱我们伟大的中华民族，牢固树立创新科技、服务国家、造福人民的思想，继承中华民族"先天下之忧而忧，后天下之乐而乐"的传统美德，传承老一代科学家爱国奉献、淡泊名利的优良品质，把科学论文写在祖国大地上，把科技成果应用在实现国家现代化的伟大事业中，把人生理想融入为实现中华民族伟大复兴的中国梦的奋斗中。【爱国精神、奉献精神】
2	2014 年 6 月 9 日	中国科学院第十七次院士大会、中国工程院第十二次院士大会	长期以来，广大院士胸怀报国为民的理想追求，发扬不懈创新的科学精神，秉持淡泊名利的品德风范，聚焦国家战略需求，勇攀科学技术高峰，创造了举世瞩目的成就，为提高我国自主创新能力、增强我国综合国力，为推动我国科技进步、经

---

① 括号内系笔者归纳，下同。

续　表

序号	时间	场合	重要论述节选
2	2014 年 6 月 9 日	中国科学院第十七次院士大会、中国工程院第十二次院士大会	济发展、人民生活水平提高、国防建设和优化国家决策作出了重大贡献。【爱国精神、奉献精神】 广大院士不仅要做科技创新的开拓者,更要做提携后学的领路人。希望广大院士肩负起培养青年科技人才的责任,甘为人梯,言传身教,慧眼识才,不断发现、培养、举荐人才,为拔尖创新人才脱颖而出铺路搭桥。广大青年科技人才要树立科学精神、培养创新思维、挖掘创新潜能、提高创新能力,在继承前人的基础上不断超越。【育人精神】
3	2016 年 5 月 30 日	全国科技创新大会、两院院士大会、中国科协第九次全国代表大会	科学研究既要追求知识和真理,也要服务于经济社会发展和广大人民群众。广大科技工作者要把论文写在祖国的大地上,把科技成果应用在实现现代化的伟大事业中。【爱国精神】 很多科学研究要着眼长远,不能急功近利,欲速则不达。【求实精神】 科技创新,贵在接力。希望广大院士发挥好科技领军作用,团结带领全国科技界特别是广大青年科技人才为建设世界科技强国建功立业。【育人精神】
4	2017 年 5 月	对黄大年同志先进事迹作出的重要指示	我们要以黄大年同志为榜样,学习他心有大我、至诚报国的爱国情怀,学习他教书育人、敢为人先的敬业精神,学习他淡泊名利、甘于奉献的高尚情操,把爱国之情、报国之志融入祖国改革发展的伟大事业之中、融入人民创造历史的伟大奋斗之中,从自己做起,从本职岗位做起,为实现"两个一百年"奋斗目标、实现中华民族伟大复兴的中国梦贡献智慧和力量。【奉献精神】
5	2018 年 5 月 28 日	中国科学院第十九次院士大会、中国工程院第十四次院士大会	祖国大地上一座座科技创新的丰碑,凝结着广大院士的心血和汗水。我们的很多院士都具有"先天下之忧而忧,后天下之乐而乐"的深厚情怀,都是"干惊天动地事,做隐姓埋名人"的民族英雄!【爱国精神】 我国广大科技工作者要有强烈的创新信心和决心,既不妄自菲薄,也不妄自尊大,勇于攻坚克难、

序号	时间	场合	重要论述节选
5	2018 年 5 月 28 日	中国科学院第十九次院士大会、中国工程院第十四次院士大会	追求卓越、赢得胜利,积极抢占科技竞争和未来发展制高点。【创新精神】 工程科技是推动人类进步的发动机,是产业革命、经济发展、社会进步的有力杠杆。广大工程科技工作者既要有工匠精神,又要有团结精神,围绕国家重大战略需求,瞄准经济建设和事关国家安全的重大工程科技问题,紧贴新时代社会民生现实需求和军民融合需求,加快自主创新成果转化应用,在前瞻性、战略性领域打好主动仗。【协同精神】
6	2020 年 3 月 2 日	同有关部门负责同志和专家学者就疫情防控科研攻关工作座谈时的讲话	希望广大科技工作者再接再厉,把疫情防控科研攻关作为科技战线的一项重大而紧迫任务,统一领导、协同推进科研攻关,拿出更多成果,不辜负党中央重托,不辜负人民期盼。【协同精神】 在这场重大斗争中,广大科技工作者充分展示了拼搏奉献的优良作风、严谨求实的专业精神,涌现出一批先进典型。【求实精神】
7	2020 年 9 月 11 日	科学家座谈会	科学成就离不开精神支撑。科学家精神是科技工作者在长期科学实践中积累的宝贵精神财富。【最高概括】 有研究表明,科学家的优势不仅靠智力,更主要的是专注和勤奋,经过长期探索而在某个领域形成优势。【求实精神】 要鼓励科技工作者专注于自己的科研事业,勤奋钻研,不慕虚荣,不计名利。【奉献精神】 我国科技事业取得的历史性成就,是一代又一代矢志报国的科学家前赴后继、接续奋斗的结果。从李四光、钱学森、钱三强、邓稼先等一大批老一辈科学家,到陈景润、黄大年、南仁东等一大批新中国成立后成长起来的杰出科学家,都是爱国科学家的典范。【爱国精神】 广大科技工作者要树立敢于创造的雄心壮志,敢于提出新理论、开辟新领域、探索新路径,在独创独有上下功夫。要多出高水平的原创成果,为不断丰富和发展科学体系作出贡献。【创新精神】

序号	时间	场合	重要论述节选
8	2021 年 2 月 3 日—2 月 5 日	春节前夕赴贵州看望慰问各族干部群众	全面建设社会主义现代化国家,必须坚持科技为先,发挥科技创新的关键和中坚作用。广大科技工作者要以南仁东等杰出科学家为榜样,大力弘扬科学家精神,勇攀世界科技高峰,在一些领域实现并跑领跑,为加快建设科技强国、实现科技自立自强作出新的更大贡献。【创新精神】
9	2021 年 3 月 22 日—3 月 25 日	在福建考察	我们国家进入科技发展第一方阵要靠创新,一味跟跑是行不通的,必须加快科技自立自强步伐。要坚持创新在现代化建设全局中的核心地位,把创新作为一项国策,积极鼓励支持创新。创新不问"出身",只要谁能为国家作贡献就支持谁。【创新精神】
10	2021 年 5 月 28 日	中国科学院第二十次院士大会、中国工程院第十五次院士大会、中国科协第十次全国代表大会	在中华民族伟大复兴的征程上,一代又一代科学家心系祖国和人民,不畏艰难,无私奉献,为科学技术进步、人民生活改善、中华民族发展作出了重大贡献。新时代更需要继承发扬以国家民族命运为己任的爱国主义精神,更需要继续发扬以爱国主义为底色的科学家精神。广大院士要不忘初心、牢记使命,响应党的号召,听从祖国召唤,保持深厚的家国情怀和强烈的社会责任感,为党、为祖国、为人民鞠躬尽瘁、不懈奋斗!【爱国精神】 科学以探究真理、发现新知为使命。一切真正原创的知识,都需要冲破现有的知识体系。"善学者尽其理,善行者究其难。"广大院士要勇攀科学高峰,敢为人先,追求卓越,努力探索科学前沿,发现和解决新的科学问题,提出新的概念、理论、方法,开辟新的领域和方向,形成新的前沿学派。要攻坚克难、集智攻关,瞄准"卡脖子"的关键核心技术难题,带领团队作出重大突破。【创新精神】 实践证明,我国自主创新事业是大有可为的!我国广大科技工作者是大有作为的!我国广大科技工作者要以与时俱进的精神、革故鼎新的勇气、坚忍不拔的定力,面向世界科技前沿、面向经济主战场、面向国家重大需求、面向人民生命健

序号	时间	场合	重要论述节选
10	2021 年 5 月 28 日	中国科学院第二十次院士大会、中国工程院第十五次院士大会、中国科协第十次全国代表大会	康,把握大势、抢占先机,直面问题、迎难而上,肩负起时代赋予的重任,努力实现高水平科技自立自强!【创新精神】 诚信是科学精神的必然要求。广大院士要做学术道德的楷模,坚守学术道德和科研伦理,践行学术规范,让学术道德和科学精神内化于心、外化于行,涵养风清气正的科研环境,培育严谨求是的科学文化。人的精力是有限的,院士们要更加专注于科研,尽量减少兼职,更加聚焦本专业领域。【求实精神】 广大院士要在创新人才培养中发挥识才、育才、用才的导师作用。"才者,材也,养之贵素,使之贵器。"要言传身教,发扬学术民主,甘做提携后学的铺路石和领路人,大力破除论资排辈、圈子文化,鼓励年轻人大胆创新、勇于创新,让青年才俊像泉水一样奔涌而出。【育人精神】
11	2021 年 9 月 27 日	中央人才工作会议	广大人才要继承和发扬老一辈科学家胸怀祖国、服务人民的优秀品质,心怀"国之大者",为国分忧、为国解难、为国尽责。【爱国精神】
12	2022 年 10 月 16 日	中国共产党第二十次全国代表大会	加快建设国家战略人才力量,努力培养造就更多大师、战略科学家、一流科技领军人才和创新团队、青年科技人才、卓越工程师、大国工匠、高技能人才。【创新精神】 培育创新文化,弘扬科学家精神,涵养优良学风,营造创新氛围。【创新精神】

二、习近平总书记关于钱学森的重要论述

序号	时间	场合或出处	重要论述节选
1	1983 年 4 月 25 日	习近平《人才对发展经济的作用不可估量》	那位金波尔,虽然对中国人民颇不友好,但却有一点可取之处,他说钱学森"抵得上 5 个师",说明他很懂得优秀人才的巨大价值。

序号	时间	场合或出处	重要论述节选
2	2003 年 7 月 17 日	习近平《树立五种崇高情感》	要做到情为民所系，就要以党的先进人物为榜样，培养和增强对人民群众的深厚感情，学习和树立五种崇高的情感。一要学习邓小平同志的情怀感。他说："我是中国人民的儿子，我深情地爱着我的祖国和人民。"二要学习雷锋同志的幸福感。他虽然只活了 22 年，但他说："什么是幸福？为人民服务是最大的幸福。"三要学习孔繁森同志的境界感。他有一句名言："爱的最高境界就是爱人民。"四要学习郑培民同志的责任感。他始终把"做官先做人，万事民为先"作为自己的行为准则。五要学习钱学森同志的光荣感。他把群众的口碑当作自己无上的光荣。只有学习和树立这五种崇高的情感，才能心里装着群众，凡事想着群众，工作依靠群众，一切为了群众，切实解决好"相信谁、依靠谁、为了谁"的根本政治问题，努力为人民掌好权、用好权。
3	2011 年 11 月 14 日	习近平、李克强等参观"人民科学家钱学森"事迹展览	"人民科学家钱学森"事迹展览是一部爱党、爱国、爱社会主义教育的生动教材，对于弘扬以爱国主义为核心的民族精神和以改革创新为核心的时代精神，推进社会主义精神文明建设具有重要意义。通过宣传钱学森这样的先进典型，将进一步激励广大干部、群众发奋工作、攻坚克难，为全面建设小康社会、加快推进社会主义现代化、实现中华民族的伟大复兴而不懈奋斗。
4	2013 年 10 月 21 日	习近平《在欧美同学会成立 100 周年庆祝大会上的讲话》	历史不会忘记，面对新中国百废待兴、百业待举的困难局面，一大批留学人员毅然决然回到祖国怀抱，在极其艰难困苦的条件下呕心沥血、顽强拼搏，为新中国各项事业发展奠定了坚实基础，取得了"两弹一星"等举世瞩目的重大成就，李四光、严济慈、华罗庚、周培源、钱三强、钱学森、邓稼先同志等就是他们中的杰出代表。上世纪五六十年代，一大批留学人员远赴苏联、东欧学习，成为我国建设和改革事业的重要力量。

序号	时间	场合或出处	重要论述节选
5	2020 年 9 月 11 日	习近平《在科学家座谈会上的讲话》	科学无国界,科学家有祖国。我国科技事业取得的历史性成就,是一代又一代矢志报国的科学家前赴后继、接续奋斗的结果。从李四光、钱学森、钱三强、邓稼先等一大批老一辈科学家,到陈景润、黄大年、南仁东等一大批新中国成立后成长起来的杰出科学家,都是爱国科学家的典范。希望广大科技工作者不忘初心、牢记使命,秉持国家利益和人民利益至上,继承和发扬老一辈科学家胸怀祖国、服务人民的优秀品质,弘扬"两弹一星"精神,主动肩负起历史重任,把自己的科学追求融入建设社会主义现代化国家的伟大事业中去。

附录二
科学家精神知识图谱与逻辑框架

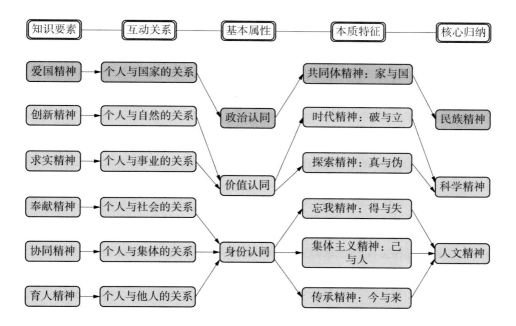

参考文献

一、政策文件

［1］新华社. 中华人民共和国国民经济和社会发展第十四个五年规划和 2035 年远景目标纲要［EB/OL］.（2021－03－13）［2024－07－08］. http://www. gov. cn/xinwen/2021-03/13/content_5592681. htm.

［2］中共教育部党组关于印发《普通高等学校学生党建工作标准》的通知［EB/OL］.（2017－03－10）［2024－07－08］. http://www. moe. gov. cn/srcsite/A12/moe_1416/moe_1417/201703/t20170310_298978. html.

［3］中共中央办公厅 国务院办公厅印发《关于进一步弘扬科学家精神加强作风和学风建设的意见》［J］. 中华人民共和国国务院公报,2019(18):20－24.

［4］中共中央关于坚持和完善中国特色社会主义制度推进国家治理体系和治理能力现代化若干重大问题的决定［N］. 人民日报,2019－11－06(1).

［5］中共中央国务院印发《关于加强和改进新形势下高校思想政治工作的意见》［N］. 人民日报,2017－02－28(1).

［6］中共中央 国务院印发《新时代爱国主义教育实施纲要》［J］. 中华人民共和国国务院公报,2019(33):8－15.

［7］中共中央印发《干部教育培训工作条例》［N］. 人民日报,2023－10－16(1).

［8］中国共产党第十九届中央委员会第五次全体会议公报［EB/OL］.（2020－10－29）［2024－07－08］. http://www. xinhuanet. com/2020-10/29/c_1126674147. htm.

二、政治文献

［1］国家主席习近平发表二〇一九年新年贺词［EB/OL］.（2018－12－31）［2024－07－08］. http://www. xinhuanet. com/politics/2018-12/31/c_1123931796. htm.

［2］霍小光. 习近平春节前夕赴陕西看望慰问广大干部群众向全国人民致以新春祝福祝祖国繁荣昌盛人民幸福安康［N］. 人民日报,2015－02－17(1).

［3］江泽民. 高举邓小平理论伟大旗帜,把建设有中国特色社会主义事业全面推向二十一世纪——在中国共产党第十五次全国代表大会上的报告（1997 年 9 月 12 日）［J］. 中华人民共和国国务院公报,2000(21):5－9.

［4］江泽民. 江泽民致全国科普工作会议的信（1999 年 12 月 9 日）［M］//中共中央文献研

究室.江泽民论有中国特色社会主义(专题摘编).北京:中央文献出版社,2002:269.

［5］江泽民.在中国科学院第十次、中国工程院第五次院士大会上的讲话(2000 年 6 月 5 日)［J］.中华人民共和国国务院公报,2000(21):6.

［6］教育部有关部门负责同志就进一步加强高校学生党员发展和教育管理服务工作答记者问［EB/OL］.(2013－07－15)［2024－07－10］.http://www. moe. gov. cn/jyb_xwfb/s271/201307/t20130715_154172. html.

［7］李强.政府工作报告——二〇二四年三月五日在第十四届全国人民代表大会第二次会议上［N］.人民日报,2024－02－13(1).

［8］习近平:把思想政治工作贯穿教育教学全过程［EB/OL］.(2016－12－08)［2024－07－08］.http://www. xinhuanet. com//politics/2016-12/08/c_1120082577. htm.

［9］习近平.把思想政治工作贯穿教育教学全过程　开创我国高等教育事业发展新局面［N］.光明日报,2016－12－09(1).

［10］习近平出席"不忘初心、牢记使命"主题教育总结大会并发表重要讲话［EB/OL］.(2020－01－08)［2024－07－10］.http://www. gov. cn/xinwen/2020-01/08/content_5467591. htm.

［11］习近平对王继才同志先进事迹作出重要指示强调　要大力倡导爱国奉献精神　使之成为新时代奋斗者的价值追求［J］.中国纪检监察,2018(16):65.

［12］习近平对王继才同志先进事迹作出重要指示强调要大力倡导爱国奉献精神使之成为新时代奋斗者的价值追求［J］.中国纪检监察,2018(16):65.

［13］习近平.高举中国特色社会主义伟大旗帜　为全面建设社会主义现代化国家而团结奋斗——在中国共产党第二十次全国代表大会上的报告［N］.人民日报,2022－10－26(1).

［14］习近平.坚定理想信念　补足精神之钙［J］.求是,2021(21):4－15.

［15］习近平.紧紧围绕坚持和发展中国特色社会主义　学习宣传贯彻党的十八大精神［N］.人民日报,2012－11－17(2).

［16］习近平.决胜全面建成小康社会　夺取新时代中国特色社会主义伟大胜利——在中国共产党第十九次全国代表大会上的报告［N］.人民日报,2017－10－28(1).

［17］习近平.牢牢把握集聚人才大举措［EB/OL］.(2016－04－05)［2024－07－10］.http://theory. people. com. cn/n1/2016/0405/c402884-28249531. html.

［18］习近平全国教育大会重要讲话金句速览［EB/OL］.(2018－09－11)［2024－07－10］.http://edu. people. com. cn/n1/2018/0911/c1053-30286259. html.

［19］习近平:让历史说话用史实发言　深入开展中国人民抗日战争研究［EB/OL］.(2015－07－23)［2024－07－10］.http://cpc. people. com. cn/n/2015/0731/c64094-27393899. html.

［20］习近平.人民对美好生活的向往,就是我们的奋斗目标［EB/OL］.(2018－01－22)［2024－07－10］.http://theory. people. com. cn/n1/2018/0122/c40531-29779412. html.

［21］习近平:人民有信仰民族有希望国家有力量［N］.人民日报,2015－03－01(1).

［22］习近平.树立五种崇高情感［N］.浙江日报,2003－07－17(1).

［23］习近平.思政课是落实立德树人根本任务的关键课程［J］.求是,2020(17):4－16.

［24］习近平.为建设世界科技强国而奋斗——在全国科技创新大会、两院院士大会、中国科协第九次全国代表大会上的讲话[N].人民日报,2016-06-01(1).

［25］习近平.为建设世界科技强国而奋斗——在全国科技创新大会、两院院士大会、中国科协第九次全国代表大会上的讲话[N]人民日报,2016-06-01(1).

［26］习近平:意识形态工作是党的一项极端重要的工作[J].紫光阁,2013(9):5.

［27］习近平.用好红色资源 赓续红色血脉 努力创造无愧于历史和人民的新业绩[J].求是,2021(19):4-9.

［28］习近平.在北京冬奥会、冬残奥会总结表彰大会上的讲话[N].人民日报,2022-04-09(2).

［29］习近平.在纪念五四运动100周年大会上的讲话[J].党建,2019(5):4-8.

［30］习近平.在科学家座谈会上的讲话[N].人民日报,2020-09-12(2).

［31］习近平.在"七一勋章"颁授仪式上的讲话[N].人民日报,2021-06-30(2).

［32］习近平.在同各界优秀青年代表座谈时的讲话[N].人民日报,2013-05-05(2).

［33］习近平.在中国科学院第二十次院士大会、中国工程院第十五次院士大会、中国科协第十次全国代表大会上的讲话[N].人民日报,2021-05-29(2).

［34］习近平.在中国科学院第十九次院士大会、中国工程院第十四次院士大会上的讲话[M].北京:人民出版社,2018.

［35］习近平.在中国科学院第十九次院士大会、中国工程院第十四次院士大会上的讲话(2018年5月28日)[EB/OL].(2018-05-28)[2024-07-10].http://www.xinhuanet.com/politics/2018-05/28/c_1122901308.htm.

［36］习近平.在中国科学院第十七次院士大会、中国工程院第十二次院士大会上的讲话[N].人民日报,2014-06-10(2).

［37］习近平在中央人才工作会议上强调深入实施新时代人才强国战略加快建设世界重要人才中心和创新高地[N].人民日报,2021-09-29(1).

［38］习近平主持召开科学家座谈会并发表重要讲话[EB/OL].(2020-09-11)[2024-07-10].http://www.gov.cn/xinwen/2020-09/11/content_5542851.htm.

［39］习近平主持中共中央政治局第二十九次集体学习[EB/OL].(2015-12-30)[2024-07-10].http://www.xinhuanet.com/politics/2015-12/30/c_1117631083.htm.

［40］新华社.习近平出席中央人才工作会议并发表重要讲话[J].中国电力教育,2021(10):6-7.

［41］新华社.习近平给参与"东方红一号"任务的老科学家的回信[EB/OL].(2020-04-24)[2024-07-10].http://www.gov.cn/xinwen/2020-04/24/content_5505620.htm.

［42］新华社.习近平在中央党校(国家行政学院)中青年干部培训班开班式上发表重要讲话[EB/OL].(2022-03-01)[2024-07-10].http://www.gov.cn/xinwen/2022-03/01/content_5676282.htm?jump=true.

［43］新华社.习近平主持召开学校思想政治理论课教师座谈会[EB/OL].(2019-03-18)[2024-07-10].http://www.gov.cn/xinwen/2019-03/18/content_5374831.htm.

［44］央广网.习近平治国理政"100句话"之:把论文写在祖国的大地上[EB/OL].(2016-06-11)[2024-07-10].https://www.chinanews.com/gn/2016/06-11/7900399.

shtml.

[45] 中共中央办公厅　国务院办公厅印发《关于进一步弘扬科学家精神加强作风和学风建设的意见》[EB/OL].（2019 - 06 - 11）[2024 - 07 - 10]. http://www. xinhuanet. com/politics/2019-06/11/c_1124609190. htm.

[46] 中共中央文献研究室. 习近平关于科技创新论述摘编[M]. 北京：中央文献出版社，2016.

[47] 中国共产党人精神谱系第一批伟大精神正式发布[N]. 人民日报，2021 - 09 - 30(1).

[48] 中国中共党史学会. 中国共产党历史系列辞典[M]. 北京：中共党史出版社，党建读物出版社，2019.

[49] 中央文献研究室. 建国以来重要文献选编（第 9 册）[M]. 北京：中央文献出版社，1994.

三、著者文献

[1] 汪长明. 充分发挥科学家纪念馆馆藏的价值功能[N]. 中国档案报，2023 - 08 - 10(3).

[2] 汪长明. 充分发挥科学家精神的思想政治教育作用[N]. 山西日报，2023 - 02 - 14(10).

[3] 汪长明. 打造战略科技"生力军"[N]. 大众日报，2021 - 02 - 09(10).

[4] 汪长明. 大力培养一流科学家[N]. 解放日报，2023 - 09 - 19(14).

[5] 汪长明. 发挥好科学家纪念馆馆藏的价值功能[N]. 北京日报，2023 - 07 - 31(15).

[6] 汪长明. 发挥科技名人档案的社会化服务功能[N]. 学习时报，2020 - 05 - 22(6).

[7] 汪长明. 高校博物馆的时代机遇与使命担当[N]. 中国文化报，2020 - 10 - 14(3).

[8] 汪长明. 弘扬科学家精神的方法论实践论[N]. 长沙晚报，2025 - 05 - 10(7).

[9] 汪长明. 弘扬科学家精神的应有之义[N]. 山西日报，2024 - 05 - 07(11).

[10] 汪长明. 弘扬科学家精神要做到"三个结合"[N]. 学习时报，2021 - 08 - 25(6).

[11] 汪长明. 坚持"四个面向"的理论逻辑[N]. 学习时报，2020 - 09 - 23(6).

[12] 汪长明. 精神的矿藏，是无穷无尽的[N]. 解放日报，2020 - 12 - 19(7).

[13] 汪长明. 开发高校科技名人档案　抢占思想政治教育高地[N]. 中国档案报，2017 - 05 - 29(3).

[14] 汪长明. 科学成就离不开精神支撑[N]. 学习时报，2021 - 10 - 27(6).

[15] 汪长明. 科学家纪念馆基本陈列改造的底层逻辑[N]. 中国文物报，2023 - 10 - 17(3).

[16] 汪长明. 科学家精神的历史逻辑、理论逻辑、实践逻辑[J]. 湖北社会科学，2024(2)：5 - 19.

[17] 汪长明. 科学家精神融入大学生思想政治教育的价值意蕴与实践进路[J]. 上海交通大学学报(哲学社会科学版)，2024(6).

[18] 汪长明. 科学家精神与科学精神的分化与融合[M]//汪长明. 科学之帜钱学森. 上海：上海交通大学出版社，2022：309 - 310.

[19] 汪长明. 钱学森为什么能成为战略科学家[N]. 学习时报，2020 - 12 - 30(6)

[20] 汪长明. "钱学森之问"：话语指向、机制纠偏及践履路径[J]. 高教探索，2022(8)：5 - 14.

[21] 汪长明. 让科学家精神熠熠生辉[N]. 大众日报，2023 - 04 - 11(6).

[22] 汪长明.提升科学家档案服务社会能力[N].北京日报,2023－09－18(9).

[23] 汪长明.突破关键核心技术,要向"两弹一星"学什么[N].大众日报,2020－09－23(10).

[24] 汪长明.挖掘"有灵魂的东西"[N].解放日报,2023－01－23(11).

[25] 汪长明.为何要培育"战略科学家"[N].大众日报,2020－06－16(9).

[26] 汪长明.为战略科学家脱颖而出创造良好条件[N].学习时报,2020－09－02(6).

[27] 汪长明.要注重发挥科技名人档案的价值[N].中国档案报,2017－08－24(3).

[28] 汪长明.以科学家纪念馆红色文化提升青少年精神素养[N].中国文化报,2023－05－19(3).

[29] 汪长明.用好用活科学家纪念馆红色资源[N].学习时报,2024－01－05(6).

[30] 汪长明.战略科学家的时代召唤与制度催生[J].理论导刊,2020(11):100－104.

四、其他文献

(一) 著作

[1] MILL J S, On liberty, utilitarianism [M], New York: Oxford University Press, 2015:126.

[2] R K 默顿.科学社会学[M].北京:商务印书馆,2003.

[3] 李秀林,等.辩证唯物主义和历史唯物主义原理[M].北京:中国人民大学出版社,2004.

[4] 马克思.1844 年经济学哲学手稿[M].北京:人民出版社,2000.

[5] 钱学森.1989 年 8 月 7 日致于景元的信[M]//涂元季,李明,顾吉环.钱学森书信(第 5 卷).北京:国防工业出版社,2005:4.

[6] 钱学森.写在《郭永怀文集》的后面[M]//顾吉环,李明,涂元季.钱学森文集(卷二).北京:国防工业出版社,2012:302.

[7] 史秉能,袁有雄,卢胜军.钱学森科技情报工作及相关学术文选[M].北京:国防工业出版社,2015.

[8] 王大珩,于光远.论科学精神[M].北京:中央编译出版社,2001.

[9] 薛澜,等.中国科技发展与政策(1978～2018)[M].北京:社会科学文献出版社,2018.

[10] 张耀灿,邱伟光.思想政治教育学原理[M].北京:高等教育出版社,2011.

[11] 中国科协调研宣传部,中国科协创新战略研究院.中国科技人力资源发展研究报告(2018)[M].北京:清华大学出版社,2020.

(二) 期刊

[1] JAMES W. Talks to teachers on psychology: and to students on some of life's ideals [J]. The School Review, 1899(7):434－435.

[2] 陈婕.提升高校党建教育功能如何发力[J].中国高等教育,2019(Z2):55－57.

[3] 邓晖.教育部发布《高校思想政治工作质量提升工程实施纲要》[N].光明日报,2017－12－07(12).

[4] 都冬云.公民教育与思想政治教育的关系——兼论西方公民教育对我国大学思想政治教育的启示[J].教育学术月刊,2011(9):51－53＋60.

[5] 郭步陶.研究新闻学须有纯粹的科学精神[J].复旦学报,1935(1):364－367.

［6］ 何丽君.中国建设世界重要人才中心和创新高地的路径选择[J].上海交通大学学报（哲学社会科学版）,2022(4):33－42.

［7］ 黄冬霞.主体间性理念与高校学生党员教育[J].人力资源管理,2011(6):185－186.

［8］ 黄骐,陈春萍,罗跃嘉,等.好奇心的机制及作用[J].心理科学进展,2021(4):723－736.

［9］ 姬立玲.新媒体环境下高校思政课教学方法创新探究[J].思想教育研究,2016(10):82－85.

［10］ 金延姬,李桂花.论科学技术的实践本质[J].长春理工大学学报（社会科学版）,2009(1):36－37.

［11］ 井润田.高校科研团队管理与战略科学家能力建设[J].上海交通大学学报（哲学社会科学版）,2022,30(4):43－56.

［12］ 李祥营.人民政协历史上的"神仙会"[J].政协天地,2008(9):47－49.

［13］ 李醒民.论科学家的科学良心:爱因斯坦的启示[J].科学文化评论,2005(2):92－99.

［14］ 李醒民.什么是科学精神[J].民主与科学,2012(2):39－40.

［15］ 梁启超.科学精神与东西文化(1922年8月20日在科学社年会上的讲演)[J].科学,1922(9):859－862.

［16］ 屈林岩.思想之基:高校党建思政铸魂育人[J].中国高等教育,2022(7):7－9.

［17］ 任鸿隽.科学精神论[J].科学,2015(6):13－14.

［18］ 司忠华,赵宇璇.论融媒体在"大思政课"中的应用[J].商丘师范学院学报,2022(8):34－37.

［19］ 王亘.微时空视域下高校党建思政工作的"微"力量[J].出版广角,2021(14):94－96.

［20］ 王俊斐.生成与化解:思想政治教育个性化与社会化矛盾的后现代审视[J].理论导刊,2022(5):123－128.

［21］ 王韶婧.基于"大思政"视角的高校学生党建工作实践探究[J].北京教育（高教）,2022(7):40－42.

［22］ 王晓峰.树立大科学观　创新跨学科科研组织模式[J].中国高等教育,2011(2):24－26.

［23］ 王易.推进新时代思想政治理论课高质量发展[J].红旗文稿,2022(6):39－42.

［24］ 肖辉赟.高校党建与思政工作何以深度融合[J].人民论坛,2018(16):216－217.

［25］ 阎光才.创新型人才的培养需要呵护人的好奇心[J].探索与争鸣,2010(3):5－7.

［26］ 张安胜.高校博物馆育人的内涵、定位与路径论析[J].上海交通大学学报（哲学社会科学版）,2022,30(5):97－106.

［27］ 张耀灿,刘伟.思想政治教育主体间性涵义初探[J].学校党建与思想教育,2006(12):8－10＋34.

［28］ 张悦,欧阳瑜,杨放琼.高校党建引领"课程思政"协同育人路径研究[J].领导科学论坛,2022(6):95－98.

［29］ 周光召.加强科学普及　弘扬科学精神[J].科协论坛,1996(3):18－21.

［30］ 竺可桢.利害与是非[J].民主与科学,2010(2):60－61.

（三）报纸

［1］ 把增强科技创新能力摆到更加突出位置[N].新京报,2023－09－26(3).

［2］ 本报评论员.构建起强大的公共卫生体系——三论深入学习习近平总书记在专家学

者座谈会上重要讲话[N].光明日报,2020-06-06(1).

[3] 曹雪涛.充分发挥战略科学家在国家科技创新规划决策中的引领作用[N].科技日报,2016-05-29(1).

[4] 第二十三次全国高等学校党的建设工作会议在京召开[N].人民日报,2014-12-29(1).

[5] 杜尚泽.微镜头·习近平总书记两会"下团组":"'大思政课'我们要善用之"[N].人民日报,2021-03-07(1).

[6] 高靓,张以瑾,柯进,张婷.出国留学"镀金"思想不可取[N].中国教育报,2013-03-11(2).

[7] 胡一峰:他是国内第一个系统论述"科学精神"的人[N].科技日报,2018-06-15(8).

[8] 姜泓冰."竭尽努力建设自己的国家"[N].人民日报,2011-12-12(4).

[9] 钱学森.一切成就归于党归于集体[J].党建研究,1989(7):32-33+45.

[10] 钱学森.在授奖仪式上的讲话[N].人民日报,1991-10-19(1).

[11] 钱学森.在授奖仪式上的讲话[N].人民日报,1991-10-19(1).

[12] 邱静文.科学家精神融入高校思政课教学的实践路径[J].学校党建与思想教育,2021(22):64-66.

[13] 人民日报评论员.坚持走自己的高等教育发展道路——一论学习贯彻习近平总书记高校思想政治工作会议讲话[N].人民日报,2016-12-09(1).

[14] 孙晓晖.中国共产党最讲认真[N].人民日报,2019-08-06(8).

[15] 涂元季,顾吉环,李明.钱学森的最后一次系统谈话——谈科技创新人才的培养问题[N].人民日报,2009-11-05(11).

[16] 吴晶,胡浩.用新时代中国特色社会主义思想铸魂育人 贯彻党的教育方针落实立德树人根本任务[N].经济日报,2019-03-19(1).

[17] 武力.发挥新型举国体制优势 强化国家战略科技力量[N].中国纪检监察报,2020-12-24(5).

[18] 夏文斌.通识教育应与课程思政共生发展[N].中国科学报,2021-07-20(5).

[19] 谢湘,堵力.理想的大学离我们有多远 北大清华再争状元就没有希望[N].中国青年报,2012-05-03(3).

[20] 杨振宁.科学之美与艺术之美[N].光明日报,2017-02-12(7).

[21] 用新时代中国特色社会主义思想铸魂育人 贯彻党的教育方针落实立德树人根本任务[N].光明日报,2019-03-19(1).

[22] 袁于飞.用一生奉献诠释中国脊梁——邓稼先先进事迹激励科技工作者爱国奋斗[N].光明日报,2018-08-10(1).

[23] 张彰.如何应对大学生的功利主义[N].光明日报,2014-06-17(13).

[24] 张劲夫.让科学精神永放光芒——读《钱学森手稿》有感[N].人民日报,2001-09-24(1).

[25] 赵爱明.努力实现"择天下英才而用之"[N].人民日报,2015-09-07(7).

[26] 中共中央文献研究室《文献与研究》编辑部.钱学森同志言论选编[N].光明日报,2009-12-01(2).

[27] 周其森.关于"精神"的思考[N].中国社会科学报,2020-08-07(7).

（四）电子文献①

［1］操秀英.中国科协发布《第四次全国科技工作者状况调查报告》——科研人员过得好不好　数据来说话［N］.科技日报,2018-10-26(4).

［2］国内985高校学生出国人数汇总:高达20万人!哪些高校最受欢迎?G5最受欢迎!［EB/OL］.（2013-02-13）［2024-07-10］. https://www. liuxue86. com/a/4642818. html.

［3］20句话回顾习近平对科技工作者的殷切期望［EB/OL］.（2020-05-29）［2024-07-10］. http://cpc. people. com. cn/n1/2020/0529/c164113-31729118. html.

［4］马亚宁.2023浦江创新论坛|科学思维、好奇心、自主探索　优秀科学家的三大养成秘方　上海市科学学研究所发布《2023"理想之城"》全球科学家调查报告［EB/OL］.（2023-09-09）［2024-07-10］. http://news. xinmin. cn/2023/09/09/32469254. html.

［5］钱三强:虽然科学没有国界,科学家却是有祖国的［EB/OL］.［2024-07-10］. http://cpc. people. com. cn/GB/34136/2569235. html.

［6］清华大学.清华大学2018年毕业生就业质量报告［EB/OL］.（2019-01-06）［2024-07-10］. https://app. gaokaozhitongche. com/news/51236.

［7］上海科技.浦江成果发布|《2022"理想之城"全球高水平科学家分析报告》［EB/OL］.（2022-08-27）［2024-07-10］. https://sghexport. shobserver. com/html/baijiahao/2022/08/27/837209. html.

［8］新华社评论员:强化国家战略科技力量——学习贯彻中央经济工作会议精神［EB/OL］.（2020-12-23）［2024-07-10］. https://www. gov. cn/xinwen/2020-12/23/content_5572795. htm.

［9］张骏.高质量建好用好国家战略科技力量!陈吉宁前往这两家科研机构专题调研并座谈［EB/OL］.（2024-01-11）［2024-07-10］. https://export. shobserver. com/baijiahao/html/703975. html.

［10］郑毅.［思政实践］科学设定高校"大思政课"育人体系目标［EB/OL］.（2022-04-01）［2024-07-10］. http://www. rmlt. com. cn/2022/0401/643814. shtml.

---

① 不含前文已列举的电子文献。

弘扬科学家精神应有之义——代后记

　　2019 年 6 月，中央印发了《意见》，这是在加快建设科技强国、实现高水平科技自立自强背景下，党中央从实现中华民族伟大复兴的战略高度，制定的一份在中国科技界乃至全社会具有标志性意义的纲领性文件，成为广大科学家和科技工作者的集体遵循。2024 年是《意见》印发五周年。五年来，在《意见》精神引领下，全社会掀起了弘扬以爱国主义为底色的科学家精神研究与宣传热潮，科学家作为一个职业群体的整体风貌进一步提升，科技事业作为支撑国家各项事业发展"核心力量"的形象标识进一步清晰，科研工作作为一项以创造性劳动推动国家进步和社会发展的行业地位进一步彰显。当前，进一步弘扬科学家精神，需要做好"方法论"和"实践论"两篇文章。

　　第一，弘扬科学家精神的"方法论"。工作方法上，切实做到"五个结合"：

　　要将弘扬科学家精神与培育和激励科技人才结合起来，引导他们铸牢理想信念、潜心科学研究、矢志创新创造，立足岗位做贡献，不断增强干事创业的使命感、责任感与紧迫感，破解创新难题、勇攀科技高峰，在本职工作中谱写创新驱动、科技报国、至诚无我、功成有我的出彩华章。在此过程中，尤其要注重"新老结合"，通过宣传老一辈科技工作者自觉践行、身体力行、奋楫笃行科学家精神的崇高精神品质，以老带新、岗位培育，以科学家精神引领年轻科技工作者成长成才，见贤思齐、砥砺奋斗，培养创新品质、涵养优良学风、激扬奋进力量。

　　要将弘扬科学家精神与提升青少年精神素养、与大中小学思想政治教育一体化建设结合起来，将科学家精神转化为为党育人、为国育才，培养社会主义建设者和接班人的宝贵资源，以科学家的理想志向、成长历程和家国情怀激励大中小学生成长成才。科技事业是一项千秋伟业,需要一代一代人接续奋斗;科学家精神是科技事业的精神转化,需要一代一代人薪火相传。广大青少年是科学家精神传播的重要主体,承载着中国科技事业的明天和希望。让科学家精神在广大青少年心中"落地生根",是科学家教育精神的实践价值和现实情怀所在。

要将弘扬科学家精神与增强干部责任感和行动力、提升干部尤其是科技领域干部管理能力和管理水平结合起来,使其成为新时期干部教育的鲜活读本和宝贵教材。以科学家精神激励干部在中国式现代化建设中担当作为,提振干部干事创业精气神,既是新时期弘扬科学家精神的需要,也是加强干部队伍建设的需要,更是加强科研管理、实现高水平科技自立自强的现实召唤。涵养干部为民情怀、增强干部创新思维、改进干部工作作风、淬炼干部初心使命、提升干部协调能力、加强干部培养选拔,是科学家精神赋能新时期干部队伍建设的六个"基本面"。

要将弘扬科学家精神与贯彻落实党的二十大精神结合起来。党的二十大擘画了全面建设社会主义现代化国家、以中国式现代化全面推进中华民族伟大复兴宏伟蓝图。习近平总书记指出,"中国式现代化关键在科技现代化"。始终"坚持创新在我国现代化建设全局中的核心地位",把突破关键核心技术、提升原始创新能力摆在更加突出的位置,大力"培育创新文化,弘扬科学家精神,涵养优良学风,营造创新氛围",这是弘扬科学家精神的核心要义所在,也是科学家精神价值实现的根本诉求所在,更是中国式现代化的本质要求所在。

要将弘扬科学家精神与科技管理建章立制结合起来,发挥制度建设在科技强国建设过程中的精神激励和价值引领功能,营造良好创新氛围和风清气正的科研生态,以刚柔相济的制度保障为科学家潜心研究、安心工作保驾护航。要从政治关怀、学术成长、创新激励、学术评价、权益保障等不同维度,建立引领科技发展战略方向、保障科技人员潜心研究、催生重大原始创新成果的全要素、全过程、全层级、全方位制度体系,让制度改革、制度建设在引领科技创新方面发挥核心保障作用。

第二,弘扬科学家精神的"实践论"。工作实践中,始终坚持"四个导向":

要坚持正确的舆论导向,大力营造尊重劳动、尊重知识、尊重人才、尊重创造的良好社会氛围,广泛宣传科学家尤其是新时代科学家"爱国、创新、求实、奉献、协同、育人"精神,让科学家的创造性劳动在本职岗位上绽放绚烂光彩和耀眼光芒,让科学家的杰出贡献、高尚情操和感人事迹广为人知,成为社会主义核心价值观教育的重要参照和鲜活蓝本。

要坚持明确的输出导向,做到科学家精神价值创造(精神生产)与价值输出(精神传播)统一,发挥各级各类爱国主义教育基地、科普教育基地和科学家精神教育基地(科学家纪念场馆和科技类博物馆为主)的阵地优势、平台作用和育人功能,紧密结合爱国主义教育和科普教育,从科学家身上深入挖掘、大力弘扬以爱国主义为核心的民族精神和以改革创新为核心的时代精神,开展形式多样、鲜活生动、可感可触、寓教于乐的科学实践活动,引领广大公众近距离触摸科学家精神,感悟中国科学家"干惊天动地事、做隐姓埋名人"的家国情怀和使命担当。

要坚持鲜明的实践导向,加快建设国家战略科技力量,使其成为国家战略人才力量"七大主力部队"①的孵化器和产房。国家实验基地、国家科研机构、高水平研究型大学、科技领军企业为科技人才培养、成长及其才华施展提供了平台支撑与实践场景。坚持实践导向,就是要以实实在在的科学实践活动培养勇于开拓、善于创新的时代科技新人。科技工作坚持面向世界科技前沿、面向经济主战场、面向国家重大需求、面向人民生命健康,国家战略科技力量是主阵地,承担着历史和时代赋予的"国家使命"。

此外,精神生产与精神传播"一体两面"、相互促进,二者缺一不可。科学家和科技工作者成为科学家精神的传播对象,源于他们作为精神生产者的主体性地位。因而,他们具有弘扬科学家精神的独特性身份优势。为此,要坚持有力的"生产导向",让科学家精神在中国大地上源源不断、生生不息。作为推动科技创新的主力军和国家科技事业发展的"顶梁柱",科学家和科技工作者要具有"板凳甘坐十年冷"的情怀、"敢立潮头破浪行"的胆识、"壮心未与年俱老"的热情、"咬定青山不放松"的韧劲、"不破楼兰终不还"的决心,不拘

---

① 党的二十大报告提出,实施科教兴国战略,强化现代化建设人才支撑。为此,报告提出包括深入实施人才强国战略在内的四项具体战略举措。其中指出,"加快建设国家战略人才力量,努力培养造就更多大师、战略科学家、一流科技领军人才和创新团队、青年科技人才、卓越工程师、大国工匠、高技能人才"。这七大战略人才力量成为国家人才方阵的"主力部队"。

一格、大胆创新，不循常规、勇往直前，不安现状、敢于质疑，不惧禁区、超越自我，敢于尝试新方法、提出新理论、开辟新领域、做出新贡献，不断向科学技术前沿领域进军，掘进深度、拓展广度，扎实推进科技成果转化，加快形成新质生产力，为推动我国科技事业高质量发展做出不负时代需求、无愧国家重托的历史性贡献。

中央人才工作会议上，习近平总书记勉励广大科学家和科技工作者，把论文写在祖国大地上，把科技成果应用在实现社会主义现代化的伟大事业中。这是党和国家寄予广大科技人员的殷切期望，也是历史和时代赋予他们的神圣使命。作为科学知识的创造者、科学技术的探索者、科学实践的力行者，每一位诚恳的科技工作者都是国家科技创新人才体系的一分子。他们情系党之大计、心怀"国之大者"，"君视名利如粪土，许身国威壮河山"，以超功利性身份和创造性科学劳动服务国家发展、助力社会进步，进而融入民族复兴的千秋伟业与历史洪流，理应得到全社会的认可和尊重。在建设中国式现代化历史新征程上，全社会要大力弘扬科学家精神，让科学家精神在中国大地上蔚然成风，切实形成"东风万里一色春"的壮观景象。这是时代的召唤与昭示，更是历史的接力与传承。

感谢原中央党史研究室副主任章百家研究员、中央党校原副教育长兼哲学部主任韩庆祥教授、中国系统工程学会原理事长顾基发研究员拨冗分别为本书撰写推荐词和作序。感谢钱学森图书馆馆长钱永刚教授、执行馆长李芳研究馆员、党总支书记张勇副教授对本书出版的重视和关心，并就内容深化与完善提出宝贵修改意见；感谢钱学森图书馆党总支副书记兼副馆长吕成冬副研究馆员为本书出版提供的帮助和倾注的心力；感谢上海市历史博物馆馆长周群华研究馆员、上海交通大学党委宣传部副部长周凯教授、江西财经大学黄欣荣教授三位专家对本书提出的真知灼见。

笔者身处人民科学家钱学森纪念地，葆有钱学森研究学术热情，肩负弘扬科学家精神职业使命。在此意义上，本书研究工作的开展及研究成果的社会化（学术出版），权当笔者基于多年研究心得和学术积累，与学术同人和广大读者跨越时空阈限进行的一次静默对话。逝之韶华一江水，得之秋月满西楼。一书万言，是情怀所系、职责所在。"纸上得来终觉浅，绝知此事要躬行。"笔者深知，学术之路，且如漫道雄关，唯心存敬畏、一往无前，方得始终，权当自勉！

是为记。

著者

2024 年 5 月 30 日